Adolf Frey
**Albrecht von Haller
und seine Bedeutung für die deutsche Literatur**

Frey, Adolf: Albrecht von Haller und seine Bedeutung für die deutsche Literatur
Hamburg, SEVERUS Verlag 2011.
Nachdruck der Originalausgabe von 1879.

ISBN: 978-3-86347-076-0
Druck: SEVERUS Verlag, Hamburg 2011

Der SEVERUS Verlag ist ein Imprint der Diplomica Verlag GmbH.

Bibliografische Information der Deutschen Nationalbibliothek:
Die Deutsche Nationalbibliothek verzeichnet diese Publikation in der Deutschen Nationalbibliografie; detaillierte bibliografische Daten sind im Internet über http://dnb.d-nb.de abrufbar.

© **SEVERUS Verlag**
http://www.severus-verlag.de, Hamburg 2011
Printed in Germany
Alle Rechte vorbehalten.

Der SEVERUS Verlag übernimmt keine juristische Verantwortung oder irgendeine Haftung für evtl. fehlerhafte Angaben und deren Folgen.

Vorwort.

Die vorliegende Arbeit erhielt 1877 von der Universität Bern den seiner Zeit von Professor Lazarus gestifteten Preis und ist seither im Einzelnen vielfach umgestaltet worden, im Grossen und Ganzen aber unverändert geblieben. Denn mehr als ursprünglich beabsichtigt war und der Titel besagt, will sie auch jetzt nicht. Darum ist dem Biographischen nur wenig Raum angewiesen und vielem aufgesammeltem Material, weil es dem Ziel nicht wesentlich näher zu führen schien, keine Stelle gegönnt. Auf Hallers Vorbilder und manches Andere, das seinen nachhaltigen Einfluss auf die deutsche Literatur erklärt, musste freilich stellenweise ausführlich eingegangen werden, zumal sich nicht nur Neues finden, sondern auch bisher Ueberliefertes und Geglaubtes berichtigen liess.

Noch bleibt mir übrig, Herrn Professor L. Hirzel in Bern, der mir bei dieser Arbeit mit Rath und That fördernd an die Hand ging, meinen wärmsten Dank auszusprechen.

Leipzig, im October 1879.

Dr. Adolf Frey.

Berichtigungen.

Seite 75 Zeile 1 lies **Gebrauch** statt Gebreuch.
,, 78 ,, 2 von unten lies **Gedicht** statt Gedanken.
,, 79 ,, 3 von oben lies **Gedicht** statt Gedanken.
,, 79 ,, 17 von oben lies **Schachte** statt Schache.
,, 100 ,, 8 von unten lies **engern** statt engen.
,, 115 Anmerkung 1 lies **Hartenstein** statt Harbenpeis.
,, 130 Zeile 9 von oben lies **Gleis** statt Glück.
,, 138 Anmerkung 2 lies **moralischen** statt ernsten.
,, 139 Zeile 12 von oben lies **Gedenkart** statt Gedankenart.
,, 142 ,, 22 von oben lies **génie** statt geme.
,, 143 ,, 4 von oben lies **convaincre** statt couvaincre.
,, 145 ,, 2 lies **Bachoff von Echt** statt B, von Echt.
,, 147 ,, 12 lies **Warburton** statt Warbuton.
,, 148 ,, 18 lies **Art** statt Art,
,, 158 ,, 22 lies **Lycoris** statt lycoris.
,, 163 ,, 2 von unten lies **dieser** statt diesen.
,, 165 ,, 4 von unten lies **Halleschen** statt Hallerschen.

I.

Haller
als Dichter.

Unter den Wirren des dreissigjährigen Krieges, der die Macht und Kraft Deutschlands in Trümmer legte, war auch die deutsche Sprache und Poesie in einen betrübten Zustand gerathen, und Martin Opitz trat als der erste auf, der bewusst und mit kundig kräftiger Hand diesem Unheil zu steuern suchte. Mehr mit Formtalent als schöpferischem Vermögen ausgestattet, weniger gemüthvoll als reflectirend, fasste er seine Aufgabe auch in diesem Sinne an und stellte die Gesetze der deutschen Verskunst endgültig fest, während er als schaffender Poet zugleich seiner Regel Verwirklichung und der deutschen Poesie in der Form für seine Zeit wenigstens durchaus mustergültige Werke gab. Gelehrt auch, wie er neben dem Unvermögen Individuelles zu schaffen war, lehnte er sich an die niederländische, französische, italienische und antike Literatur an, wo er den stofflichen und formellen Bedarf für seine Schöpfungen suchte und fand. So verfuhr er mit der deutschen Poesie nicht wie ein Vater mit seinem Kinde, der diesem eigenes Wesen und eigene Kraft einzupflanzen strebt, sondern wie ein Erzieher, der seinen verwahrlosten Schützling, nachdem er ihn anständig gewandet hat, frühzeitig aus der Heimath auf Reisen führt und ihm da möglichst viel beizubringen sucht. Aber weil er eine kunstmässige und allem Vorhandenen weit vorangeschrittene Form erlangte, gelang es ihm die formlose Volkspoesie durchaus zu verdrängen und die Gelehrten- und Stubenpoesie zur unbestrittenen Herrschaft zu bringen: von seinen Tagen weg blieb das edle Gut des Volksliedes verschmäht und verachtet, bis ein guter Genius Bürgers Auge wieder auf dasselbe lenkte.

So gross nun auch Opitzens Verdienste waren — und vielleicht ist gerade seine sprachschöpferische Thätigkeit in ihren

Nachwirkungen bis zur Stunde noch nicht genügend gewürdigt worden — so blendend den Zeitgenossen seine Erscheinung auch entgegentrat, die bloss äusserliche Regelrichtigkeit, das Pedantische und reflectirt Kalte seiner Werke konnte doch ein tieferes Bedürfniss nicht zufriedenstellen und erzeugte ganz naturgemäss ein Verlangen nach sinnlicher Anschauung und Wärme. Aber dieses so berechtigte Begehren rief in der zweiten schlesischen Schule einen Schwulst und eine Unnatur hervor, die erst jetzt so recht grell die unheilvollen Nachwirkungen des dreissigjährigen Krieges, zu denen sich die zersetzenden Kultureinflüsse Frankreichs gesellten, ans Licht hoben; denn diese Fülle von Blut und Gesundheit, wie wir sie in den Werken eines Hofmann von Hoffmannswaldau, eines Lohenstein u. a. m. zu sehen vermeinen, erwächst nicht aus der Kraft, sondern aus der Ueberspannung und Abspannung, und die überreizte und entnervte Generation musste eine Ernüchterung erleben, die für diese Periode deutscher Geschichte und deutschen Geisteslebens so überaus charakteristisch ist.

Einen unsäglich traurigen Anblick freilich bot Deutschland damals nach allen Richtungen hin. Das Reich war in Hunderte von kleinern, selbständigen Staaten zerschlagen, an deren Spitze ein Kaiser stand, der dem einzelnen Souverain gegenüber sich ebenso machtlos befand, wie vor dem Auslande; und die stürmische Zeit hatte wie die Kraft des Reichshauptes so auch die des Mannes gründlich gebrochen: das noch dreiviertel Jahrhunderte früher so stolze Geschlecht war devot und servil geworden und so weit ihm die Lebenslust nicht von oben herab verkümmert wurde, trug die starre Orthodoxie dazu bei, sein Dasein zu einem möglichst blassen und freudlosen zu gestalten. Sobald überdiess die entgegengesetzte Strömung des Pietismus ein umfangreicheres Bette gewonnen hatte, stand sie an Intoleranz vor den Orthodoxen kaum zurück und verdiente trotz der etwas grössern Freiheit kein erheblicher Fortschritt genannt zu werden. Dazu waren die Stände auseinandergerissen, indem die obern, französisch gebildet und nach dem Vorbilde der höhern Gesellschaft Frankreichs lebend und verderbend, auf den Bürger heruntersahen, während der von beiden verachtete, pedantische und ausschliesslich Latein schreibende

Gelehrte den Bürger und Bauern in der Regel eben so hochmüthig missachtete, als er sich nach oben tief und unermüdlich zu bücken gewohnt war. Wenn die Poesie das Spiegelbild der Zeit ist, so erscheint sie wahrlich als solches für diese Periode: eine unendliche Plattheit und Leere, eine unglaubliche Nüchternheit und Langweiligkeit machen sich überall breit; conventioneller Schematismus und greisenhafter Marasmus kennzeichnen so ziemlich einen Dichter wie den andern; Canitz, Besser, Neukirch, Hanke, und wie die Feinde der sogen. zweiten schlesischen Schule alle heissen mögen, sind sich in der Wahl und Bearbeitung der Stoffe zum Verwundern ähnlich. Dem Leben dieser Generation fehlte jeglicher Inhalt; ihre Geschichte bestand bloss in einer grausigen Vergangenheit, die noch unheilvoll genug in die Gegenwart hineinragte und gleichsam mit einem Schlage alles aus der Erinnerung getilgt zu haben schien, was vor dem Anfang des siebzehnten Jahrhunderts geschehen und gewesen war. Gelegenheitsgedichte auf alle erdenklichen Fälle standen an der Tagesordnung, was die Poeten selbst nicht hinderte über diese Unsitte loszuziehen. Niemals dürfen auch die Satiren nach dem Vorbilde Horazens oder vielmehr Boileaus, fehlen, in denen die Bösewichter Bav und Mäv blutlos genug dargestellt und dann ohne Witz, aber anscheinend mit viel moralischer Entrüstung gestraft werden. Als etwas Unerlässliches stellen sich ferner die zierlichen Liebesgedichte dar, alle in den hergebrachten Formen, mit einer beschränkten Anzahl von stereotyp wiederkehrenden Bildern und Gedanken; freilich — und auch das ist ein Zeichen der Zeit — laufen die Lieder dieser moralisirenden und frommen Dichter sehr oft in die gemeinste Zote aus ehe man die Hand umdreht. Fromm, wie gesagt, sind diese Poeten eines theologischen und theologisirenden Zeitalters durchgehends, und darum fehlen auch religiöse Gedichte nicht, wie alles andere ohne Wärme und Gefühl, studirt und gemacht. Mit mehr Geschmack und Einfachheit als die Schlesier gehen diese Poeten allerdings zu Werke; aber sie haben die Einsicht verloren, dass die Poesie auch einen Inhalt haben muss, was ihren Gegnern nicht gänzlich verborgen geblieben war, mochten sie auch, von einer verkommenen Zeit irregeleitet, im grob Stofflichen untergegangen sein. Daneben war die Dichtkunst in ziemlich grosse Missachtung gerathen, woran die Gelegenheitsdichterei nicht die geringste Schuld trug; die Poeten selbst betrachteten ihre Kunst bloss als Nebenwerk und angenehmen Zeitvertreib und wollten demgemäss ihre Werke ausdrücklich nur als Frucht ihrer Mussestunden angesehen wissen.

Eine dermassen versinkende und versunkene Poesie konnte nicht von einer Stunde zur andern wieder gehoben werden. Die grossartigen Ideen eines Leibnitz blieben, so begeistert sie von den Zeitgenossen aufgenommen wurden, auf die Dichtkunst ohne Einfluss, wie sie denn eigentlich auch kein poetisches Motiv enthalten, das sich über den Rahmen eines religiösen Liedes hinaus verwerthen liesse. Der phantasievolle und natürliche Günther ging wie ein unglücklicher singender Schatten wenig beachtet an seinem Geschlechte vorbei, und Brockes mit seiner teleologischen Naturauffassung und pedantischen Detailmalerei war trotz einer grössern gemüthlichen Vertiefung der Mann nicht, um in die geistige Stagnation Leben zu bringen. Aber in diesen Tagen trostloser Geistesöde trat neben dem Hamburger Rathsherrn der anmuthige und ungleich natürlichere Hagedorn auf; und in jenem äussersten Winkel deutscher Zunge, wo sich drei Nationen begegnen, schlug Albrecht von Haller Töne an, die als Heroldsrufe einer bessern Zeit die Mitlebenden mächtig ergriffen.

Hallers Vorbilder.

Die Deutschen.

Albrecht von Haller wurde den 8. October 1708 zu Bern geboren und vertauschte diese seine Vaterstadt 1722 mit Biel, um schon im folgenden Jahre die Universität Tübingen zu beziehen. 1725 führten ihn seine medicinischen Studien nach Leyden, wo er Boerhaves Schüler wurde. Von einer 1727 unternommenen und ausschliesslich wissenschaftlichen Zwecken gewidmeten Reise nach England und Paris kehrte er 1728 in die Heimath und zwar zuerst nach Basel zurück, wo er neben den medicinischen und mathematischen Studien sich auch der Poesie von Neuem zuwandte, die er vom 15. Jahre weg hatte brach liegen lassen. 1729 suchte er Bern wieder auf, wo er 1732 seine Gedichte erscheinen liess und zwar unter dem Titel:

Verſuch Schweizeriſcher Gedichten.

... stulta est Clementia, cum tot ubique
Vatibus occurras, periturae parcere Chartae.
Juvenal.

BERN
bey Niclaus Emanuel Haller.
MDCCXXXII.

Das Buch hat Octavformat und enthält 103 pag. Die Vorrede füllt $2^1/_3$ Seiten; auf der vierten Seite steht das Inhaltsverzeichniss:

I. Alpen.
II. Schweberisch Eh-Jubilaeum.
III. Morgen-Gedanken.
IV. Sehnsucht nach dem Vatterland.
V. Die Ehre.
VI. Vernunfft, Aberglauben und Unglauben.
VII. Falschheit der Menschlichen Tugenden.
VIII. Doris.
IX. Verdorbene Sitten.
X. Saphische Ode.

In der zweiten schon 1734 erschienenen Auflage kam noch das Gedicht „Ueber den Ursprung des Uebels" hinzu und in der dritten die leider Fragment gebliebene Ode über die Ewigkeit.

Diese wenigen Blätter waren nicht nur von höherm poetischen Werthe als Brockes' neun Bände des irdischen Vergnügens in Gott und überragten nicht allein Alles, was seit langen Jahren — Günther ausgenommen — in Deutschland producirt worden war, sie errangen auch einen durchschlagenden Erfolg und eine kräftige Nachwirkung. Bevor wir indessen auf die Gründe derselben und auf die Art des Dichters zu sprechen kommen, mögen die Quellen, aus denen er selbst geschöpft, in Betracht gezogen werden.

Haller kannte alle bedeutenderen deutschen Dichter von Opitz weg ziemlich genau und erhielt bei sehr jungen Jahren einen klaren Einblick in den Zustand der zeitgenössischen Poesie Deutschlands, worüber er sich später in seiner Selbstbeurtheilung kurz und gut dahin ausspricht: „Beyde (Hagedorn und er) kamen wir in eine Zeit, da die Dichtkunst aus Deutschland sich verloren hatte."[1] Man kann aber wohl zugestehen, dass er mit redlichster Mühe zu lernen suchte, was er von seinen Vorgängern lernen konnte; und wie er früh den Grund zu seiner umfassenden wissenschaftlichen Bildung gelegt hat, so begann er in jungen Jahren schon als Knabe aufs Eifrigste den Musen obzuliegen. „Er hatte," sagt Zimmermann in seinem „Leben

---

[1] Dieser Brief, eine Art von Selbstbeurtheilung, ist in der Sammlung kleinerer Schriften (Bern 1772) abgedruckt.

des Herrn von Haller" pag. 12 [1] „übrigens in diesem (Knaben-) Alter eine besondere Art sich in der Dichtkunst zu üben. Er wählte sich ein Gedichte, das ihm damals schön vorkam, ein Carmen auf die Geburt des Kayserlichen Prinzen Leopold (1715), oder ein Gedicht über ein Feuerwerk, wie Brockes geschrieben hat, und entwarfe hernach seine Gedanken poetisch über die gleiche Materie, damit er entweder sein Urbild übertreffe oder doch demselben gleichkomme;" und pag. 16: „Es kamen da (in Biel 1722) Gedichte von allen Arten in verschiedenen Sprachen zu Stande, ein episches Gedicht von viertausend Versen, Trauerspiele, Gedichte über alle Arten von Vorfällen, Uebersetzungen des Ovid u. s. w." Uebereinstimmend damit berichtet Haller in seiner Selbstbeurtheilung: „Ich ahmte bald Brockes, bald Lohenstein, und bald andere niedersächsische Dichter nach, indem ich eines von ihren Gedichten zum Muster nahm, und ein anderes ausarbeitete, das nichts von dem Muster nachschreiben, und doch ihm ähnlich sein sollte."

Diesen Dichtungen kam gewiss ausschliesslich der Werth und die Bedeutung blosser Sprach- und Reimübungen zu und wir haben um so weniger nach ihnen zu fragen, als sie Haller in richtiger Erkenntniss ihrer Unvollkommenheit selbst dem Feuer überliefert hat.[2] Thatsache ist, dass die gleichzeitigen Poeten, wie Canitz, Besser u. s. w. auf ihn nicht im geringsten gewirkt haben, sondern die der zweiten schlesischen Schule, voran Lohenstein. Die Zeitgenossen bemerkten diesen Einfluss nur zu wohl, während Haller ihn bedauernd eingestand, so z. B. in der Vorbemerkung zu den „Alpen": „Man sieht auch ohne mein Warnen noch viele Spuren des Lohensteinischen Geschmackes darin."[3] Dass aber diese Spuren sich bald verloren, sagt er selbst in der Vorrede zu der vierten Auflage seiner Gedichte: „Die philosophischen Dichter, deren Grösse ich bewunderte, verdrungen bald bey mir das geblähte und aufgedunsene Wesen des Lohensteins, der auf Metaphoren wie auf leichten Blasen

---

[1] Das Leben des Herrn von Haller von D. Johann Georg Zimmermann, Stadt-Physicus in Brugg. Zürich, bey Heidegger und Compagnie 1755.

[2] Vorrede zur 4. Aufl. der Gedichte.

[3] Vergl. überdiess die Vorrede zur 4. Aufl. der Gedichte.

schwimmt." Suchen wir nach besondern Belegen für diesen
Einfluss, so brauchen wir bloss die „Morgengedanken", das Werk
des sechzehnjährigen Tübingerstudenten, zur Hand zu nehmen;
Stellen wie die folgende lassen über die eigentliche Zeugungs-
stätte nicht lange im Ungewissen:

> Der Himmel färbet sich mit Purpur und Saphiren,
> Die frühe Morgenröthe lacht;
> Und vor der Rosen Glanz, die ihre Stirne zieren,
> Entflieht das bleiche Heer der Nacht.
>
> Die Rosen öffnen sich und spiegeln an der Sonne
> Des kühlen Morgens Perlenthau;
> Der Lilien Ambradampf belebt zu unsrer Wonne
> Der zarten Blätter Atlas grau.

Nicht mit Unrecht sagt Schönaich darüber in seiner
„Aesthetik in einer Nuss" unter Ambra: In vier Versen ist
hier der ganze Lohensteinsche Raritätenkasten: Perlen,
Rosen, Lilgen, Ambra, Thau, Atlas.[1]

Man findet ferner in Lohensteins „glimmendem Tacht der
Liebe" eine Parallele zu Hallers „kurzem Tacht des Lebens"
und in seinem „Der Gottheit tiefes Meer" die Vorlage zu Hallers
ähnlichem Ausdruck; einem „Felsenkind"[2] des Schweizers entspricht ein „Sternen-Kind" bei dem Schlesier; eine „braune
Nacht" Hallers lässt sich auf einen ähnlichen Ausdruck bei
Lohenstein zurückführen, der z. B. in der „Cleopatra", zweite
Abtheilung, Vers 246 von einem „braunen Abend" spricht.[3]
Und wie dieses Adjectiv in solcher Bedeutung bei einem Zeitgenossen Hallers nur noch selten vorkommt, so mag er auch
das Substantiv „Angelstern"[4] für Polarstern und das Verbum

---

[1] Die ganze Aesthetik in einer Nuss, oder neologisches Wörterbuch, ... den grössten Wortschöpfern unter denselben aus dunkler Ferne
geheiliget von einigen demüthigen Verehrern der sehr affischen Dichtkunst 1754.

[2] Fehlt bei Grimm, Deutsches Wörterbuch.

[3] Grimm, Deutsches Wörterbuch II, 325 citirt Opitz, Uz, Wieland
und Kant, die alle von einer „braunen Nacht" sprechen. Haller, der
den Ausdruck von Lohenstein oder Opitz herübergenommen, ist übergangen.

[4] Grimm a. a. O. I, 347 citirt Schirmer (1654 und 1657) Fleming,
Lohenstein, Wieland, Schiller und Jean Paul. Auch hier wird Haller,
der zwischen dem Schlesier und dem Klassiker steht, vergessen.

„verstellen" aus Lohenstein entnommen haben, der von einem Angelstern der goldnen Schönheit und von einem Leid spricht, das den Menschen verstellt. Ja, in den ersten drei Auflagen heisst es im Gedichte „über die Ehre":

> Auf seinen Schultern ruht die Erde,
> Ihr seht die Pracht, er fühlt die Schwerde,

und bei dem letzten Worte steht die Anmerkung: Lohenstein an manchem Orte.

Dazu vergleiche man noch die vereinzelte Stelle aus Lohensteins „Wundergeburth unseres Erlösers":

> So wallt das Mutterhertz in ihren zarten Brüsten,
> Die keine geile Hand der Männer hat befühlt

mit Hallers auf pag. 73:[1]

> Und nur ihr eigner Arm die reine Brust befühlet.

Die Aufzeichnung dieser Kleinigkeiten mag neben der bereits festgestellten Thatsache hergehen, dass Lohenstein dem jungen Haller Vorbild gewesen ist, dessen pathetisch-rhetorisches Talent an dem des Schlesiers ein verwandtes fand; gerade so hat sich, wie wir sehen werden, in späterer Zeit Schiller an Haller gebildet. Wie überraschend ähnlich übrigens des letztern Tenor mit dem Lohensteins zusammenklingen kann, dafür mögen noch folgende bedeutsame Parallelstellen Zeugniss ablegen.

Die Höhe des menschlichen Geistes über das Absterben des Hrn. Andreae Gryphii:

> Die Elemente selbst sind Mägde des Verstandes,
> Durch Leinwand und ein Brett, zwingt man das grosse Meer;
> Wir machen aus der See ein fruchtbar Stücke Landes,
> Und wo vor Klippe war, kommt itzt ein Segel her.
> Sie raubt Corall und Perl aus Amphitritens Grunde,
> Gräbt Gold und ander Mark aus der Gebirge Schlunde,
> Wir spielen mit der Glut, und kurtzweiln mit den Flammen...
> Ergründet ohne Bley die Tieffen tieffer Flüsse,
> Misst ohne Messer ab See, Berge, Thürme, Land...
> Ja er schifft höher an; sein Meer ist's Feld der Sternen.
> Das Schau-Glass ist sein Schiff, die Segel der Verstand.

---

[1] Der Kürze halber citire ich aus Haller immer die betreffende Seite der zwölften, weil vollständigsten, Ausgabe.

Haller pag. 46:

> Wahr ist's, dem Menschen ist Verstand genug geschenket,
> Sein flüchtig Denken ist kaum von der Welt umschränket,
> Was nimmer möglich schien, hat doch sein Witz vollbracht,
> Und durch die Sternenwelt sich einen Weg erdacht ...
> Das Meer selbst wird verdrängt, sein altes Ziel entfernt,
> Wo manches Schiff vergieng, wird reiches Korn geernd't ...
> Er misst das weite Meer unendlich grosser Grössen u. s. w.

Wundergeburth unseres Erlösers:

> Dass Gott der grosse Gott nach seinem weisen Rath
> Dis All aus Nichts gemacht, auf's Abgrunds Achsen hat
> Der Erde Grund geleg't, dem Meer ein Ziel gestecket,
> Der Lüfte blaues Tuch durchsichtig ausgestrecket,
> Die Wolken ausgespannt: dass er die Unterwelt
> Mit Himmeln überwölkt, die gar kein Pfeiler hält u. s. w.

Haller pag. 2:

> Du hast der Berge Stoff aus Thon und Staub gedrehet,
> Der Schachten Erz aus Sand geschmelzt;
> Du hast das Firmament an seinen Ort erhöhet,
> Der Wolken Kleid darum gewälzt.
>
> Des weiten Himmelraums saphirene Gewölber,
> Gegründet auf den leeren Ort,
> Der Gottheit grosse Stadt, begränzt nur durch sich selber,
> Hob aus dem Nichts dein einzig Wort.

Die Urtheile des gereiften Haller über andere vor oder mit ihm lebende deutsche Dichter, wie Canitz, Pietsch u. s. w. dürfen uns hier um so gleichgültiger sein, als sich ein von diesen Männern ausgehender Einfluss auf denselben, wie schon gesagt, nicht nachweisen lässt und auch nie von irgend einer Seite angenommen worden ist. Wir können allenfalls Brockes erwähnen, weil Hallern mit diesem ein schilderndes Element gemeinsam ist, obwohl zwischen der detaillirten, poetisch-botanischen Beschreibung einer Kirschblüthe und der Schilderung einer gewaltigen Alpenlandschaft ein grosser Unterschied besteht und sich ein speciell verwandter Zug nur bei dem poetischen Blumengemälde in Hallers Alpen entdecken lässt, wo aber mit wenigen Strichen der jüngere Dichter es dem ältern in der Blumenmalerei so weit zuvorgethan hat als überhaupt im Ganzen. Zudem findet sich die schildernde Poesie schon früher in der deutschen Literatur, in die sie unter dem Einfluss Marinis durch die zweite schlesische Schule eingeführt worden war. Dagegen müssen wir hier eines Mannes gedenken, der als ein Mittelglied zwischen dem Hamburger und dem Schweizer Dichter erscheint, „ein Wiederklang von Brockes, aber verschönt und vergeistigt; von Haller ein starker Vorklang, dessen Herold, man könnte sagen ein Haller vor Haller", sagt Wackernagel.[1]

Das ist Karl Friedrich Drollinger.

Diesem Manne widmete Haller die Ode auf die Tugend, ihm, der später seinen Freund in einem Gedichte über den Verlust der frühverstorbenen Gattin zu trösten versuchte.[2] Ueberhaupt war es einzig die Poesie, welche im Jahre 1728, als sich Haller nach seinen Reisen in England und Frankreich einige Zeit in Basel aufhielt, die beiden Männer zusammenführte. Es ist keine Frage, dass sie verwandte Geister sind: nicht nur zeigen ihre Werke gegenüber denjenigen ihrer Zeitgenossen — Hagedorn ausgenommen — vor dem Jahre 1740 eine grössere Frische und Natürlichkeit, sondern sie zeigen namentlich einen metaphysisch-religiösen Gedankeninhalt und, was für jene Zeit die zwei eben so verwandt erscheinen lässt, eine stark ausgeprägte Vaterlandsliebe. Unbestritten sind Hallern durch Drollinger die Engländer als Muster vorgerückt worden, die dem jungen Schweizer 1728 noch nicht bekannt gewesen zu sein scheinen, wiewohl er sich in England aufgehalten hatte.[3] Namentlich war es aber die philosophische Richtung in der Poesie dieses Landes, die Drollinger dem jungen Freunde im Gegensatz zu der französischen und deutschen Dichtung hervorhob und die er selbst nachahmte. Deswegen wird man aber nicht geradezu mit Mörikofer (Die Schweizerische Literatur etc. pag. 21) behaupten können, „Drollinger habe auf Hallers Auf-

---

[1] Kleine Schriften II. pag. 441.
[2] Herrn Carl Friedrich Drollinger weiland... Gedichte samt andern dazu gehörigen Stücken... von J. J. Sprengen. Basel 1743. Der Titel des betr. Gedichtes lautet: An den Herrn Professor Haller über das Absterben seiner ersten Fr. Eheliebsten.
[3] Vergl. die Bemerkungen zu Gedanken über Vernunft, Aberglauben und Unglauben.

fassung der Poesie insbesondere einen entscheidenden Einfluss ausgeübt." Erstens ist die Behauptung ganz unerwiesen, als ob Haller durch Drollinger zu einer neuen Auffassung der Poesie gebracht worden wäre. Musste er von der Poesie überhaupt eine andere Auffassung erhalten, indem er sich auf eine bestimmte Gattung verlegte? Kein Dichter greift mit Hallers Entschiedenheit und Glück zu einer Dichtart, es wären denn alle Bedingungen zu derselben in ihm schon gegeben. Auch war die so früh entwickelte und scharf ausgeprägte Eigenart bereits vor der Kenntniss der philosophischen Dichter Englands und vor der Bekanntschaft mit Drollinger ihre eigenen Wege gegangen: eine Vergleichung des unter diesen Voraussetzungen entstandenen Gedichtes (1728)[1] „über die Ehre" mit den „Gedanken über Vernunft, Aberglauben und Unglauben" und mit „die Falschheit der menschlichen Tugenden" wird ergeben, dass es sich in den beiden letztern Schöpfungen lediglich um eine Weiterentwickelung des originellen und im erstgenannten Gedicht bereits bestimmt ausgesprochenen Talentes handelt, und dies zwar unter dem Einflusse der Engländer. Zweitens darf man nicht vergessen, dass Drollingers Gedichte erst nach seinem im Jahr 1742 erfolgten Tode erschienen und dass nach dem ausdrücklichen Zeugnisse des Herausgebers Spreng[2] diese Ausgabe nur Gedichte enthielt, die in den letzten zwanzig Lebensjahren des Verfassers entstanden waren. Somit werden die Anregungen, die der junge Haller empfing, bloss theoretische gewesen sein, insofern er wohl die ungedruckten Gedichte Drollingers nicht vor Augen bekommen haben wird, abgesehen davon, dass wir nicht wissen, was davon im Jahre 1728 und 1729 schon existirte. Die metaphysisch-religiöse Richtung in der Poesie liegt allerdings bei ihm im Keime und halbausgebildet vor, wie denn solche Gegenstände seit Leibnitz und

---

[1] Allerdings befand sich Haller 1728 schon in Basel, ob er aber bei der Abfassung dieses Gedichtes Drollinger schon gekannt hat, und ob es unter dessen Einfluss entstanden ist, davon sagt Haller nichts, während er dies in der Vorbemerkung zu den beiden Lehrgedichten „über Vernunft, Aberglauben und Unglauben" und „die Falschheit menschlicher Tugenden" besonders hervorhebt.

[2] Vergl. die Vorrede Sprengs.

Wolf die ganze gebildete Welt Deutschlands beschäftigten. Aber ob in der Form, in der scharfen Ausprägung eines Gedankens sich nicht hin und wieder Drollinger seinerseits an Haller gehalten und nachdem seine Gedichte beinahe vollendet waren in diesem Sinne nachträglich Aenderungen angebracht hat, da er, zum Theil mit der Hülfe Sprengs, viel zu feilen pflegte — das wäre erst noch eine offene Frage, die um so weniger wird entschieden werden können, als wir nicht wissen, in welchem Jahre Drollinger die einzelnen Stücke endgültig abgeschlossen oder was und wann er noch geändert hat. Leider sind keine Briefe Drollingers an Haller in der Berner Stadtbibliothek vorhanden, was bei der Vollständigkeit der zahlreichen Schreiben anderer Correspondenten zum Schlusse berechtigt, es habe zwischen den beiden nach Hallers Wegreise von Basel kein Verkehr mehr existirt, für eine frühere Zeit aber wieder um so mehr zur Annahme führt, der schüchterne, bescheidene und zwanzig Jahre ältere Drollinger habe dem jungen Haller seine Manuscripte nicht vorgelegt; vielmehr wird sich der literarische Meinungsaustausch auf mündliche Mittheilungen beschränkt haben, worauf wohl die Anmerkung (12. Aufl., p. 89) zu deuten ist: „Dieser Gedanke gehört eigenthümlich dem Herrn Drollinger zu. Er stand in einem verliebten Gedichte, davon man in der Sammlung seiner Poesien keine Spur mehr antrifft, und haftete mir aus einem freundschaftlichen Gespräche im Gedächtniss." Die Vermuthung, dass eine Correspondenz zwischen beiden nicht stattgefunden, scheint durch folgende Stelle aus einem Briefe des befreundeten Physikers Stähelin an Haller noch wahrscheinlicher zu werden: Mr. Drollinger, to whom I delivered your Poem seemed to me very sensible of this your adress, he told me he would thank you for it himself, and I doubt not but he has already prevented the advice I give you of it ... (21. Dec. 1729).

Sei dem nun wie ihm wolle, eine grosse Geistesverwandtschaft der beiden Dichter liegt klar genug zu Tage, schon in der Wahl der Stoffe; Drollinger singt ein „Lob der Gottheit", er behandelt in einem Gedichte die Unsterblichkeit der Seele und preist in einem andern die göttliche Vorsehung. Auch ein Auge für die Landschaft, die mit einem viel weitern Rahmen umspannt wird als bei Brockes, macht sich bei ihm sehr günstig bemerkbar. Eine weitere Analogie tritt in dem knappen Vortrag zu Tage; freilich erreicht er gerade Haller in der Gedrungenheit des Stiles so wenig als in der Grossartigkeit der Gedanken und Bilder, wie er ihm auch rücksichtlich des logischen Fortgangs der Ideen weichen muss; so erscheinen z. B. seine „Gedanken bei einem Spaziergang" wie eine abgeblasste Exposition zu Hallers „über den Ursprung des Uebels": und wo dieser nun erst zum Hochflug ansetzt, da lässt Drollinger die Flügel auf's hausbackenste sinken. Dass übrigens die Uebereinstimmung zwischen Drollinger und Haller sich nicht nur auf gewisse Gedanken und Gedankenreflexe, sondern auch auf die Fassung solch einzelner Gedanken erstreckt, dafür mögen folgende Stellen Beweise sein:

Drollinger, „Lob der Gottheit":

> Auf, dass ihr eine Grösse findet,
> Die grösser sei als alle Welt.
> Vermehret sie mit neuen Zahlen
> Zu hundert-tausend-tausendmalen!
> Erschöpfet eurer Geister Macht;
> Und denket dann, dass eure Lehre
> Von eines Schöpfers Allmachtsmeere
> Noch keinen Tropfen ausgedacht.

Dazu vergl. Haller, pag. 158:

> Ich häufe ungeheure Zahlen
> Gebürge Millionen auf;
> Ich wälze Zeit auf Zeit, und Welt auf Welten hin,
> Und wenn ich auf der March des Endlichen nun bin,
> Und von der fürchterlichen Höhe
> Mit Schwindel wieder nach Dir sehe,
> Ist alle Macht der Zahl, vermehrt mit tausend Malen,
> Noch nicht ein Theil von Dir;
> Ich tilge sie, und Du liegst ganz vor mir.

Noch ähnlicher sehen sich folgende Stellen:

Drollinger, „über die göttliche Fürsehung":

> Zwar wie er seinen Rath vollbringe,
> Das soll kein Sterblicher verstehn,
> Es mag sich oft der Lauf der Dinge
> Nach allgemeinen Regeln drehn.

Haller, pag. 59:
> Wie Gott die Ewigkeit erst einsam durchgedacht,
> Warum einst, und nicht eh, er eine Welt gemacht,
> Das soll ich nicht verstehn.

Schliesslich möge man noch Folgendes vergleichen:
Drollinger, „auf eine Hyacinthe":
> Dort schied vor allen sich von der gemeinen Mänge
> Ein Hyacinthenkiel mit zierlichem Gepränge.

Haller, pag. 37:
> Dort ragt das hohe Haupt am edeln Enziane,
> Weit über'n niedern Chor der Pöbelkräuter hin.

Drollinger, „Gedanken über die Mahlerey":
> Da steht ein naher Berg in grünlich buntem Flor.
> Ein andrer hinter ihm weicht allgemach zurücke
> In purpurblauem Schmuck, erhellt durch lichte Blicke.
> Dort lässt sich weit entfernt durch einen Nebelduft
> Ein neuer Gipfel sehn, verloren in der Luft,
> Und streckt sein bleiches Blau an's blaue Reich der Sterne.

Haller, pag. 34:
> Ein angenehm Gemisch von Bergen, Fels und See'n
> Fällt nach und nach erbleicht, doch deutlich in's Gesicht,
> Die blaue Ferne schliesst ein Kranz beglänzter Höhen,
> Worauf ein schwarzer Wald die letzten Strahlen bricht:
> Bald zeigt ein nah Gebürg die sanft erhobnen Hügel ..
> Bald aber öffnet sich ein Strich von grünen Thälern,
> Die, hin- und hergekrümmt, sich im Entfernen schmälern.

Die Engländer.

Zimmermann berichtet vom Aufenthalt Hallers in London: „er besuchte damahls keine Poeten, keine Geschichtschreiber, keine Philosophen, in so fern man die Aerzte nicht vor solche ansehen will. Seine Gedanken waren unzertheilt, er wandte sich ganz allein gegen die Arzneykunst, und die Wissenschaften, die mit derselben am genauesten verbunden sind."[1] Da Zimmermann seine Angaben meistens nach Hallers mündlichen Berichten macht und wir in diesem Falle auf ihn als einzige Quelle angewiesen sind, so werden wir ihm wohl Glauben

---
[1] pag. 41.

schenken müssen, ohne deshalb in Erwägung der unvergleichlichen Wissbegier des jungen Gelehrten zu dem Schlusse gezwungen zu sein, es sei diesem z. B. kein Werk des damals schon hochgefeierten Pope unter die Hände gerathen. Sicher indessen ist, dass er zu Basel durch Drollinger und Stähelin in die zeitgenössische Literatur Englands eingeführt und mit den philosophischen Didaktikern, vorab wohl mit Pope, bekannt wurde. Namentlich dem Zweitgenannten dieser Männer wird Haller diese Einführung zu danken haben.

Benedict Stähelin war Physiker und Botaniker, daneben aber Kenner und Freund der Dichtkunst, speciell der englischen: sogar die englische Sprache wusste er besser zu handhaben als die deutsche, weshalb denn auch die Correspondenz mit Haller in dem ihm geläufigern Idiom geführt wurde und er sich an diesen unterm 31. September 1729 folgendermassen ausspricht: „Sie werden[1] (die zwei Erstlinge des Briefwechsels sind nämlich deutsch) auss meinen Briefen sehen dass Ich noch einen schweren Punkt vor mir habe, nemlich die Teutsche Sprache zu lehrnen. So schwer mir dieser vorkommt will Ich daran." Ich weiss nicht, ob Stähelin vielleicht in England aufgewachsen ist; eine Stelle vom 9. Februar 1731, wo er von „my true born good English heart" spricht, könnte darauf hindeuten.[2] Das begreifliche Vorurtheil für die englische Literatur benahm ihm Haller, der die zu Theil gewordene Bekanntmachung mit den englischen Dichtern durch die Einführung in die deutschen poetischen Schriften zu vergelten suchte; in erster Linie gab freilich Haller selbst zu diesem Sinneswechsel Anlass. „Ich sage Ihnen," schreibt Stähelin den 21. September 1729, „für

---

[1] Sämmtliche Briefe Stähelins an Haller sind nicht publicirt; sie liegen in der Stadtbibliothek zu Bern. Orthographie und Interpunktion sind hier treu wiedergegeben.

[2] Dagegen spricht aber die Notiz, die ich bei Wolf: „Biographien zur Kulturgeschichte der Schweiz", zweiter Cyclus, pag. 111 finde: Benedict Stähelin von Basel (1695 bis 2. August. 1750) war ein Sohn des Johann Heinrich Stähelin (1. Mai 1668 bis 19. Juli 1721), Professor der Anatomie und Botanik in Basel. Er studirte in Basel und Paris Botanik und Medizin, erhielt dann aber 1727 gegenüber Leonhard Euler durch das Loos die Professur der Physik u. s. w.

die comunication dero fieber einfühls (?) (er meint Hallers Gedichte, wohl „Gedanken über Vernunft, Aberglauben und Unglauben", zu deren Abfassung ihn, wie er selbst sagte, das poetische Fieber getrieben hatte)[1] wie Sie solche haben nennen wollen, schuldigsten Dank. Es haben mich selbige von meinem Vorurtheile für die englischen Poeten wegen der Menge und Seltenheit dero Gedanken befreyet." Und unterm 9. Februar 1731 heisst es: „I have read of Godshead but one single treatise on German Eloquence[2] which pleased me enough." Interessant ist die Bemerkung über Brockes (vom 29. März 1730): „Brockes and others excite daily every men to the contemplation of Nature, but they say nothing of the unhappiness of mankind who may sometimes contemplate things whole years, trie many experiments not without many expenses and yet find nothing worth so great a summ... Dass Stähelin sich mit Kunst und Literatur viel beschäftigte beweist wohl unter andern folgende Stelle: „I found afterothers that without art one finds nothing at all or very confusedly something and that by art we find or to many times more than we have found, or we scorn to make experiments, of which we had no success or of which we forsee none by art, thus we deprive ous of those observed by mens of no art." [13. Februar 1730.]

Ein solcher Mann musste begreiflicherweise für die poetischen Arbeiten seines Freundes ein offenes und liebevolles Auge haben; er versah ihn auch, um ihn in der geistesverwandten Richtung zu halten, nach Kräften mit englischen Büchern. So schreibt er unterm 21. September 1729: „Von unsern Englischen Büchern habe noch keine Nachricht, wohl aber erfahren, dass solche auff's fleissigste werden überschicket werden." Die Bitte Hallers, er möchte ihm Shaftesbury's Werke schicken, beantwortet er am 16. August 1730 folgendermassen: The works of Earl of Shaftsbury which you saw before in my hands were not mine ... I have give speedy ordres for the books go desired." Erst zwei Jahre später erhält, wie es scheint, Haller das Verlangte: Here I send you together

---

[1] „Nach meinen Reisen, hauptsächlich zu Basel, befiel mich die poetische Krankheit wieder." Vorrede zur 4. Aufl.

[2] Ausführliche Redekunst u. s. w. Hanover 1728.

with the E. Shaftsburys works, which as I perused your elegant poesy seems me not altogether to be unknown to you. Den 29. März 1730 erscheint sogar „an account of your English books, their carriage mounted to 10 fl."

Dieser literarische Verkehr trug aber noch andere Früchte. Haller pflegte Stähelin die Gebilde seiner poetischen Werkstatt aus erster Hand zu überschicken und des Freundes Urtheil in Empfang zu nehmen. Ein Brief vom 21. September 1729 enthält Folgendes: „Ihr Schlussvers mann bedenkt sich biss in tod ect. kommt so ich ihn recht verstehe einigermassen auf das hin was uns unser guter Galenus an irgend einem Orte lehret audendum est et veritas investiganda quam etsiamsi non assequamur, omnino tamen propius quam nunc sumus ad eam perveniemus." Dieser Vers wird wohl am Schlusse des Gedichtes „Ueber Vernunft, Aberglauben und Unglauben" gestanden haben („auch Weisheit hält ein Maass, das Thoren niedrig dünkt und Newton nicht vergass"); geändert muss ihn Haller haben, denn er findet sich nicht mehr. Uebrigens kommt Stähelin in seinem folgenden Briefe noch einmal auf den angezogenen Punkt zurück: As I was ever fully persuaded of your good intentions in composing your Poem, so I wish anything unsayd which in my former letter could make you doubt of it. All what I wrote tou you, came from the thougth that it is not impossible on may reach at things he never aimed and that also your paper would not be the first, who in his birth design'd only for a few friends, may be by fame transmitted to Posterity. Jea I doubt wheter (whether) there are not more immortalized of those designed but for fews than of those written for many" (21. Dec. 1729). Wir vernehmen auch von einem Gedichte, das nicht auf uns gekommen ist.[1] „Your most serious death beth thougths have very much edified me. I beg your pardon for the liberty i took of proposing to you a matter who seemed me worthy your penn; it was never my intention you should trouble you so much as to handle this

---

[1] Wenn er am 21. September 1729 Haller bittet: „Ihr Lob der Schweitzern auch zu communiciren", so sind darunter wohl die „Alpen" verstanden.

matter at full, But that you would only put your fortuit thougths on it in the order they should present them to you in a short pamphlet."

Offenbar also ist dieses Gedicht auf Stähelins Veranlassung hin entstanden; eine ziemlich gleiche Bewandtniss — und Haller bezeugt dies selber — hat es mit den beiden Schöpfungen „Ueber Vernunft, Aberglauben und Unglauben" und „die Falschheit menschlicher Tugenden": „Dieses Gedicht war eine Art Gewette. Mein Freund, der D. Stähelin, und andere werthe Bekannte, die mir Basel zum angenehmsten Aufenthalte machten, erhoben die Engländer, und rückten mir oft das Unvermögen der deutschen Dichtkunst vor. Ich nahm die Aufforderung an, da ich mich nach einer Krankheit langsam erholte, und zu keiner andern Arbeit noch die Kräfte hatte. Ich suchte in einem nach dem englischen Geschmacke eingerichteten Gedichte darzuthun, dass die deutsche Sprache keinen Antheil an dem Mangel philosophischer Dichter hätte."[1] Stähelin wird dieses treibende Element mit um so grösserm Nachdrucke vertreten haben, als er das von ihm so hoch gestellte poetische Talent des Freundes leider mehr und mehr unter der Last gelehrter Arbeiten erdrückt sehen musste, und auch deswegen, weil er ihn um dieser Musengabe willen glücklich pries und sich dieselbe zuweilen selber eigen wünschte. „I wish also," heisst es in einem Briefe vom 16. August 1730, „to hear better news of your Muses, It should cause me the utmost sorrow, could I believe that what you say of your vein could be true. I suppose the fair vegetable Beauties have so much insinuated themselves into your feavour that they have been a little prejudicial to the Muses. But I fear nothing from this. They are to good friends together and the last will again have their turn and share of your feavour." Und er schreibt den 21. September 1729: „Hätte ich das Glück mit einem so seltenen Fieber[2] wie das Ihrige muss gewesen sein, so wollte ich Ihnen das grosse Vergnügen so ich auss lesung Ihrer Schrift gehabt

---

[1] 12. Aufl., pag. 44.
[2] Er meint natürlich das poetische Fieber, ein Ausdruck, den Haller selbst gebraucht hatte. (Vorrede z. 4. Aufl. der Gedichte.) (Es fehlt im Original ein Wort.)

nachdrücklicher beschreiben." Dermassen freut er sich immer, wenn ihm eine poetische Schöpfung seines Freundes mitgetheilt wird. „Your tendre lays leave much warmed me in my old age. If the original resembles the copy you made of it, the most steady Philosopher may not be ashamed of the sentiments your Muse furnishes you with, and you may safely let go on your hearth where heaven seems to conduct it" (4. Febr. 1731; das Gedicht war zweifelsohne „Doris"). Er ist entzückt über den „Ursprung des Uebels": „Your elegant thoughts on Evil I have read with that rapture I read all yours" (1. April 1733); und drei Jahre später (22. April 1736) lässt er sich über ein anderes Werk [1] Hallers folgendermassen vernehmen: „Humble thanks for your divine lays. It belongs only to you to goe through those high regions, without growing giddy, and in a steddy good Reason. Prai Sir goe on and let me be a partaker of your Muse, she is the only amendment I find in my spleenish circumstances."

Diese Theilnahme für seine Poesie vergalt Haller auf eine Art, wie er sie wohl besser nicht hätte vergelten können: er widmete, während er mit der Ode über die Tugend Drollingern ein Denkmal stiftete, Stähelin die beiden Gedichte „über Vernunft, Aberglauben und Unglauben" und „die Falschheit der menschlichen Tugenden"; und in diesem hat er seiner Zuneigung so kurz als schön Ausdruck verliehen:

O dass der Himmel mir das Glück im Tode gönnte,
Dass meine Asche sich mit Deiner mischen könnte! —

Mit der Ausführlichkeit, wie es geschehen ist, würde nicht nöthig gewesen sein, den Briefwechsel zwischen Haller und Stähelin durchzugehen, wenn derselbe nicht auf das Verhältniss der beiden Männer ein schärferes Licht wärfe, als bislang darauf gelegen hat, und wenn er nicht grösstentheils das Material zu der Lösung der Frage an die Hand gäbe, welche Dichter und Denker Englands besonders auf Haller gewirkt haben und welcher Art diese Einwirkung gewesen sei. Da kommen denn namentlich drei Namen in Betracht: Shaftesbury, Thomson und Pope. Den letztern hat Haller ganz unbestritten gekannt,

---

[1] Es war wohl die 1736 entstandene Ode über die Ewigkeit.

nachgeahmt aber nur in der Wahl und Behandlung der Stoffe, worin übrigens Pope selbst nicht originell war, sondern sich an das Vorbild der Franzosen, ja der eigenen Landsleute, wie z. B. an Dryden, hielt, die ihrerseits auf die Alten zurückgingen. Haller übertrifft den Engländer an Erhabenheit und Kraft, überhaupt an Originalität, so dass Herder ganz richtig sagt: „Wie Hallers Ode auf die Ewigkeit ist, erscheint nichts ähnliches in Pope";[1] aber er steht ihm eben so sehr nach an Eleganz und Feinheit der Sprache, Vorzüge, die Haller gerade desshalb um so mehr schätzte, als er sie an sich selbst vermisste und trotz aller Anstrengung nicht zu erreichen vermochte, theils weil ihm ein feineres Formgefühl abging, theils weil er mit einer verlotterten Sprache zu arbeiten hatte, während Pope eine schon sehr hoch entwickelte zur feinsten Cultur und Formvollendung zu führen berufen war. „Pope," sagt Haller,[2] „war nicht nur der meist harmonische aller heutigen Dichter; er hatte auch die angenehmste und feinste Empfindung. Wie spann der Mann das schimmernde Gewebe des rape of lock!" Und in der Vorrede zu der französischen Uebersetzung seiner Gedichte sagt Haller: „Pope hat in seinen Gaben, auch sogar in seinem Grundrisse, Schönheiten, die ohne Rücksicht auf die Harmonie, in der er alle Englischen Dichter übertroffen, Schönheiten für alle Zeiten und Völker sind; seine Satyre ist scharfsinnig, wohl getroffen und beissend in allen seinen Werken; in seiner Philosophie sogar herrschet das Neue, das Reizende. Das ist Gold, und wenn man ihm auch schon durch einen neuen Guss seine dortige Gestalt nimmt, so bleibt es doch ein kostbar Metall." Dagegen vermisst Haller in etwas die Strenge und moralische Höhe, die er in seinen eigenen Werken zu Tage treten liess: „Pope in seinem Versuche über den Menschen verdeckt unter angenehmen Blumen ein gefährliches Gift. Seine Absicht gehet dahin, dem natürlichen Triebe oder Instinkte das Wort zu reden . . . Sollte der satyrische Pope kein moralisches

---

[1] Zur schönen Kunst und Lit. 52.
[2] Tagebuch II, pag. 75. (Albrechts von Haller . . . Tagebuch seiner Beobachtungen über Schriftsteller und über sich selbst. Zwei Theile. Bern 1787.) Das Buch, nur zum allergeringsten Theil Diarium, enthält Bruchstücke Hallerscher Recensionen.

Uebel kennen? und ist denn das moralische Uebel etwas menschenwürdiges und gutes?"[1]

Gerade der Essay on man, neben dem Lockenraub Popes gefeiertstes Werk, ist mit Hallers „Ueber den Ursprung des Uebels" das Beste, was jene philosophisch-didactische Richtung in der Poesie hervorgebracht hat. Indessen entstand Hallers Gedicht vor demjenigen Popes, der den Essay on man im Jahre 1734 veröffentlichte, während Stähelin Haller schon unterm 1. April 1732 für die Uebersendung seiner bedeutendsten Schöpfung dankte. Dagegen zeigt das englische Gedicht wenigstens einen ganz überraschenden Anklang an Haller; Stähelin schreibt am 30. August 1734: „J'ai vu nouvellement une belle pieces (!) angloises (!) de Mr. Pope, un Essay of the state of Men in an Epistle to a friend. Il y a bien de pensees qui sont presque les memes que les votres dans les pieces que vous m'avez fait l'insigne honneur de m'adresser: Par exemple Unselig mittelding von Engeln und von Vieh, il s'explique en ces memes termes."

Haller verwahrte sich in einer spätern Auflage ausdrücklich dagegen, als ob er Pope nachgeahmt hätte, indem er zu dem betreffenden Vers die Anmerkung hinzufügte: „Dieses ist einer der Gedanken, den der Verfasser mit dem Pope gemein hat; er ist aber einige Jahre eher von dem Schweizer als von dem Engländer gebraucht worden."[2]

Dagegen könnte der Philosoph Shaftesbury auf Haller gewirkt haben und zwar insbesondere auf das Gedicht „über den Ursprung des Uebels" Stähelin schreibt am 12. Juli 1732, also zu einer Zeit, da sich Haller mit diesem Gedicht beschäftigte: „Here I send you together with the E. Shaftsburys works, which as I perused your elegant poesy seems me not altogether to be unknown to you"; und später im nämlichen Jahre: „The pious reflections of the Lord Shaftsbury may have been no ill compagnion of your Solitude. Have you not admired in him the most elegant manner of writting by which he delivers us the most abstracted subjects?" Doch kann Haller, wie Stähelin

---

[1] Tagebuch II, pag. 197.
[2] pag. 45 d. Gedichte.

selber andeutet, Shaftesburys Werke schon früher gekannt oder die in den vorangehenden Gedichten niedergelegten Ideen aus anderer Quelle geschöpft haben. Denn diese religiös-metaphysischen Fragen beschäftigten in jener Zeit die ganze gebildete Gesellschaft, seitdem sie in England von den Deisten, und in Deutschland von Leibnitz in Fluss gebracht worden waren. Thomsons Name kommt in Betracht, weil etwa behauptet wurde, die „Alpen" seien nach dem Vorbild der seasons jenes Dichters gearbeitet, eine Behauptung, für die wenig genug spricht. Schon inhaltlich wäre ein Einfluss schwierig oder doch bedenklich nachzuweisen: eine detaillirte, in der Art niederländischer Maler gehaltene Schilderung, die so ziemlich bloss um ihrer selbst willen da ist und mit der mühsamsten Sorgfalt in Wald und Feld der Natur einen kleinen Zug abzulauschen sucht, findet sich bei dem angeblichen Nachahmer nicht, der vielmehr die Grossartigkeit seiner heimathlichen Berge und die sittliche Einfachheit ihrer Bewohner betont und dabei mit der knappesten Form eine stark ausgesprochene praktisch moralische Tendenz verbindet, welche dem Engländer, die erste ganz, die zweite ein gut Theil fremd sind. Sehr wahrscheinlich hat ferner Haller die seasons im Jahr 1729 noch gar nicht gekannt, die zudem erst ein Jahr vor seiner Reise nach England erschienen sind und deren auch im Briefwechsel mit Stähelin nicht die leiseste Erwähnung geschieht; überdiess waren sie damals noch wenig bekannt. Schliesslich wissen wir, dass der Plan zu den „Alpen" durch eine im Juni 1728 in die schweizerische Gebirgswelt unternommene Reise hervorgerufen wurde, über die Zimmermann gerade mit Berücksichtigung einzelner Stellen des Gedichtes sehr deutliche Angaben macht.[1] —

Noch eines Mannes müssen wir hier gedenken, der auf Haller einen Einfluss geübt hat oder geübt haben soll: wir meinen den bernischen Edelmann Beat Ludwig von Muralt. Dieser hatte sich in seinen lettres sur les Anglois et les François, namentlich aber in der diesen Briefen angehängten Culturstudie sur les voyages (1725 erschienen, anonym und ohne Angabe des Druckortes) auf's schärfste gegen die sittlichen

---

[1] Zimmermann, pag. 54 u. ff.

Zustände des damaligen Bern gewandt; die zum Theil mit Hallers Alpen und satirischen Gedichten gleichlaufende Tendenz dieser Schrift musste auffallen und so kam es, dass Hallers in erster Auflage anonym erschienene Gedichte Muralt zugeschrieben wurden. Zimmermann ist unseres Wissens der erste, der dieses Umstandes Erwähnung thut, indem er sagt:[1] „Man schrieb in Deutschland diese Sammlung einem berühmten bernischen Edelmann, dem scharf denkenden und sinnreichen Herrn von Muralt zu." Man beachte den Zusatz Zimmermanns wohl „in Deutschland". Nur da, wo die sittlichen und politischen Zustände der Schweiz wenig oder gar nicht bekannt waren, konnte man auf den Gedanken gerathen, in Hallers Gedichten den Verfasser der lettres sur les voyages suchen zu müssen. Da selbst Mörikofer[2] behauptet, Muralt „habe auf die ganze Richtung seiner (Hallers) Sinnesart und Lebensansicht einen entscheidenden Einfluss ausgeübt," so werden wir auf die Frage wohl etwas näher eintreten und die Punkte in's Auge fassen müssen, wo ein solcher Einfluss angenommen wurde.

Einer dieser Berührungspunkte ist, wenn man so will, das Lob des Landlebens; Muralt sagt nämlich auf Seite 457 seines Buches: Si les Voiages nous doivent mener à quelque chose de considerable, et que le Repos, pour être doux, doive succeder au Travail, c'est à la campagne qu'ils nous doivent mener; la vie que l'on même dans les Villes a quelque chose de trop agité; elle se passe à aller de maison en maison, et d'une personne à une autre, ou l'on se trouve exposé à cela de la part des gens de qui l'on est environné; c'est voiager. Je comprens que la campagne seule nous met dans nôtre situation naturelle; elle nous place agréablement entre la Retraite et la Société, aussi bien qu'entre le Repos et le Travail, que nous y pouvons faire succeder l'un à l'autre: Elle nous tire de la Dependance, et nous met en Liberté, sans quoi nous ne saurions vivre heureux. Ici se trouvent les Sentiers qui nous dérobent à la Foule, et nous font faire agréablement le passage de la vie. La Coûtume, qui est le fleau des Gens sensez, et qui regne souve-

---

[1] pag. 130.
[2] Die Schweizerische Literatur des XVIII. Jahrh., p. 21.

rainement dans les Villes, conserve ici à peine des Droit qui la fassent remarquer; et l'Opinion, dont on dépend, dès que l'on dépend de la Coûtume, cesse de même de nous tourmenter ici. Le Bonheur que nous cherchons, sans savoir en quoi il consiste, et qu'à cause de cela nous cherchons en vain, se fait connoitre ici et s'offre à nous. Ici nos moeurs s'adoucissent et nos Passions se calment, nos Desseins diminuent et nôtre Train de vie devient simple; ou, du moins, la campagne est le lieu où tout cela se fait le plus facilement et où naturellement l'Inclination pour ces choses doit se former . . .

Es finden sich Anklänge bei Haller, aber doch gewiss nur so weit, als sich Anklänge bei ungefähr gleichen Stoffen überhaupt ergeben können — bei ungefähr gleichen im besten Fall: es ist ein himmelweiter Unterschied, dem gebildeten und verbildeten Städter, wie Muralt es gethan hat, den zeitweisen Aufenthalt auf dem Lande und damit ein Leben anzuempfehlen, dessen Annehmlichkeit schon Horaz eindringlich genug besang, oder dem nämlichen entsittlichten und blasirten Geschlecht auf's schärfste und mit wohlbewusster Idealisirung eine nicht nur unbeachtete, sondern geradezu verachtete [1] Klasse von Menschen entgegenzustellen, was Haller in seinen „Alpen" bezweckt hat. Er setzt auf's Entschiedenste den Städter zum Alpenbewohner, Muralt die Schweiz zum Ausland in Gegensatz:[2] Muralt empfiehlt das Landleben, weil er ein einfacheres Leben und dadurch Befreiung von den verderblichen französischen Cultureinflüssen zu erreichen hofft. Haller hat einen moralischen Zweck im Auge, Muralt einen politischen, ihm ist die Hebung des socialen Uebelstandes nur ein Medium. Dieses halte ich aufrecht gegen die Ansicht Mörikofers, der pag. 21 und 22 Folgendes sagt: Um die Verwandtschaft der Gedanken Muralts über die Schweiz mit den poetischen Schilderungen Hallers zu vergleichen, führen wir folgende Stelle aus seinem Briefe über die Reisen an, und zwar, um den ächt nationalen Sinn derselben

---

[1] Anm. Breitinger in der Critischen Dichtkunst, I. Bd.: „Denen sonst gantz verachteten Einwohnern" und Haller in den „Alpen", pag. 41: Seht ein verachtet Volk zur Müh und Arbeit lachen.

[2] Wenn er von leurs Montagnes spricht, so meint er damit die ganze Schweiz gegenüber den Nachbarländern, namentlich Frankreich.

desto besser hervorzuheben, in deutscher Sprache: „Glücklich unser Volk, wenn es wieder zu sich selber käme, und seine Vortheile zu benutzen verstände. Einfachheit und Redlichkeit sind ihm als Aussteuer zugetheilt worden. Es war von Natur damit geschmückt, während andere nöthig hatten, sich mit stolzem Gepränge und eitlem Schmucke zu zieren. In seiner Einfachheit hat es eine Kraft gewonnen, welche demselben über mächtige Feinde den Sieg verschafft, und was sie an ihm verachteten, ist ihnen verderblich geworden. Man hat es um seiner Redlichkeit willen aufgesucht, und durch seinen urkräftigen Charakter hat es sich so weit über andere Völker erhoben, als es sich jetzt unter dieselben erniedrigt, indem es sie nachahmt. Wie ist es möglich, dass wir sie aufgeben, um uns unter den Haufen der Nachahmer zu stellen, dass wir eine Realität, die uns eigenthümlich war, einem Scheine vorzogen, der für uns nicht passte, und der uns auf Abwege hinaus wirft, welche für uns noch weniger passen? Es scheint im Willen der Vorsehung, welche die Welt regiert, gelegen zu haben, dass unter den Völkern ein redliches und einfaches sei, das in Ermangelung von Reichthümern sowohl als von Gelegenheiten zu grossen Vergnügungen nicht in die Versuchung käme, sich dem Luxus preiszugeben. Eine glückliche Verborgenheit, eine von aller Schaustellung wie von aller Weichlichkeit ferne Lebensart sollte uns an unsere Berge fesseln, und die von dieser Lebensart unzertrennliche Zufriedenheit sollte uns daselbst festhalten. In dieser Lage wollte uns die Vorsehung frei von Unruhen und Bewegungen erhalten, welche die übrige Welt erschüttern, und uns den verirrten Völkern als Beispiel aufstellen. Sie wollte in uns einen im Angesicht der ganzen Erde erhaltenen Ueberrest von Ordnung, einen unter den reichen und genusssüchtigen Völkern verlorenen Charakter belohnen. — Warum sind wir dessen überdrüssig worden und was haben wir bei den so oft unglücklichen und in ihrer Pracht verheerten, so oft durch ihre Verfeinerung und ihre verkehrten Wege unter sich uneinigen Völkern gesehen, das in uns die Lust erweckt, ihnen zu gleichen? — —"

Näher läge die Annahme, Haller habe, durch Muralts herbe Polemik ermuntert, „die verdorbenen Sitten" und „den Mann nach der Welt" geschrieben, da namentlich in dem zweiten Gedichte Frankreichs entsittlichender Einfluss beklagt wird:

Nein also war es nicht, eh' Frankreich uns gekannt.[1]

Aber wir sind zu dieser Voraussetzung nichts weniger als gezwungen. Dieses Thema ist von hervorragenden Schweizern seit den Burgunderkriegen von allen Seiten beleuchtet worden, und es hat sich seit Adrian von Bubenberg weg eine Partei speciell auch in Bern gefunden, die gegen diesen französischen Einfluss auf Politik und Sitten ankämpfte. Ja, wir wissen, dass Haller „einen engen Freundschaftsbund mit einem kleinen Zirkel gleichgesinnter Freunde, Steiger, Sinner, Stettler, v. Diessbach u. a. mehr geschlossen, die mit jugendlichem Eifer sich über Manches im Staat und in der Stadt ärgerten, und als deren Organ er gleichsam auftrat." (Anmerkung eines Enkels von Haller.)[2] Als eine solche Parteischrift sind auch Muralts lettres anzusehen; und im nämlichen Sinne hat Haller in seinen satirischen Gedichten das ausgesprochen, was eine grosse und geistig bedeutende Partei bewegte. Wir können ganz getrost behaupten, er hätte die „verdorbenen Sitten" und den „Mann nach der Welt" ohne Muralts Vorgang geschrieben. Auch wird Niemand denken, dieser habe Hallers satirische Ader geweckt: um nicht allzuviel Gewicht darauf zu legen, dass das erste poetische Product des zehnjährigen Knaben eine in lateinischer Sprache abgefasste Satire gegen seinen Lehrer Baillodz war; es musste der strenge Idealist Haller geradezu zur Satire greifen. Ueberdiess entstanden diese politischen Stücke erst in den Jahren 1731 und 1733, nachdem Haller in seiner Vaterstadt verschiedene Enttäuschungen hatte erfahren müssen. Zudem zeigen die Schriften beider einen sehr merkbaren Unterschied: Muralt zeichnet bloss Zustände, Haller dagegen Personen und durch diese Typen erst Zustände; Haller geht, wovor sich Muralt hütet, namentlich auch in's politische Gebiet: die Originale, welche ihm wider ihren Willen gesessen hatten oder gesessen zu haben glaubten, traten denn auch seinem Fortkommen in der Vaterstadt mög-

---

[1] pag. 110.
[2] Mörikofer, pag. 29.

lichst hindernd entgegen. Nur der Umstand, dass seine ungleich schärfern Aussetzungen in gebundener Rede erschienen, hat ihm ärgere Verfolgungen erspart; so paradox diese Behauptung klingt, so ist sie doch nichtsdestoweniger wahr und auch ein Massstab zur Beurtheilung des Bildungszustandes Berns in jener Zeit.

Wir wollen die Frage nicht näher untersuchen, inwiefern man sich hüten soll, eine Nachwirkung irgend welcher Art, anzunehmen, wenn ein Essayst oder politischer Schriftsteller (wie wir Muralt nun nennen mögen) diese Nachwirkung auf einen Dichter ausgeübt haben soll. Können wir aber, zugegeben selbst, Muralts lettres hätten Haller zu seinen politischen Satiren angeregt, können wir darum mit Mörikofer von einem „entscheidenden Einfluss Muralts auf die ganze Richtung der Sinnesart und Lebensansicht Hallers" reden? Das Hauptwerk Hallers ist sein „Ueber den Ursprung des Uebels", das glänzendste die Ode „Ueber die Ewigkeit": kann in diesen Schöpfungen überhaupt auch nur an den allergeringsten Einfluss Muralts gedacht werden? Es liegt ja freilich nahe zu glauben, der geistesverwandte Dichter Drollinger habe auf den Poeten Haller bestimmend eingewirkt und Muralt mit seiner scharfen Polemik gegen politische Uebelstände ihm den Weg gewiesen; es verhält sich dies aber nicht dergestalt. Am nachhaltigsten hat Stähelin auf den jungen Berner influirt und in weniger weitreichendem Grade Drollinger: Muraltens Einfluss aber stellen wir geradezu in Frage.

Die Alten.

An dem ungesunden Pathos Lohnsteins hat Haller anfänglich sein eigenes geschult, bis er bei den Engländern eine seinem philosophischen Geiste entsprechende Richtung (und mit dieser zugleich eine weitaus kunstvollere Form) fand; eigentlich in die Schule gegangen aber ist er bei den Alten und zwar vorab bei den Römern. Er war der lateinischen Sprache so mächtig, dass er sie verhältnissmässig leichter zu handhaben vermochte als seine Muttersprache. „Sein erstes Gedicht," berichtet Zimmermann, „war eine (im zehnten Altersjahre) geschriebene Satire wider seinen allzustrengen Lehrmeister."[1] Und Und er selbst berichtet in Bezug auf seine Kenntnisse der griechischen Sprache, Homer sei im zwölften Jahre sein Roman gewesen;[2] von der umfassenden Kenntniss und dem Studium der alten Schriftsteller aber giebt sein soeben erwähnter Biograph sehr bemerkenswerthes Zeugniss: „In seiner ersten Jugend, in Paris, in Basel, schien er ein solcher Meister in der alten Litteratur zu sein, als wenn er in seinem Leben an nichts anderes gedacht hätte. In Bern hub er von neuem an, einen Theil seiner Zeit derselben zu widmen, er las z. Ex. alle lateinischen Schriftsteller, wie er überhaupt in allen Wissenschaften zu thun pflegt, der Zeitrechnung nach, von dem Ennius an bis in die barbarischen Zeiten hinunter; bei Tische, auf den Strassen, zu Pferd, beim Spazierengehen hatte er einen klassischen Scribenten vor sich. Er las aber die Schriften der Römer z. Ex. in einem ganz andern Sinne, als es sonst die Litteratoren zu thun pflegen: Die ganze Phalanx der grammaticalischen Helden klauben sonst nur Worte aus diesen Schätzen der alten Gelehrsamkeit; es ist ihnen genug, die Abwechslungen der römischen Mundart ... Aber was der Geist der Nation gewesen sei; der republikanische Zustand, ehe die Wissenschaften aus Griechenland und die Laster aus Asien nach Rom gekommen; was Rom gross gemacht, wodurch es die Königin der Städte, die stolze Beherrscherin der Erde geworden; wie die Künste und Wissenschaften in Rom gestiegen; was der römische Hof in dem Meridian seiner Grösse, unter der Regierung des Augustus gewesen sei; wie es gefallen, und als eine verächtliche Beute der Barbaren gleichsam verschwunden; was kein Grammaticus gewusst, kein Burmann gesucht; das war das Augenmerk des Herrn Hallers."[3] Auch durch Uebersetzungen antiker Schriftsteller übte sich Haller; schon im vierzehnten Altersjahre übertrug er Stücke aus Ovid, Horaz und die zwei ersten Bücher von Vergils Aeneide.[4]

---

[1] pag. 11.
[2] In dem Briefe an den Freiherrn von Gemmingen.
[3] Zimmermann, pag. 123.
[4] Zimmermann, pag. 16.

All dieses Bemühen wird uns aber klar durch die Erwägung, wie hoch Haller die Alten geschätzt habe, worüber er in seinem sermo academicus, den er im Jahr 1734 als Bewerber der erledigten Professur für Geschichte und Beredsamkeit in Bern verfasste, die reichste und klarste Auskunft giebt. Es ist diese Schrift für uns um so interessanter, als sie einerseits auf Hallers Kenntniss und Einsicht in die Litteratur ein helles Licht wirft, andrerseits in seinem lateinischen Stil den Vater seines deutschen verräth. Schon der Titel zeigt die Bevorzugung der Alten vor den Modernen: Alberti Halleri Sermo academicus ostendens quantum antiqui eruditione et industria antecellant modernos. dictus die XXXI. Maij MDCCXXXIV. Quisenim, ruft er gleich auf einer der ersten Seiten aus, fuerit, quem Demostheni, quis quem Maroni obponamus? und in nämlichem Sinne: Comparetur Maro Epicis nostri aevi, et adparebit in ipso quidem majestas cum constantia et suavitate, in Miltono robur sine aequalitate, subitique per tenebras ignes, in Tasso ingenium absque iudicio, in Arrueto nihil proprium. Ueberhaupt erhebt er aber die Klage: Septentrionalibus nostris populis, nec imaginationis fervor Italis aut Hispanis, raro vero copulatur utrumque. Von den Alten dagegen rühmt er: Critici non poetae fuerunt, poetae non oratores, historici nunquam physici, hodie simul omnia et nihil. Namentlich stemmt er sich gegen die Ansicht, als ob die Franzosen den Alten gleich kämen: In lyrico genere quis adtigit breve illud et efficax Horatij? contractas periodos in voces, epitheta sententiis aequalia, et novum illud neque tamen insolens dictionis? Nihil huic similé Galli pondere cassi, nec Angli harmoniam et nexum spernentes, longe minus Germani nostri elumbes et ex Schola poetae ... Equidem vides culpari in veteribus dispositionem simplicissimam nodi et Protaseos. Verum quis non praetulerit masculum hoc robur effeminatis Gallorum vocibus? ubi virtus repuerascit, et heroum animi ultra nepotum levitatem amoribus demerguntur. Darum gefällt ihm an den Engländern das Gedrungene und Kraftvolle; er fährt fort: Spernunt certe et ipsi Angli, haut paulo magis viri suis vicinis, molles hos adfectus, et properant ad imitandum Priscorum vigorem. Als besondere Vorzüge der alten Dichter gegenüber den modernen hebt er ferner hervor: Reperitur apud veteres elegantia et castitas in dictione, in imaginibus sobrietas, in omnibus brevitas ad suos fines properans, quae omnia rarissima nunc sunt in Poetis; an einem andern Orte (Tagebuch I, pag. 367) sagt er: Belebung war der grosse Vorzug der Alten, dem insbesondere die Franzosen nicht beykommen, deren Gedichte bey den allgemeinen Begriffen und Worten bleiben, und deswegen mehrentheils kalt sind. Wie wusste Virgil seinen niedrigsten Vorwürfen eine Seele und einen Adel zu geben!

Und freilich, Vergil war sein Liebling nicht nur, sondern für ihn überhaupt der grösste aller Dichter. „Ich sah," sagt Haller in seiner Selbstbeurtheilung, „zumal im Virgil eine Erhabenheit, die sich niemals herunterliess, wie ein Adler in der obern Luft schwebete, eine Ausarbeitung, die an der Harmonie, an der Malerey, am Ausdrucke nichts unausgefeilt liess, und die in meinen Gedanken noch niemand nachgeahmt hat ... Aber wie unnachahmlich hat Virgil gemalt. Jedem unbeseelten Dinge gab er ein Leben, einen Adel, den ihm Niemand gegeben hätte."

Keinen zweiten römischen Dichter stellt Haller auch nur annähernd so hoch. Horaz nennt er zwar ein „grosses Muster des guten Geschmacks"[1] und rühmt seine „lächelnde Ironie in der unschuldigen Schalkhaftigkeit der Satyre und in der Kenntniss des gesellschaftlichen Menschen;" dann aber schlägt er andere Saiten an: „Horazen mangelte es an der Harmonie; er merkte es selber, und gestuhnd, er schreibe fast wie in Prosa; so angemessen die Ausdrücke sind, so fehlt ihm überall der Wohlklang eines Virgils."[2] Nach einem andern Ausspruche Hallers gehören „die verbuhlten Verse des Horaz nicht zur ächten Ode."[3] Interessiren muss uns das Urtheil über den immerhin geistesverwandten Lukrez. „Es ist bekannt, dass Lukretius die elenden Sätze des Ungefähren, und der zufälligen Bildung der Dinge vorgetragen hat. Dass es in schönen Versen geschehen sey, wird sehr oft gesagt, ob wohl uns seine Verse

---

[1] Tagebuch I, pag. 350.
[2] Brief an Gemmingen.
[3] Tagebuch I, pag. 351.

sehr hart, und seine Mahlereyen übertrieben und öfters unangenehm, und seine Schreibart voll alter Wörter und gezwungener Abänderungen, mit einem Worte seine Poesie ungefähr wie seine Philosophie vorkömmt, wenn man nicht aus der fast nothwendigen Reinigkeit der Sprache einen Vorzug machen will, die zu den damaligen Zeiten fast nicht anderst hat sein können." Noch bitterer spricht Haller am nämlichen Orte von der „durch Lukrez missbrauchten Dichtkunst", und macht dem Dichter sogar den Vorwurf: „da der Römer von der Tugend rühmlich spricht, und bald ungescheut erklärt, dass er den Lasterhaften beistehen, und sie von dem Bisse des Gewissens heilen will." So ergeht es noch manchem andern römischen Poeten. Haller weiss diesen oder jenen Vorzug sehr wohl zn schätzen, aber von dem harten christlich-orthodoxen Standpunkte aus, auf den wir übrigens noch zu sprechen kommen werden, ist natürlich eine unbefangene Würdigung nicht zu erwarten, auch wenn wir zu diesem Worte unbefangen hinzufügen wollen, dass wir uns ungefähr im ersten Viertel des achtzehnten Jahrhunderts befinden. Bezeichnend genug z. B. sind diese Auslassungen über Lukrez in einer Recension Hallers über des Kardinals de Polignac Antilucretius enthalten.

Dass die Griechen in dieser Beleuchtung bei Haller wo möglich noch schlimmer wegkommen, lässt sich von vornherein annehmen: Homer, Aeschylus, Sophokles greift er alle wegen ihrer Unsittlichkeit und dergl. mehr an. Trotzdem weiss er, wie wir gesehen haben, die Lichtseiten der klassischen Literatur im Gegensatze zur modernen sehr wohl hervorzuheben; und es ist namentlich ein Vorzug, um den Haller die alte Literatur sehr beneidet: die Sprache. Anlässlich eines Urtheils über Theokrit ruft er aus: „wie viel reizender tönt $\sigma v \varrho\iota\sigma\delta\epsilon\iota v$ als pfeifen!"[1] Aber es ist vorab das Prägnante und Klare, freilich neben dem Wohlklingenden des Lateinischen, was ihn anzieht, worüber Zimmermann sich ganz in Hallers Sinn folgendermassen äussert:[2] „Die Medaillen, sagt Herr Haller, sind die ältesten Manuscripte, die besten Gewährleister der Sprache und

---

[1] Tagebuch I, pag. 368.
[2] pag. 124.

der Geschichte. Ich will noch hinzusetzen, dass ein Dichter, wie Herr Haller ist, eine vorzügliche Liebe zu dieser Wissenschaft empfinden müsse: Der Sinn der Reverse wurde insgemein von den Römern in einem, zweyen oder dreyen Worten ausgedrucket, und es ist nicht möglich, wann man die Geschichte dazu nimmt, etwas sinnreicheres, etwas erhabeneres, etwas nachdrücklicheres zu denken, als gemeiniglich diese Legenden sind. Wie sehr ist dieses dem schwerdenkenden Dichter ähnlich, und wie nahe ist der römische Ausdruck dem britannischen, oder vielmehr seinem Ursprung, dem noch viel männlichern Sächsischen verwandt?" Haller selbst spricht sich in gleicher Weise und sehr deutlich aus:[1] „Es ist offenbar ein Unglück dass nicht alle Gelehrte, wenigstens über die gründlichen Wissenschaften, Lateinisch schreiben. Die Gewohnheit der heutigen Nationen, dass jede in ihrer eigenen Sprache schreiben will, wird zum unerträglichen Joche für die Gelehrten, die anstatt der einzigen lateinischen Sprache, jetzt sechs oder acht Sprachen verstehen müssen. Und ob wir heut zu Tage wohl nicht wie ein Cicero schreiben, so ist dennoch die lateinische Sprache unendlich schöner, reicher und wohlklingender, als alle heutigen Sprachen; und wo Kürze und Nachdruck sein soll, wie auf den Münzen und Steinschriften, müssen auch die Franzosen, die beständige Ausfälle gegen den Gebrauch der lateinischen Sprache thun — auf sie zurückkommen."

Nicht als ob er darum die deutsche Sprache nicht nach Kräften gehegt und gepflegt hätte; gerade er hat wie kaum ein zweiter mit derselben gerungen, was schon seine Zeitgenossen bewundernd anerkannten. Unter anderm beweisen die Uebersetzungen von Stellen aus antiken Dichtern dieses zur Genüge. Oder vielmehr sind es Nachbildungen: er hat es auf's Trefflichste verstanden und immer darnach getrachtet, nicht das Wort durch das entsprechende Wort, sondern den Ausdruck sich decken zu lassen. Man würde bei der Mehrzahl der betreffenden Stellen in seinen Gedichten in alle Wege nicht an Uebertragungen denken, wenn er nicht eben die übersetzten Worte daneben gestellt hätte. Er wollte offenbar zeigen, ob

---

[1] Tagebuch II, pag. 186.

und in welchem Grade es ihm gelungen sei, die scharfe Prägung der alten Form in der Muttersprache nachzubilden. Solche Umschreibungen, zu denen die Originalworte vom Dichter selbst beigefügt wurden, sind z. B. folgende:

Gedanken über Vernunft, Aberglaube u. Unglauben:
Was Böses ist geschehn, das nicht ein Priester that?
Quantum relligio potuit suadere malorum.
Lucret. (IV, 1. V. 102).

Die Falschheit menschlicher Tugenden:
Lässt Infuln im Gefecht des Gegners Infuln dräun
Adversas aquilas et pila minantia pilis.
(Lucan. I, 16.)

Antwort an Herrn Bodmer:
. . . selbst meine Wissenschaft,
Wohin mein Geist erhitzt, mit angestreckter Kraft,
Sich forttrieb über Macht, wie Kenner in den Spielen
Vor Ungeduld dem Pferd auf Hals und Mähne fielen.
Nonne vides, cum praecipiti certamine campum
Corripuere, ruuntque effusi carcere cursus,
Cum spes arrectae invenum, exsultantia haurit
Corda pavor pulsans; illi instant verbere torto,
Et proni dant lora: volat vi fervidus axis.
     und   (Georg. V, 103 etc.)
Nec sic inmissis aurigae undantia lora
Concussere iugis, pronique in verbera pendent.
(Aeneide V, 146 f.)

Als eigentlich übersetzte Stellen, zu denen Haller die Parallelen gegeben, können folgende bezeichnet werden:

Die Falschheit menschlicher Tugenden:
Die Sieger schützte Gott, und Cato die Besiegten.
Victrix causa diis placuit, sed victa Catoni.

Die Tugend:
Fällt der Himmel, er kann Weise decken;
Aber nicht schrecken.
Si fractus illabatur orbis
Impavidum ferient ruinae.   (Horat. III, 3.)

Die Alpen:
O selig, wer, wie ihr, mit selbstgezognen Stieren,
Den angestorbnen Grund von eignen Aeckern pflügt;
Den reine Wolle deckt, belaubte Kränze zieren,
Und ungewürzte Speis' aus süsser Milch vergnügt;

Der sich bei Zephyrs Hauch und kühlen Wasserfällen,
In ungesorgtem Schlaf, auf weichen Rasen streckt;
Den nie ein hoher See, das Brausen wilder Wellen,
Noch der Trompeten Schall in bangen Zelten weckt;
Der seinen Zustand liebt und niemals wünscht zu bessern!
Das Glück ist viel zu arm, sein Wohlseyn zu vergrössern.

> Beatus ille, qui procul negotiis,
>   ut prisca gens mortalium,
>   paterna rura bobus exercet suis
>   solutus omni fenore:
>   neque excitatur classica miles truci,
>   neque horret iratum mare;
>   forumque vitat et superba civium
>   potentiorum limina u. s. w.

An Isac Steiger:

> Er lohnt Maecenen mit Maronen.
> Sint Maecenates, non deerunt, Flacce, Marones.
> (Martial.)

Jedenfalls schwebte dem Dichter bei dem Verse aus den „Alpen"

> „In einem schönen Leib wohnt eine schönre Seele"

das bekannte

> Orandum est ut sit mens sana in corpore sano

vor. Schliesslich scheint ein ähnliches Verhältniss zu zwei Stellen aus Ovids Metamorphosen vorzuwalten.

Die „Alpen":

> Beglückte goldne Zeit, Geschenk der ersten Güte,
> O dass der Himmel dich so zeitig weggerückt!
> Nicht, weil die junge Welt in stetem Frühling blühte,
> Und nie ein scharfer Nord die Blumen abgepflückt:
> Nicht weil freiwillig Korn die falben Felder deckte,
> Und Honig mit der Milch in dicken Strömen lief;
> Nicht weil kein kühner Löw' die schwachen Hürden
>   schreckte u. s. w.

> Aurea prima sata est aetas . . .
> Ver erat aeternum, placidique tepentibus auris
> mulcebant zephyri natos sine semine flores.
> mox etiam fruges tellus inarata ferebat,
> nec renovatus ager gravidis canebat aristis:
> flumina iam lactis, iam flumina nectaris ibant,
> flavaque de viridi stillabant ilice mella.
> (Metamorph. IV, 89 ff.)

Ueber den Ursprung des Uebels:

> ... Den Raum des öden Ortes
> Erfüllt verschiedner Zeug; die regende Gewalt
> Erlieset, trennet, mischt und schränkt ihn in Gestalt.
> Das Dichte zog sich an, das Licht und Feuer ronnen,
> Es nahmen ihren Platz die neugebornen Sonnen;
> Die Welten wälzten sich, und zeichneten ihr Gleis,
> Stets flüchtig, stets gesenkt, in dem befohlnen Kreis.
> Gott sah, und fand es gut; allein das stumme Dichte
> Hat kein Gefühl von Gott, noch Theil von seinem Lichte;
> Ein Wesen fehlte noch, dem Gott sich zeigen kann:
> Gott bliess und ein Begriff nahm Kraft und Wesen an.

> Vix ea limitibus dissaepserat omnia certis,
> cum quae pressa diu massa latuere sub illa,
> sidera coeperunt toto effervescere coelo.
> neu regio foret ulla suis animalibus orba,
> astra tenent caeleste solum formaeque deorum ...
> Sanctius his animal mentisque capacius altae
> deerat adhuc, et quod dominari in caetera posset.
> Natus homo est.

Das Vorbild ist hier schwerlich zu verkennen und um so eher anzunehmen, als nach dem angeführten Citat Zimmermanns Haller auch Stücke aus Ovid übersetzt hat.

Hallers Ansichten über die Poesie.

Haller hatte, wie andere Mitlebende auch, die poetischen Bildungs-Elemente aufgenommen, die ihm seine Zeit bot; aber er betrachtete die Poesie, eben als Sohn dieser Zeit, natürlich im Sinne derselben. Damals wehte eine stark religiöse Zugluft durch die ganze Geisteswelt: War doch bei Hallers Geburt erst ein halbes Jahrhundert vergangen seit der Beendigung des dreissigjährigen Krieges und seit der Hinrichtung Karls I. von England durch die Puritaner. Diese Strömung machte sich im Handel und Wandel der ganzen damaligen Welt noch fühlbar genug, mochte sie auch nicht mehr so gewaltig fliessen. Keine Gedanken erwog und bedachte man lieber, als die in Leibnitzens Theodicee ausgesprochenen. Begreiflich konnte denn auch die Poesie von dieser das ganze Leben durchziehenden Bewegung nicht frei bleiben; sie liess sich mit Fug und Recht, wie sich Opitz ausgedrückt hatte, als eine verborgene Theologie betrachten. Moralische Zwecke und moralisches Wirken waren die Aufgaben eines Dichters.

Keinen Poeten von der Bedeutung Hallers hat jene Periode aufzuweisen, der diese moralische Forderung mit eben solcher Strenge befolgte, wie er sie an andere stellte. In der lobenden Vorrede zu Werlhofs Gedichten sagt er:[1] „Und dennoch ist noch ein Vorzug, den ich über alle diejenigen schätze, die ich noch benannt habe: Es ist die herrschende Tugend, und die ungeschmückte Gottesfurcht, die alle Gedanken des Ver-

---

[1] D. Paul Gottlieb Werlhofs Gedichte, herausgegeben von der deutschen Gesellschaft in Göttingen mit einer Vorrede Herrn D. Albrecht Hallers. Hannover 1749.

fassers belebt. Wenn die grössten Gaben Werkzeuge des Unglaubens, der Ueppigkeit, oder der zügellosen Satyre sind, so sind mir diese Vorzüge eben so verhasst, als die Stärke an dem Tiger, oder die Macht an einem unbilligen Fürsten." Es ist für uns beinahe unbegreiflich, wie neben theilweise so richtiger Würdigung der Dichter und ihrer Schönheiten eine solche orthodoxe Austerität einhergehen konnte; aber klar wird uns, in welchem Lichte Haller die Alten von diesem Standpunkte aus erscheinen mussten. „Sunt etiam," heist es in seinem sermo academicus, „scientia quarum fundamenta in DEO posita sunt. Cuius cognitio uti apud veteres aut falsa aut obscura fuit, ita nobis quantum hominibus licet, augustissima." Wir glauben uns durch Hallers Urtheil über Sophokles in die finsterste mittelalterliche Zeit zurückversetzt. „Sophokles wird die Krone in der Kunst der Tragödie zuerkannt. (Von Sulzer in der Theorie der schönen Wissenschaften.) Der hier beleuchtete Oedipus mag tragisch sein, aber in Ansehung der Sittenlehre ist er abscheulich; die Unglücke und die Uebelthaten der Menschen auf eine zwingende Gottheit zu legen ist die allerschändlichste Unternehmung."[1] Wie befremdend auch erscheinen uns seine Worte über Homer: „Dass es aber wahr sei, wie Racine versichert, Homer habe überall die Verbesserung der Sitten zum Zweck gehabt, können wir um so weniger glauben, je gewisser uns bekannt ist, dass die Pralerey, die Grausamkeit, der Betrug, die Wollust in den Zeiten Homers keine Laster gewesen[2] ... Die Ilias ist der Sieg der Gewalt und die Odyssee der Triumph der List[3] ... es ist uns unbegreiflich, wie Horaz die Lehre vom Löblichen, Anständigen und Guten besser vom Homer als vom Cleanth und Crantor vorgetragen finden konnte. Selbst Homers Götter waren ungütige Menschen, die nichts Göttliches hatten als die Macht." Da mochte ihn freilich der steife pius Aeneas mehr anmuthen!

War Haller aber die ganze antike Welt mit ihren Ideen und ihrer Schönheit ein verschlossener Schrein, so vermochte er natürlich auch der zeitgenössischen Literatur keine Gerechtigkeit widerfahren zu lassen, sobald er an seinen religiösen

---

[1] Tagebuch II, pag. 48.   [2] a. a. O. I, pag. 42.   [3] a. a. O., pag. 349.

Ansichten irgendwie gerüttelt sah. Findet er von Klopstocks Messias, „hin und wieder sei man gegen Gott vertraulicher, als es seine unendliche Grösse zulassen sollte,"[1] was müssen ihm denn erst ein Voltaire und Rousseau sein? Er anerkennt zwar des erstern dichterische Vorzüge sehr wohl: „Unstreitig hat Voltaire das schönste Colorit, das die französische Scene kennt. Zärtlich und ausgemalt wie Racine, erhaben wie Corneille an seinen guten Stellen, und philosophischer als beide;"[2] und: „Voltaire; wie prächtig und imposant ist sein Mahomet und viele andere seiner Schauspiele."[3] Aber er spricht von den „vorzüglichen Gaben des Mannes, die man hochschätzen und dennoch den Gebrauch bedauern kann, den er davon auch in seinem hohen Alter macht."[4] Da Voltaire den Satz von der Verdorbenheit des menschlichen Geschlechtes bestreitet, wirft ihm Haller vor: „Der Mensch ist böse, sagt er (Haller über die Offenbarung), eine Wahrheit, die ein Voltaire sich nicht zu bestreiten schämt, er, dessen feindselige und rachgierige Seele den Satz so deutlich beweiset, den er verneinen will."[5] Diese religiösen Gegensätze bringen ihn zum förmlichen Hass gegen den grossen Franzosen; nicht nur wirft er ihm einen „ewig brennenden Hass gegen die Offenbarung" vor, sondern lässt sich sogar dazu fortreissen, alle persönlichen Schwächen des Mannes zusammenzustellen und zu beleuchten.[6] Noch schlimmer kommt Rousseau weg, dessen Gaben Haller zwar auch anerkennt, dem er aber überall mit wahrhaft puritanischer Erbitterung entgegentritt und dessen künstlerische Leistungen zu sehen die orthodoxe Unfreiheit ihn gänzlich verhindert. Es ist noch das Geringste, wenn er Rousseau vorwirft, „er fühle das menschliche Verderben nicht,"[7] oder „er verfechte eine abscheuliche Sache mit dem stärksten Witz;"[8] er nennt ihn den „berüchtigten Rousseau", den „Musikanten von Genf", den „Umstürzer von Genf"; und Julie Bondeli berichtet in einem am 29. September 1773 an Zimmermann gerichteten Briefe: „Mad. Hartmann fut à Roche ce printemps; Mr. Haller en lui donnant la lettre de

---

[1] a. a. O., pag 352.   [2] a. a. O. I, pag. 203.   [3] a. a. O. II, pag. 75.
[4] a. a. O., pag. 12.   [5] a. a. O. I, pag. 362.   [6] a. a. O. I, pag. 270.
[7] a. a. O. I, pag. 202.   [8] a. a. O., pag. 223.

Rousseau à l'archevêque lui dit: „ce n'est qu'à présent que je vois clairement, que Rousseau est un scélérat."[1] Es würde von keinem Belang und Nutzen sein, überhaupt noch Urtheile Hallers anzuführen, in denen das religiöse Moment mit dem aesthetischen in Conflict geräth; sie tragen alle das nämliche starre Gepräge.

Bei solchen Anschauungen konnte natürlich eine freie Einsicht in das Wesen und den Zweck der Poesie nicht aufkommen; die Dichtung war und blieb für Haller ein Mittel zur moralischen Besserung des menschlichen Geschlechtes. Das mag uns seltsam erscheinen, stellt sich aber bei näherer Betrachtung als ein sehr natürliches Ergebniss der Zeitansichten dar. Nach der ersten Hälfte der dreissiger Jahre hatte Haller seine poetische Laufbahn abgeschlossen und befestigte sich, im Uebermass mit gelehrten Arbeiten beschäftigt, mehr und mehr in diesen engen Anschauungen über die Kunst. Wer wohl hegte um's Jahr 1730 in Deutschland einen andern Begriff vom Zwecke der Poesie? Und — darin täusche man sich nicht — dieser Begriff hat in weitern Kreisen bis in die Periode der Stürmer und Dränger hineingereicht: Ein vollgültiges Zeugniss dafür ist Sulzers Theorie der schönen Wissenschaften, die während ihrer Entstehung nicht so viele Mitarbeiter gefunden und nach ihrem Erscheinen nicht eine zweite Auflage erlebt hätte, wäre sie nicht in ihrer Tendenz den Anschauungen der Zeit entgegen gekommen. Man vergesse unter anderm auch nicht, dass noch der junge Lessing in seinen Recensionen anzumerken für nöthig findet, der Inhalt des betreffenden Werkes sei von moralischem Nutzen;[2] wollte man doch, nicht zufrieden mit einer allgemeinen moralischen Wirksamkeit, noch durch gelehrte Anmerkungen und dergl. nützen, wie denn kein geringerer als Hagedorn ausdrücklich bemerkt: „Gelehrte Leser, auch die vernünftigsten, verlangen keine versus inopes rerum, über welche nichts

---

[1] Julie von Bondeli und ihr Freundeskreis Wieland, Rousseau, Zimmermann u. s. w., von Eduard Bodemann. Hannover 1874.

[2] Er stellt sogar in seinem Bruchstück „Aus einem Gedichte an den Herrn M." den Philosophen und Naturforscher über die Dichter wegen der Arbeit, die jene thun müssen, und wegen des Nutzens, den sie gewähren.

anzumerken stünde . . . Sind also meine Anmerkungen den Gelehrten nicht immer überflüssig; so sind sie, insonderheit in Ansehung der Lehrgedichte, für Unstudirte, die doch gerne lernen, oft kaum entbehrlich." (Schreiben an einen Freund 1752.)

Während diese Anschauung im Grossen und Ganzen an die Poesie die nämlichen Anforderungen stellte und sie dem Tragiker, Epiker und Lyriker gegenüber sehr streng formulirte, musste sie naturgemäss diese oder jene Dichtart bevorzugen und dies um so mehr, je stärker der aesthetische Massstab im Verhältniss zum moralischen verkürzt wurde. Darum verlangt, den ersten Punkt anbelangend, Haller unter anderm im Drama die Vorführung moralisch guter Personen: . . . „daher sein (Aristoteles) dunkler Begriff, durch das Trauerspiel den Schrecken und das Mitleiden zu reinigen. Das ist nicht der Zweck des Trauerspiels, sondern das Herz durch ernsthafte Triebe zu rühren. Die blosse Bewunderung, die Grossmuth macht ohne Schrecken und Mitleid einen vortrefflichen tragischen Karakter; so ist Cinna und Titus, selbst Nikomedes und Heraklius . . . Eben so unrichtig ist der Begriff, die tragischen Personen müssen weder gar zu lasterhaft, noch allzu vollkommen sein; ein gestrafter Lasterhafter ist tragisch, und die belohnte Standhaftigkeit eines mit dem Unglück kämpfenden ächten Helden ist es auch."[1] Gleicherweise äussert er sich über den nämlichen Gegenstand: „Mit Recht widerlegt Herr Sulzer den Shaftesbury (und Aristoteles), der an dem Helden Fehler haben will. Die tadellose Grösse eines Grandison's benimmt ihm nichts von der Liebe, die er sich erwirbt."[2] Darum wird uns begreiflich, dass Hallern z. B. Molière eine widerwärtige Erscheinung war: „Molière ist grossentheils ein Possenreisser; in der wahren Kenntniss, vorzüglich der tugendhaften Menschen, ist er fremde, und keines seiner Spiele kann mit den conscious lovers, ja nicht einmal mit der Hecyra hierin verglichen werden. Er kannte und mahlte eine lasterhafte Welt . . . Die Natur hat unserm Geschmacke nach sich so wenig beym Molière erschöpft, dass er mehrentheils nur für den Pöbel und sehr selten für den

---

[1] Tagebuch I, pag. 348. [2] Tagebuch I, pag. 367.

Kenner geschrieben hat; und sein verdorbenes Herz strafte die Einfalt, dabey es des Lasters schonte."[1] In diesem engern Sinne ist seine Aeusserung zu fassen: „es ist möglich, dass die Schaubühne nützlich und eine Sittenschule werden könne."[2]

Das Nämliche ergab sich nun auch für das Epos. Wir haben schon gesehen, welche Vorwürfe sich Homer musste gefallen lassen und können begreifen, dass Ossian in Hallers Augen vor dem Mäoniden den Vorzug erhielt. „Unendlich aber erhebt sich der Karakter der Galen über Homers Helden. Ossian lässt dem Mörder seines Sohnes das Grablied absingen, ohne welches man damals glaubte, dass die abgeschiedene Seele nicht glücklich sein könne"[3] . . . „Die Sitten sind sonst vollkommen und Fingal ein Muster eines grossmüthigen Retters der Unterdrückten; durch und durch sind auch Ossians Helden weit freygebiger, bescheidener und gütiger als Homers seine, blos durch die Stärke sich erhebende Räuber"[4] . . . „Ossians Vortrefflichkeit, worüber wir von Herzen mit Sulzern einstimmen. Sein Fingal ist ein unnachahmlicher Held, und fast ein unbegreiflich schönes Ideal, wenn man bedenkt, zu welchen Zeiten und in welchem Lande er geschildert worden ist."[5] Vergil, der fromme Dichter, stand auch, abgesehen von seinen anderweitigen Vorzügen — oder was man damals wenigstens als solche betrachtete — schon wegen dieser Frömmigkeit in Hallers Augen so hoch; und zwar galten diesem, aus dem bereits angedeuteten Grunde, die Georgica mehr als die Aeneide.

Das Lehrgedicht erschien Haller überhaupt als die höchste Dichtart: . . . „Dass ein Lehrgedicht allerdings eben so wohl Poesie sey, als das Epische (und das schönste aller Gedichte, die Georgica, sind ein Lehrgedicht), es werden aber auch alle Dichtergaben dazu erfordert."[6] Ging aber die Poesie einmal darauf aus, zu bessern und zu belehren, so konnte schliesslich jeden Augenblick der Umstand eintreten, dass sie vor der Wissenschaft zurücktreten musste, sobald diese grössern Nutzen zu versprechen schien. Ja, man war noch so weit davon ent-

---

[1] Tagebuch II, pag. 196. [2] Tagebuch, pag. 194. [3] Tagebuch I, pag. 293. [4] Tagebuch I, pag. 293. [5] Tagebuch II, pag. 45. [6] Tagebuch II, pag. 43.

fernt, an die Selbstherrlichkeit der Poesie zu denken, dass man sie mit Hagedorn bloss als „Gespielin seiner Nebenstunden" betrachtete; und wenn sie je vor der Wissenschaft das Feld hat räumen müssen, so geschah es sicherlich bei Haller. Zimmermann berichtet:[1] „Man hat ihn (Haller) nicht selten in Basel bei Tische gesehen, die schönsten Stellen seiner Gedichte verfertigen ... er gönnte neben dem auch der Poesie nicht gern eine Stunde, die andere Pflichtarbeiten hätten missen sollen ... Er machte seine meisten Verse bei dem Botanisiren ... warf er seine müden Glieder auf den grünen Rasen, unter die schattenreichen Flügel eines Baumes hin ... Aber auch Krankheiten mussten Hallern zu seinen Gedichten behülflich sein. Er verfertigte auf seiner Reise von 1728 zu Königsfelden, in einem Tertianfieber, das Gedicht über „Vernunft, Aberglauben und Unglauben". „Die Falschheit menschlicher Tugenden" war die Frucht seiner auf die Masern nach und nach kommenden Wiederherstellung."[2] Man bedenke eben wohl, dass die deutschen Dichter des Jahrhunderts bis auf Klopstock die poetischen Arbeiten nur als angenehme und nützliche Ausfüllung ihrer freien Zeit ansahen: So ging auch bei Haller der Gelehrte nicht neben dem Dichter her, sondern der Dichter ganz bescheidentlich und nur in jungen Jahren neben dem Manne der Wissenschaft. Ein überaus beredtes Zeugniss für die Stellung, die Haller der Dichtkunst angewiesen wissen wollte, bietet die Vorrede zu Werlhofs Gedichten. „Herr Werlhof ist nicht ein blosser Dichter. So gross dieser Name scheint, wenn man einen Virgil, einen Homer nennt, die nichts als Dichter gewesen sind, so ist er, wie gewisse Mahlereyen, nur in einer ziemlichen Entfernung gross. Ein Dichter, der nichts als ein Dichter ist, kann für die entferntesten Zeiten und Völker ein glänzendes Licht seyn. Aber für seine eigene Zeit, und für seine Mitbürger, ist er ein entbehrliches und unwirksames Mitglied der Gesellschaft. Seine Gaben erwecken Verwunderung, aber sie haben keinen Antheil an der allgemeinen Wohlfarth; er kann für einige Stunden einen Leser vergnügen, aber er vermehrt kein Glück, und ver-

---

[1] pag. 81 u. ff.
[2] Diese Umstände bezeugt Haller in seinen Vorbemerkungen zu den betreffenden Gedichten selbst.

mindert keine Sorgen und keine Schmerzen. Weit grösser sind die Vorzüge eines gelehrten, geübten und folglich glücklichen Arztes. Seine Gaben sind ein Werkzeug, durch welches die Vorsehung ihre Güte verbreitet . . . Ein Dichter vergnügt eine Viertelstunde; ein Arzt verbessert den Zustand eines ganzen Lebens." Nur eine verhältnissmässig rohe oder eine verbildete Generation kann mit solchen Postulaten und mit solcher Geringschätzung zugleich an die Poesie herantreten. Verbildet aber und blasirt war die Zeit, der Haller entspross und neben der er in diesen Dingen Schulter an Schulter ging. Ein Sinn für das Natürliche und Freie tritt kaum in irgend einer Einzelheit und zudem selten genug zu Tage; natürlich ist es, dass der conventionelle Vergil Homer, die Bukolika den Idyllen Theokrits und das französische Drama dem griechischen und englischen vorgezogen wurden. Bezeichnend bemerkt Haller über das letztere: „Sentiments heisst Lord Kaym die Gedanken, die durch eine Bewegung oder eine Leidenschaft erweckt werden. Hier ist's, wo Herr Home (Lord Kaym) der Franzosen Unwillen sich zugezogen hat, indem er ihnen eine allgemeine Kälte in ihrer Abmahlung der Leidenschaften, und sogar in ihrer Aussprache zuschreibt. Bey Ueberlegung seiner Kritik haben wir gefunden, dass die Franzosen Fürsten und Könige in ihren Tragödien reden lassen, dass diese vornehmen Personen von Jugend auf lernen, ihre Leidenschaften im Zaume zu halten, und weder Zorn noch andere heftige Affecten zum Ausbruche zulassen; dass folglich die Franzosen die Leidenschaften dieser erhabenen Menschen nur durch einen Schleyer zeigen, und dass die Gewohnheit dennoch dieselben dem Leser und dem Zuschauer eben so begreiflich macht, als wenn sie sich, wie die alten Griechen, dem Ach und Wehe überliessen. Rendez grace au seul noeud qui retient ma colère, ist ein eben so starkes Gemählde eines wohlgezogenen aber aufgebrachten Achilles, als wenn ihn Shakespear hätte toben lassen, und dieser letztere, und durchgehends die Engländer haben auf ihrer Seite durch die Figuren eben so sehr gefehlt, die sie in der höchsten Leidenschaft sich erlauben."[1] Nun wird uns auch sein Urtheil über

---

[1] Tagebuch I, pag. 260.

Theocrit sehr begreiflich erscheinen: „Beym Theocrit unterscheidet sich unser Geschmack ganz von dem gewöhnlichen Urtheile der Kunstrichter. Es ist uns unmöglich, uns etwas niederträchtiges und grobes gefallen zu lassen, wenn es auch noch so griechisch besungen und noch so sehr im Kostüme der Ziegenhirten wäre [1] ... Wir können die Vollkommenheit unmöglich fühlen, die man den theokritischen Idyllen zuschreibt. Allerdings war die Sprache musikalisch. Wie viel reizender tönt συρίσδειν als pfeifen; aber der Geschmack fehlte dem Manne und grobe Hirten verdienen nicht besungen zu werden."[2] Dass er „Pope in seinen Lehrgedichten für dichterischer als Homer" hält, kann uns kaum mehr befremden.

All diese Befangenheiten hindern ihn aber nicht, die Alten, wie wir gesehen haben, über die Modernen zu stellen, worin er im Jahre 1734 vollkommen recht hatte, und hindern ihn auch nicht einzusehen, dass Shakespeare „unnachahmlich schöne Stellen habe."[3] Haller ist nun einmal ein Kind seiner Zeit und zwar ein Kind der ersten drei Jahrzehnte des achtzehnten Jahrhunderts, und ungefähr von seinem fünfundzwanzigsten Lebensjahre an begannen seine Anschauungen über Kunst und Literatur sich eher zu verengern als zu erweitern. Die Zeit, in der er geboren wurde und den die erste Hälfte seines Lebens angehört, ist eine verknöcherte und verdumpfte, durch die nur hin und wieder die Ahnung eines freiern Geisteslebens ging. Zwar als Hallers Gedichte 1732 erschienen, waren Klopstock und Lessing schon geboren; aber in den Tagen, da sich ein Geisterfrühling vorbereiten will, gilt ein Jahr oft mehr als sonst ein Jahrzehnt, und wer selbst erst noch einen Fortschritt bezeichnet hatte, ist überholt, ehe er es nur ahnt. Haller war noch ein Sohn jener unfreien und gebundenen Tage, wo man etwas Besseres in ungewisser Sehnsucht suchte ohne es finden zu können; er suchte redlich mit seinen Zeitgenossen, aber er kam nicht über seine Zeit hinaus.

---

[1] Tagebuch I, pag. 296. [2] Tagebuch I, pag. 368. [3] Tagebuch II, pag. 201.

Hallers dichterische Begabung.

Wie gering nun Albrecht von Haller die Poesie im Vergleiche zur Wissenschaft schätzte und so unbedeutend auch seinem strengen Urtheile die eigenen poetischen Leistungen neben seinen wissenschaftlichen Riesen-Arbeiten erscheinen mochten: er ist doch ein Poet von Gottes Gnaden. Völlig im Sinne Goethes war er ein Gelegenheitsdichter; mehr wie einmal war ihm die Poesie letzte Zuflucht und letzter Trost, wenn seinem bedrängten Geiste sonst nichts mehr Linderung zu gewähren schien. „Er war in Biel kränklich,"[1] berichtet Zimmermann, „und nachmahls von allen Leuten, die er sehen wollte, verachtet. Daher schlosse er sich ganze Monate hindurch in seinem Zimmer ein, und machte Verse, die sein einziger Trost waren." Als ihn die Erwartung seiner ersten öffentlichen Disputation beängstigte, erhob er sich früh Morgens vom Lager — es war am 25. März 1725 — und schuf die „Morgengedanken". Ein Jahr später sprach er auf's Rührendste sein Heimweh nach der Schweiz in dem Gedichte „Sehnsucht nach dem Vaterlande" aus. Die Liebe rief in ihm die „Doris" hervor und das Gefühl der Zurücksetzung und Ergebung zugleich die schönen Worte:

Vergnüge dich, mein Sinn, und lass dein Schicksal walten,
Es weiss, worauf du warten sollst.[2]

Am ergreifendsten aber erhebt er seine Klage beim Tod der geliebten Marianne;[3] selbst sein erhabenstes Gedicht „über die Ewigkeit" scheint durch den Tod eines Freundes veranlasst worden zu sein:

Mein Freund ist hin!

Haller besass vor allem eine kühne Phantasie, die um so lieber nach dem Grossartigen und Erhabenen griff, als sie im Kleinlichen und Kleinen sich nicht bewegen mochte. Es ist der nämliche Schwung und Hochflug, wie wir ihn später bei Klopstock und Schiller finden, ein os magna sonaturum. Damit aber dieses Gut nicht an nebelhafte und gestaltlose Gebilde

[1] pag. 16. [2] pag. 118.
[3] Dieses Gedicht erschien erst in der dritten Auflage, 1793.

verschwendet werde, war ihm als ergänzender Begleiter eine grosse plastische Kraft beigesellt. Es lässt sich schwer sagen, was Haller in der Schöpfung individueller Persönlichkeiten, z. B. im Epos oder Drama geleistet haben würde, wenn er überhaupt an diese Gattungen der Poesie herangetreten wäre, wozu er freilich in einer freiern Zeit und Anschauung hätte aufgewachsen und ungefähr 20 Jahre später hätte geboren sein müssen. So viel kann man behaupten, dass in den „Verdorbenen Sitten" die Figuren ziemlich scharf, wenn auch nur im Grossen und Ganzen umrissen sind. Doch nach diesen einzigen Beispielen wagen wir kaum ein Urtheil zu fällen. Haller besass mehr, man darf sagen, das Auge und den Pinsel eines Landschaftsmalers, als die Gabe eines Portraitisten; seine Landschaftsbilder verrathen einen ganz eigenthümlichen Farbensinn, der sich namentlich in den Epitheta der geschilderten landschaftlichen Objekte ausspricht, eine Gabe, für die man vergebens bei Brockes, trotz seiner vielen Malerei, ein Analoges sucht. Diese Seite Hallers weist von ihm weg sofort in das neunzehnte Jahrhundert hinein; wir werden von Stellen, wie z. B. die folgende ist, ganz modern berührt:

> Wo dort in rothem Glanz halbnackte Buchen glüh'n,
> Und hier der Tannen fettes Grün
> Das bleiche Moos beschattet;
> Wo mancher heller Strahl auf seine Dunkelheit
> Ein zitternd Licht durch rege Stellen streut,
> Und in verschiedner Dichtigkeit
> Sich grüne Nacht mit goldnem Tage gattet;[1]

wobei uns ein veralteter Ausdruck oder eine ungelenke Wendung nicht behindern darf.

In der Landschaftsschilderung aber hat Haller eine Kraft und Intensität der Anschauung an den Tag gelegt, wie sie trotz der zahlreichen auf sein Vorangehen hin entstandenen Literatur bis zur Stunde nur selten erreicht worden ist. Man kann in Rücksicht auf diese Schilderungen an Lessings Laokoon denken, aber man wird Haller, wenn man folgende Strophen liest, die vollste Anerkennung nicht zu versagen im Stande sein.

---

[1] Gedichte, pag. 122.

Frey, Haller.

Wenn Titans erster Strahl der Gipfel Schnee vergüldet,
Und sein verklärter Blick die Nebel unterdrückt,
So wird, was die Natur am prächtigsten gebildet,
Mit immer neuer Lust von einem Berg erblickt;
Durch den zerfahrnen Dunst von einer dünnen Wolke,
Eröffnet sich zugleich der Schauplatz einer Welt;
Ein weiter Aufenthalt von mehr als einem Volke,
Zeigt alles auf einmal, was sein Bezirk enthält;
Ein sanfter Schwindel schliesst die allzuschwachen Augen,
Die den zu breiten Kreis nicht durchzustrahlen taugen.

Ein angenehm Gemisch von Bergen, Fels und See'n,
Fällt nach und nach erbleicht, doch deutlich in's Gesicht,
Die blaue Ferne schliesst ein Kranz beglänzter Höhen,
Worauf ein schwarzer Wald die letzten Strahlen bricht:
Bald zeigt ein nah Gebürg die sanft erhobnen Hügel,
Wovon ein laut Geblöck im Thale wiederhallt;
Bald scheint ein breiter See ein meilenlanger Spiegel,
Auf dessen glatter Fluth ein zitternd Feuer wallt;
Bald aber öffnet sich ein Strich von grünen Thälern,
Die, hin und hergekrümmt, sich im Entfernen schmälern.

Dort senkt ein kahler Berg die glatten Wände nieder,
Den ein verjährtes Eis dem Himmel gleich gethürmt,
Sein frostiger Krystall schickt alle Strahlen wieder
Den die gestiegne Hitz' im Krebs umsonst bestürmt.
Nicht fern vom Eise streckt, voll futterreicher Weide,
Ein fruchtbares Gebürg den breiten Rücken her;
Sein sanfter Abhang glänzt vom reifenden Getreide,
Und seine Hügel sind von hundert Heerden schwer.
Den nahen Gegenstand von unterschiednen Zonen
Trennt nur ein enges Thal, wo kühle Schatten wohnen.

Hier zeigt ein steiler Berg die mauergleichen Spitzen,
Ein Waldstrom eilt hindurch, und stürzet Fall auf Fall,
Der dickbeschäumte Fluss dringt durch der Felsen Ritzen,
Und schiesst mit jäher Kraft weit über ihren Wall.
Das dünne Wasser theilt des tiefen Falles Eile,
In der verdickten Luft schwebt ein bewegtes Grau,
Ein Regenbogen strahlt durch die zerstäubten Theile,
Und das entfernte Thal trinkt ein beständig Thau.
Ein Wandrer sieht erstaunt im Himmel Ströme fliessen,
Die aus den Wolken fliehn, und sich in Wolken giessen.[1]

---

[1] Gedichte, pag. 34.

Hallers Landschaftsbilder sind mit einem grossen Rahmen umspannt, sie haben etwas eigenartig Erhabenes und Gewaltiges, wobei ihnen, im Grossen und Ganzen wenigstens, der lyrische Duft, den wir über eine Landschaft gebreitet zu sehen gewohnt sind, abgeht; oder mit andern Worten, sie sind nicht Stimmungsbilder. Zudem erscheinen sie trotz ihrer Grossartigkeit mit dem scharfen Auge eines Weitsichtigen gemalt. Uebrigens hat schon Breitinger auf die reichen kleinen Einzelheiten landschaftlicher Schilderung bei Haller hingewiesen; er selbst aber sah die poetische Malerei nicht als Zweck, sondern bloss als Mittel für seine moralischen Tendenzen an und äussert sich in diesem Sinne in seiner Selbstbeurtheilung: „Ich habe mehr gemalt (als Hagedorn), zumal Werke der Natur; das kann man nicht, lese ich irgendwo. Es ist wahr, Aberli giebt mit dem Pinsel einen Begriff von dem Staubbache, der auch für ein Kind sinnlich ist. Aber die Poesie malt, was kein Pinsel malen kann: Eigenschaften andrer Sinne neben dem Gesichte, Verbindungen mit sittlichen Verhältnissen, die nur der Dichter fühlt." Im nämlichen Sinne sagt er: „Bei Beurtheilung eines Dichters sollte man nicht so vielen Werth auf die poetischen Schildereien sinnlicher Dinge setzen, die ein Mahler auch in seiner Gewalt hat; man sollte mehr die moralischen Schildereien betrachten, wodurch sich der Dichter weit über den Mahler erhebt."[1] Lessings Stoss aber im Laokoon gegen die schildernde Poesie, speciell gegen Hallers Blumenmalerei, sucht dieser in folgender Weise zu pariren: „Herr L. giebt für seine Meinung ein Beyspiel aus des Herrn v. Hallers Beschreibung der Kräuter; niemand kann sie, sagt er, aus diesen Gemälden erkennen, wer sie nicht vorher gesehen hat; wohl aber in einem Gemälde. Uns dünkt aber, Herr L. verfehlt hier des Zwecks, den ein Dichter bei solchen Gemälden sich vorgesetzt hat. Er will bloss einige merkwürdige Eigenschaften des Krautes bekannt machen, und dieses kann er besser als der Maler: denn er kann die Eigenschaften ausdrücken, die inwendig liegen, die durch die übrigen Sinne erkannt, oder durch Versuche entdeckt werden, und dieses ist dem Mahler verboten. Selbst das von

---

[1] Tagebuch II, pag. 191.

Herrn L. angebrachte Beyspiel aus dem Virgil gehet eben dahin, und doch kann der Dichter selbst sichtbare Schönheiten mahlen, die einem Mahler unbekannt bleiben. Dahin gehört der bunte Blitz vom feuchten Diamant, oder die Regenbogenfarben des Thaues, der in den glatten Blättern des Enzians sich sammelt."[1] Woher er aber selbst zur poetischen Malerei bestimmt worden sei, darüber giebt er dergestalt Aufschluss: „Oft fällt es den Franzosen ein, ihrer Nation die Verbesserung des Geschmacks unter den Deutschen zuzuschreiben. Aber die poetische Mahlerey, die die Ausländer selbst als einen Vorzug der Deutschen erkennen, konnte man gewiss den Franzosen nicht absehen. Wir wissen dagegen, wie grossen Antheil die englischen Urbilder an dem verbesserten Geschmacke der ersten deutschen Dichter gehabt haben, die es gewagt, sich vom Pfade der Gryphius und Weisen zu entfernen."[2]

Zu diesem plastischen Vermögen gesellte sich bei Haller ein anderer Vortheil: er empfand in starken Innervationen, wie er selbst bezeugt: „Was bleibt mir dagegen? Nichts als die Empfindlichkeit. Dieses starke Gefühl, das eine Folge vom Temperament ist, nahm die Eindrücke der Liebe, der Bewunderung, und am meisten noch der Erkenntlichkeit, mit einer Lebhaftigkeit an, dabey mir die Ausdrücke der Empfindungen sehr theuer zu stehen kommen. Noch jetzt brechen mir Thränen beym Lesen einer grossmüthigen That aus; und was habe ich nicht gelitten, da das Schicksal in den allerhülflosesten Umständen eine junge und geliebte Gemahlin mir von der Seite riss. Diese Empfindlichkeit, wie man sie zu nennen anfängt, gab freylich meinen Gedichten einen eignen schwermüthigen Ton, und einen Ernst, der sich von Hagedorns Munterkeit unendlich unterschiedete."[3] Wir finden in der That in der Trauerode auf Mariane, in der „Doris" und sonst noch einzelne Stellen, die (von Günther abgesehen) an Tiefe und Innigkeit so ziemlich Allem voranstehen, was bis auf Klopstock gedichtet wurde; die zwei ersten Strophen der „Doris" würden dem besten Ly-

---

[1] Tagebuch I, pag. 277.
[2] Tagebuch II, pag. 190. Vergl. übrigens pag. 12 und 13.
[3] Selbstbeurtheilung. (Brief an Gemmingen.)

riker wohl anstehen, und wo pulst in einem Liebesliede Hagedorns oder Gleims so viel warmes und wahres Blut als in Folgendem?

> Ach! herzlich hab' ich dich geliebet,
> Weit mehr als ich dir kund gemacht,
> Mehr als die Welt mir Glauben giebet,
> Mehr als ich selbst vorhin gedacht.
> Wie oft, wenn ich dich innigst küsste,
> Erzitterte mein Herz und sprach:
> Wie, wenn ich sie verlassen müsste!
> Und heimlich folgten Thränen nach . . .
>
> Auch in des Himmels tiefster Ferne
> Will ich im Dunkeln nach dir seh'n,
> Und forschen, weiter als die Sterne,
> Die unter deinen Füssen dreh'n.
> Dort wird an dir die Unschuld glänzen
> Vom Licht verklärter Wissenschaft;
> Dort schwingt sich aus den alten Gränzen,
> Der Seele neu entbundne Kraft . . .
>
> Vollkommenste, die ich auf Erden
> So stark, und doch nicht g'nug geliebt!
> Wie liebenswürdig wirst du werden,
> Nun dich ein himmlisch Licht umgiebt!
> Mich überfällt ein brünstig's Hoffen,
> O, sprich zu meinem Wunsch nicht nein!
> O, halt die Arme für mich offen!
> Ich eile, ewig dein zu sein![1]
>
> Ein Grab? in deinen schönsten Tagen?
> Du Rose, frisch vom reinsten Blut!
> Ach ja, dort ward sie hingetragen,
> Hier ist der Tempel, wo sie ruht,
> Der Stein, den ich beschrieben habe . . .
> O wie ist's hier so öd und still!
> O hier ist's, wo in ihrem Grabe
> Ich meine Schmerzen enden will![2]

Aber — es sind dies doch nur einzelne Stellen. Eine starke und tiefe Empfindung findet nicht immer auch den unmittelbaren, entsprechenden Ausdruck; und gerade bei Haller

---

[1] Beym Absterben seiner geliebten Mariane. (pag. 169.)
[2] Ueber Ebendieselbe. (pag. 172.)

nicht. Zum Ernsten und Schweren geneigt, wie er war, wiegt bei ihm Strenge und sogar Härte vor, wie er denn als Satiriker sich durch die überzeugungsvolle Erhabenheit der vertretenen Gesinnungen vortheilhaft auszeichnet. Im Grunde jedoch sind auch hier nicht Gefühle ausgesprochen, jede Empfindung erhält bei Haller von ihrer Entstehung bis zur Fixirung in Worten einen gedanklichen Zusatz beigemischt und schlägt sich unversehens als Reflexion nieder. Diese Seite theilt Haller mehr oder weniger mit allen Didaktikern, die schon an und für sich Gedanken und nicht Gefühle als Themata wählen und denen von ihrem moralischen Standpunkte aus die Empfindung bloss als Zugabe zur Idee erscheint. Wie unbewusst sich bei Haller die Metamorphose in's Begriffliche vollzieht, das spricht er selbst aus:

> Soll ich von deinem Tode singen?
> O Mariane, welch ein Lied,
> Wenn Seufzer mit den Worten ringen,
> Und ein Begriff den andern flieht!

Und:

> Ich weiss, dass sich dein Herz befraget,
> Und ein Begriff zum andern saget:
> Wie wird mir doch? Was fühle ich?

In der That liegen Begriffe und nicht Gefühle vor. Interessant aber und bezeichnend ist die der „Doris" vorangestellte Bemerkung: Bey diesem Gedichte habe ich fast nicht mit mir einig werden können, was mir zu thun zukäme. Es ist ein Spiel meiner Jugend. Was uns im zwanzigsten Jahre lebhaft und erlaubt vorkömmt, das scheint uns im siebenzigsten thöricht und unanständig. Sollten wir uns nicht vielmehr der Eitelkeiten unsrer Jugend, als der unschuldigen Zeitvertreibe unsrer Kindheit schämen?" Und die Ansicht des Siebenzigjährigen war auch die des Dreissigjährigen. Einem rein menschlichen Gefühl ohne moralische Nebenzwecke in poetischer Form Ausdruck zu verleihen, galt ihm jedoch nicht nur als ein sehr verdächtiges Verdienst, die Aechtheit und Wahrheit selbst der insgemein von den Dichtern ausgesprochenen Empfindungen erschienen ihm bloss im Licht einer poetischen Lüge, und zwar einer wirklich strafbaren Lüge.

Nicht Reden, die der Witz gebieret,
Nicht Dichterklagen fang ich an . . .[1]

Wo dem praktisch-moralischen Moment des Stoffes so sehr die Oberhand gelassen wird, da kann von einer künstlerischen Gestaltung des letztern in höherm Sinne kaum die Rede sein. Haller hat derselben nur in den „Alpen" nachgestrebt, wo aber zwischen die einzelnen, allerdings der unmittelbaren Anschauung entnommenen Scenen des Hirtenlebens die Moral eingestreut ist. Sonst aber — und es liegt dies in der Natur des Lehrgedichts überhaupt — trachtet er nach lichtvoller Anordnung der Gedanken im Ganzen und nach möglichst scharfer Ausprägung im Einzelnen. Mit seinen Zeitgenossen anerkennen wir die Vollendung, in der er dieses erreichte, um so mehr, da wir einen klaren Einblick in die eigenthümlichen Sprachverhältnisse haben, in die ihn das Schicksal gestellt hat.

---

[1] pag. 166.

Haller und die Sprache.

Haller gab seinen Gedichten den Titel „**Versuch Schweizerischer Gedichten**"; nicht als ob sie nach Form oder Inhalt eine schweizerisch nationale Eigenthümlichkeit zur Schau getragen hätten, sondern weil der Dichter mit dieser Benennung zum Theil einem Einwurfe vorbeugen wollte, den er mit Bestimmtheit erwartete, dem Einwurfe der „Sprachunreinigkeit". Niemand fühlte besser als er, welch' ein Unterschied zwischen seinem Deutsch und dem eines Sachsen bestand. Schon in der zweiten Auflage — 1734, die erste war 1732 erschienen — änderte er mehrere hundert Stellen, da „einige deutsche Kenner an sehr vielen Orten Sprachfehler fanden, die desto tadelnswürdiger sind, je mehr die Poesie ihre Zierde in der Reinigkeit suchet".[1] In der Vorrede zur dritten Auflage sagt er deutlich genug: „Die vielen Veränderungen, die in dieser neuen Auflage gemacht worden, erfordern einen kleinen Vorbericht. Die meisten sind der Sprache zu Liebe geschehen. Die Vorsehung hat mich nunmehr in Teutschland geführet; ich habe seit sechs Jahren mehr Gelegenheit gehabt, mir das Teutsche bekannt zu machen, das zwar einigermassen meine Muttersprache ist, aber in meinem Vaterlande viel unreiner und fast seltener gesprochen wird, als das ganz fremde Französische. Wir haben mit den oberteutschen Kreisen gemein, dass wir viele Wörter mit einem andern Geschlecht gebrauchen, als in Sachsen gewöhnlich ist. Der zweite Fall in der mehrern Anzahl (— er meint den genet. pl. —) ist selbst in unsern Bibeln und symbolischen Büchern anders, als in dem übrigen Teutschland beschaffen. Viele Wörter sind bei uns gebräuchlich, die

---

[1] Vorrede zur 2. Auflage.

bey Andern veraltet sind; und tausend andere sind in Sachsen im beständigsten Gebrauche, die ein Schweizer nicht ohne ein Wörterbuch versteht." In der Vorrede zur folgenden Auflage lässt er sich über die Nachtheile aus, die ihm die Unkenntniss des sächsischen Deutsch nothwendigerweise bringen musste: „Diejenigen (Fehler), die man mir vorgerückt, sind mehrentheils Sprachfehler. Aber ich bin ein Schweizer, die deutsche Sprache ist mir fremd, und die Wahl der Wörter war mir fast unbekannt. Der Ueberfluss der Ausdrücke fehlte mir völlig; und die schweren Begriffe, die ich einzukleiden hatte, machten die Sprache für mich noch enger." Im nämlichen Sinne äussert er sich auch gegen seinen Freund, den Freiherrn von Gemmingen: „In meinem Vaterlande, jenseits den Grenzen des deutschen Reichs, sprechen selbst die Gelehrtesten in einer sehr unreinen Mundart; wir haben auch in unsern symbolischen Büchern und in den Staatsschriften andere Declination, andere Wortfügungen . . . blieb mir allemal eine gewisse Armuth im Ausdrucke, die ich schon damals am besten fühlte, wenn ich mich gegen die Leichtigkeit des Günthers verglich. Manchen Gedanken lähmte mir der Zwang der Sprache; manchen andern drückte ich mit einem unvermeidlichen Verluste an der Reinigkeit und an dem leichten Schwunge des Verses aus."

Nur ein Schweizer, glaub' ich, der in der nämlichen Mundart wie Haller aufgewachsen ist und das Hochdeutsche als ein gleichsam Fremdes erst noch hinzu oder wenigstens daneben gelernt hat, weiss in vollem Maasse die Schwierigkeiten zu bemessen, mit denen der junge Dichter zu kämpfen hatte. Ganz richtig bemerkt dieser, das Französische werde in seiner Heimath fast häufiger gesprochen als das Deutsche: in den obern und mittlern Ständen der deutschen Schweiz, vorab Berns, war das Französische Umgangs- und Schriftsprache. Man durchblättere nur einmal die Briefe, die Haller in Göttingen aus seiner Heimath erhielt: kaum ein deutscher ist zu finden. Seine berühmte Zeitgenossin und Mitbürgerin Julie von Bondeli[1]

---

[1] Julie von Bondeli und ihr Freundeskreis Wieland, Rousseau, Zimmermann u. s. w., von Eduard Bodemann. Hannover 1874.

schreibt ausschliesslich französisch und der unglückliche Empörer Henzi bekennt Bodmer, er kenne keine Sprache weniger als die deutsche.[1] Als Haller im fünfzehnten Altersjahr nach Tübingen kam, hatte er in der Heimath wohl sehr selten hochdeutsch sprechen gehört, denn der Unterricht wurde in französischer Sprache oder im Dialect ertheilt; auch waren deutsche Bücher, wie Professor Hürner, ein Mitglied der „bernischen deutschen Gesellschaft" klagt, zu Bern noch im Jahr 1739 selten,[2] zu einer Zeit, wo sich gegen das französische Wesen schon eine bedeutende Strömung fühlbar zu machen begann: was wird da — fast zwanzig Jahre früher — der Knabe Haller an deutscher Lectüre vorgefunden haben?[3]

Durch die Unmasse poetischer Versuche, die seine wunderbare Frühreife hervorgerufen, hatte er sich natürlich in einer

---

[1] Die Schweizerische Literatur des achtzehnten Jahrhunderts. Von J. C. Mörikofer. Leipzig 1861. (pag. 11.)
Vergl. übrigens a. a. O., pag. 3: Daher kam in dieser Zeit (16. und 17. Jahrhundert) die deutsche Sprache in keinem Lande deutscher Zunge weniger in Anwendung als in der Schweiz; denn nicht nur die Theologen schrieben lateinisch, sondern auch die Mathematiker und Naturforscher, die Bernoulli und Euler, die Scheuchzer und Muralt, oder man bediente sich, um einer Schrift populäres Interesse zu geben, der französischen Sprache. Nur der Letzte, Johannes Muralt, begann im Anfang des achtzehnten Jahrhunderts populäre Schriften, wie seinen „Eidgenössischen Lustgarten" (1715) und „Eidgenössischen Hausarzt" (1716) in deutscher Sprache abzufassen.

[2] Mörikofer, pag. 11.

[3] Fast zur nämlichen Zeit, da Hallers Gedichte erschienen, gab C. F. Weichmann drei Bände „Poesie der Nieder-Sachsen" heraus (Hamburg 1725), um zu beweisen, dass ein Niederdeutscher ein ebenso reines Deutsch schreibe, wie ein Sachse. Freilich war der niederdeutsche Poet günstiger gestellt als der schweizerische; Brockes sagt in der beigegebenen „Beurtheilung einiger Reimendungen" u. s. w., pag. 4: ... „Sind wir nicht bloss als Nieder-Sachsen anzusehen, weil wir von Jugend auf, in Schulen von unsern Lehrmeistern, auf den Canzeln von unsern Priestern, ja in allen feinen Gesellschaften nichts anders, als Ober-Sächsisch hören, in allen Büchern nichts anders lesen, auch so viele Ober-Sachsen bei uns wohnen und durchreisen, mit denen wir täglich umgehen; ja endlich, da die allermeisten von uns nach Sachsen reisen, und sich viele Jahre daselbst aufhalten, um, wie in anderen Wissenschaften, also auch in der Sprache, sich vollkommener zu machen."

grossen Anzahl dem Dialect entnommener Wendungen und Wörter bewegen gelernt, ohne sich darum in denselben recht wohl zu fühlen, da er unwillkürlich immer auf das Hochdeutsche zurückblicken musste. Denn ein grosser Unterschied zwischen jetzt und damals ist festzuhalten. Wir tragen in eine allseitig kunstvoll ausgebildete Schriftsprache bewusst hin und wieder aus dem allmählig versinkenden Dialect ein Wort, eine Wendung oder ein Bild hinüber; wir können und dürfen dies, weil wir uns des Hochdeutschen von Kindesbeinen an bemächtigen und kaum gewahr werden, dass es uns eigentlich etwas Fremdes ist. Ganz anders Haller. Ihm, der das Hochdeutsche nur aus Büchern erlernen konnte, wie das Lateinische und Griechische auch, musste dasselbe als etwas geradezu Ausländisches erscheinen, um so mehr, da er das Französische und die classischen Sprachen schon als Knabe mit ebenbürtiger Gewandtheit handhabte. Dazu war, abgesehen von den ungenügenden Hilfsmitteln, die ihm zu Gebote standen, das Hochdeutsche selbst verlottert und erst noch in einer Art von Weiterbildung begriffen, so dass ihm Haller mit seinem Dialecte doppelt verlegen und rathlos gegenüberstand; unter allen deutschen Dichtern hat kaum Chamisso mit so ungünstigen Verhältnissen zu thun gehabt.

Bestimmt man den Werth von Hallers Gedichten ausschliesslich nach sprachlicher Reinheit und Wohllaut, so muss man sie gegenüber den Schöpfungen eines Günther, Brockes, Canitz, Besser u. a. m. im Grossen und Ganzen als einen Rückschritt bezeichnen. Wie bedeutend der Abstand nach der betreffenden Seite hin war, können wir durch Vergleichung dieser Dichter mit Haller leicht ermessen; indessen dürfte es nicht überflüssig sein, die damalige über diesen Punkt laut gewordene Kritik ein wenig in's Auge zu fassen: es erhoben sich genug Stimmen gegen Hallers Sprache, vorab die Gottscheds und seiner Anhänger, denen Correctheit und Poesie so ziemlich für ein und dasselbe galt. Der Leipziger Kunstrichter und Poet liess sich zwar erst tadelnd vernehmen, nachdem er mit Bodmer und Breitinger in die bekannte literarische Fehde gerathen war, wiewohl er eine ganz leise Andeutung schon Haller selbst gegenüber nicht unterdrücken konnte, als ihm dieser im Jahre 1734 die zweite Auflage seiner Gedichte zugeschickt hatte.

„Ich bin," heisst es u. A. in seiner Antwort, „sehr frei gegen Euer Hochedlen, allein so geht es allen Grüblern, die, wenn sie an dem Inhalt nichts tadeln können, doch wenigstens die äussere Form antasten.[1] Dagegen muss ich versichern, dass die Gedanken Euer Hochedeln neu und edel, die Ausdrücke stark und voller Nachdruck sind; in welcher Absicht ich gern darinnen hier und da die meissnische oft gedankenlose Zierlichkeit und leicht fliessende Innigkeit vermissen will u. s. w."[2] Später, als es zwischen ihm und den Schweizern zum offenen Bruche gekommen war, sprach er sich vielfach ungleich deutlicher und derber aus, wenn auch nicht in so ausgedehntem Maasse wie seine Trabanten und Anhänger Mylius, Schwabe, von Schönaich u. A. Der erste von diesen dreien äussert sich in einer Recension des Haller'schen Gedichtes „über den Ursprung des Uebels" auf folgende Weise:[3] ... „Die oft ganz seltsamen und unbekannten Wörter und Wortfügungen, deren sich der Herr D. Haller in seinen Gedichten bedienet, tragen auch nicht wenig zu ihrer Dunkelheit bey. Die vielen Mittelwörter (participia) in der vergangenen Zeit, welche zwar im Lateinischen und Griechischen gewöhnlich sind, thun desgleichen ... Der Herr D. Haller würde demnach ohne Zweifel in seinen Gedichten, wenigstens um die Hälfte, deutlicher seyn, wenn er nicht allzu philosophisch dichtete und allzu abgesonderte Begriffe mit wenig Worten ausdrückte, wo ihn eben die Materie nicht dazu zwingt. Was die öfters sehr rauhen Wörter, Silbenmaasse und Reime anbelangt, so machen sie seine Verse auch sehr unangenehm: jedoch diesen Fehler wird man wohl grösstentheils seiner noch gar unausgebesserten Landessprache zuschreiben müssen ... u. s. w."

Schönaich liess sich auf folgende nicht eben geistreiche Art vernehmen:

---

[1] Er hatte die Form des einleitenden Theils in dem Gedicht: „Ueber den Ursprung des Uebels" getadelt.

[2] Abgedruckt in „Wandervorträge aus Kunst und Geschichte", von Ludwig Eckardt, II. Hälfte, Stuttgart 1868.

[3] Beurtheilung des Haller'schen Gedichtes, über den Ursprung des Uebels (in den „Bemühungen zur Beförderung der Kritik und des guten Geschmacks". Erstes Stück. Halle 1743. pag. 102 ff.)

Von den Alpen kam der Witz lastenweise hergefahren,
Achs und Springel knarreten von den zentnerschweren Waaren.
Mancher Dichter fluchte krächzend hinter diesen Wagen her:
Also war das Maass der Silben dem verrenkten Hirne schwer.
Ohr und Abschnitt hatten sie selbst dem Fuhrmann aufgeladen;
Darum fehlt's den Deutschen d'ran zu der Enkel Schand und
Schaden[1] u. s. w.

Ferner:

„Turgidus Gletscher von Haselshöh."

Er verstand freilich die Sprache nicht, in der er schrieb, wie er selbst gesteht, und wie kanns anders seyn, wenn man eine Sprache reden will, von der man noch nicht einmal recht das ABC gefasset hat?[2]

Ferner:

Ich: Er muss also die Sprache reden, die seine Mitbürger verstehen.

Er: Freylich! nicht malabarisch mit Deutschen.

Ich: Also auch nicht schweizerisch mit Deutschen![3]

Allein auch die Bewunderer und Freunde der Hallerschen Gedichte konnten nicht umhin, die oft ungelenke und rauhe Sprache derselben zu bedauern. So sagt Johann Elias Schlegel in seinem „Schreiben an den Professor Kästner, dass die Mathematik einem Dichter nützlich sey." 1742:

Ja, hätte damals schon ein Geist voll Hitz und Muth
Den Opitz aufgesucht, der lange todt geruht,
Und dadurch, dass er uns sein Beispiel angepriesen,
Manch deutsches Lied erweckt und manchen unterwiesen:
So hätte Leibnitz nicht ein deutsches Bardenlied
In rauhem Ton gewagt, und sich umsonst bemüht;

---

[1] Die ganze Aesthetik in einer Nuss, in ein Nüsschen gebracht, oder Nachlese der Neologie, 1755. (Zweiter Titel: Die Nuss oder Gnissel; ein Heldengedicht; mit des Verfassers eigenen Lesearten von ihm selber fleissig vermehrt; siebente Auflage; dem grossen Rellah zugeeignet. (pag. 24.)

(Gnissel-Lessing, Rellah-Haller. Haller hatte in seiner siebenten die Lesarten der frühern Auflagen gesammelt; „siebente Auflage" ist natürlich fingirt.)

[2] Versuch einer gefallenden Satire; oder Etwas zum Lobe der Aesthetiker, 1755. I. Todtenliste, pag. 15.

[3] ibid. III. Ein Traum.

So würde Leipzig längst schon seinen Haller kennen,
Und Hallern würde Bern itz seinen Leibnitz nennen.
Er wär im Dichten kühn und in der Sprache rein,
Er würde Meissens Ruhm und auch sein Muster seyn;
Und niemand würde sich aus unsrer Flur entfernen,
Und mit des Dichters Kunst des Schweizers Härte lernen.

Uz äussert sich folgendermassen:

Bey Popen steht ein grosser Mann,
Der auf der Alpen Lob am Schnee der Alpen sann.
Des neuen Ausdrucks Glanz umleuchtet reife Lehren,
Und stimmt sein Saitenspiel ein feurig Straflied an,
Wer wird nicht seinen Schwung, den edlen Schwung verehren,
Und harte Töne gern verhören?[1]

Diese und ähnliche Klagen erscheinen bis auf einen gewissen Punkt vollständig gerechtfertigt. Hallers Sprache ist in der That schwerfällig und unharmonisch. Zwar war er an Correctheit und Gewandtheit der gebundenen und ungebundenen Rede seinen Landsleuten Bodmer und Breitinger bedeutend überlegen; wie sehr er aber hinter der Reinheit und Glätte eines Gottsched zurückblieb, das mag ein Blick in die dritte Auflage seiner Gedichte zeigen. Sie erschien 1743, eilf Jahre nach der ersten, mit vielen Verbesserungen und Aenderungen, deren grösste Zahl schon der zweiten Auflage („an etlich hundert Stellen")[1] zu Theil geworden war; sie mag hier in Betracht gezogen werden, weil sie der oben erwähnten Kritik von Mylius und Schönaichs Aesthetik zu Grunde gelegt wurde, weil sie gegenüber der vierten und noch mehr den folgenden Auflagen verhältnissmässig wenig Aenderungen aufweist und weil schliesslich Hallers 1748 in vierter Auflage erscheinende Gedichte durch die gleichzeitig an's Licht tretenden ersten Gesänge des Messias, wenn auch durchaus nicht an Popularität, so doch an Wichtigkeit und Bedeutung für die deutsche Literatur jener Zeit überhaupt verloren.

Trotz der bessernden und reinigenden Hand Hallers fanden die Leipziger noch manche Unebenheit und Härte, an der sie sich stossen konnten. „Der zweite Fall in der mehrern

---

[1] Brief an Herrn Hofrath Christ.
[2] Vorrede zur 2. Auflage.

Anzahl," sagt Haller, „ist selbst in unsern Bibeln und symbolischen Büchern anders, als in dem übrigen Teutschlande beschaffen."[1] Belege bietet die dritte Auflage noch mehrere, z. B.: der Schachten 2,[2] der Thürmen 11, der Elementen 17, der Dolchen 14, der Salzen 32, der Metallen 62, der Sternen 48, der Enkeln[3] u. s. w. Dazu halte man noch die Nominative plur.: die Armen 52 (der Arm), die Sternen 125, die meiste Speisen 18, und

der Pöbel ist nicht weis und Weisen sind nicht klug 47; sowie die ungewöhnlichen Pluralformen: die Brünnen 24, die Vieher 39, die Machten 81, die Hirner 90.

Auffallend sind die Dative sing.: zur Schulde 75, der Erden 90, dem Ballen 112 (von Ball).

Ebenso lässt sich aus Hallers Gedichten seine Behauptung belegen: „Wir haben mit den oberteutschen Kreisen gemein, dass wir viele Wörter mit einem andern Geschlechte gebrauchen, als in Sachsen gewöhnlich ist."[4] Einiges von dem, was wir hier finden, mag mit den betreffenden Punkten aus Grimms deutschem Wörterbuch zusammengehalten werden: die Schooss 3, der Last 9, das Bezirk 9. (Grimm I, 1801 citirt Hans Wilh. Kirchhof „Wendunmut 1565 und 1581", der das Wort auch neut. gen. braucht; Haller ist vergessen, der es wohl als der letzte mit sächlichem Geschlecht braucht.) Das Eiter 22, (Grimm III, 391 giebt an, dass Opitz das sonst neut. und masc. gen. gebrauchte Wort ausschl. neut. braucht. Ebenfalls auf Opitz zurückzuführen ist:) die Bach 31 (Grimm I, 1058 . . . Schwaben, die Schweiz, Bayern und die edle Schriftsprache, auch Luther halten das masc. fest . . . 1059 selbst Haller ahmt Opitz das der Schweiz fremde fem. nach). Das Trank 24, das Gemsch (Gemse)[5] 24, das Thau 29, durch stärker Werkzeug 38

---

[1] Vorrede zur 3. Auflage.
[2] Die beigesetzten Ziffern bedeuten die Seitenzahlen der 3. Auflage.
[3] „Man bemerke auch die Zeugeendung: der Enkeln" in „Die ganze Aesthetik in einer Nuss, oder neologisches Wörterbuch", . . . den grössten Wortschöpfern unter denselben aus dunkler Ferne geheiliget von einigen demüthigen Verehrern der sehr affischen Dichtkunst 1754 (v. Schönaich).
[4] Vorrede zur 3. Auflage.
[5] . . . „Die Gemse; nach Hallers Sprachlehre ein Gems". Aesth. 16.

(männlich, wie noch heutzutage im schweiz. Dialect), das Theil 49, der Ueberlást 61, das Altar 66 (nach Grimm I, 265 braucht Günther das Wort zuerst und zuletzt neut. gen.), das Fahn 74 (nach Grimm III, 1241 ist neut. speciell schweizerisch), das Punkt 115, der Gift 110, das Betrübniss 124, dem Ruhm-Begier 75 (ob Druckfehler? Aufl. 2 und 4: die).

Aehnlich zeigt seine Conjugation eine Menge veralteter und wohl auch zum Theil willkürlicher Formen; z. B.: rufte 7, fünde — verbünde 11, schwillt 22,[1] gewest 48, 53, 104, getrannt 65 (von trennen), es lischt 64,[2] verdrungen 65, erkennt (part. von erkennen) 50, gekennt — genennt 94, ergiebe 68, beräuscht 69,[3] er schläget 84, gekennet 86, vernutzt 91, fund 99, 105, unversiegen 100, ist versiegen 15, wenn er zwüng 102, ihr sieht 103, zwung 105, behielte (imperf.) 110, betriegen 110, schwall 110, verschwunde 123, giebet 124, schiene 133, 150, gläubt 143, fünde 150, schriebe 123,[4] er schölt 73, ich sieh 74, 97, gedröscht 75.[5]

Des Weitern braucht Haller eine beträchtliche Anzahl von Zeitwörtern, die einem Sachsen nicht bekannt waren, oder die er nicht anwandte oder auf andere Weise construirte, z. B.: beywohnen 11 (sein bei, verbunden sein mit),[6] sich kennen 55 (erkannt werden), einen zerblitzen 56, ertreten 56, versterben 58, vertragen 60 (ertragen), gestrupft 60; erstecken (ersticken einen), anflammen 61, entbaucht 62,[7] verscheuen 62, verschlissen 62, staunen 68, befahren 70, missdünken 78, misskennen 79,

---

[1] Aesthetik 35: schwillt a. St. schwellt.

[2] Aesthetik 19: lischt a. St. verlischt.

[3] Aesthetik 44: „beräuscht a. St. berauscht. Es ist eine Figur, des Reimes wegen."

[4] Aesthetik 389: Sn. Gn. machen sich die poetische Freyheit bey schriebe, a. St. schrieb, zu Nutze.

[5] Aesthetik 1: Man sage auch nicht mehr gedroschen, sondern gedröscht; ob man gleich nur in den Schenken dröscht und lärmet.

[6] „Und Unfall wohnt Tyrannen bey" (11). Aesth. 14: denn beywohnen jemanden, oder beyschlafen, ist das nicht einerlei?

[7] Aesthetik 66: „Ueber Hunde ohne Bäuche kann das Schwein leicht setzen."

108, 109, verstören 79, (zerstören), sich annehmen bei 81,[1] verflicht 86, sich misskennen 89, unterwiesen 91 (eine unterwiesene Thür = eine Thür, von der man weggewiesen wurde), ertrocknen 92, vernutzen 91, 131; etwas wirken (bewirken) 97; entscheiden (unterscheiden) 101, verneut 103, einen schweigen 106, erboren (angeboren) 110,[2] zwecken 101,[3] ergraben 113, erschiffen 106, errinnen 18[4] (die Saat errinnt), kennen (erkennen) 118, erlieset 101,[5] einzählen 131, zertheilen 142, einen auswähren 153.

Während Haller verwildern als reflexives Zeitwort braucht,[6] erscheinen mehrere Verba bei ihm noch activ, die wir als reflexive brauchen:

> Bald aber schliesst ein Kreis um einen muntern Alten 27;
>
> Fühlt ein Herze Ehrsucht mit Erbarmen,
> Das ..... von fremden Ruthen
> Würdigt zu bluten? 52.
>
> Zwar die Laster blühen und vermehren 52.[7]
>
> ... die Sternen,
> Die unter deinen Füssen drehn 125.
>
> Dort lernst du Gottes Licht gewöhnen 125.

Ungewöhnlich sind andererseits die Substantivformen: Der Gedank 68, der Zeug (Zeuge) 72, der Willen 115, der Nahm 89; zum Theil unverständlich, zum Theil ungebräuchlich waren einem Sachsen die Wörter: Vernutzung 87, Schnitzwerk (für

---

[1] Aesthetik 20: „Herr v. Haller füget dieses Wort so: Die Tugend nimmt sich leicht bei ihrem Beispiel an. Würde das nicht in unsern niedern parnassischen Landen heissen: Man wird leicht tugendhaft, wenn man Beyspiele der Tugend sieht?"

[2] Aesthetik 122: „Wir haben umsonst die Bedeutung dieses Beywortes gesucht."

[3] Aesthetik 464: „Zwecken, von Zweck: ein neologisches allerliebstes Zeitwörtelein, das sehr viel sagen will."

[4] Jeremias Gotthelf in Anne Bäbi, 2. Cap.: ob der Flachs errinnen wolle; 13. Cap.: wie der Lewat errann.

[5] Aesthetik 126: „erlieset, anstatt erkieset, von auslesen. Dieses Wort ist von grosser Wirkung in der Hallerschen Terminologie."

[6] Kein Mensch „verwildert sich" 107.

[7] Doch kann dieses Verbum hier als transit. ohne ausgesetztes Object aufgefasst werden.

Statue) 42, Währung (Dauer) 48, Absehn (Rücksicht auf) 76, 79, Abhang (Abstammung, Zusammenhang) 115, Abtritt 90, Schaub 95, Verschuss 116,[1] der Zeug z. B. 101,[2] Ordnung (Reihe) 101;[3] ebenso die Adjective: aufgehaben (erhaben) 77; gemein (leutselig) 89, gewirbig 92, hinlässig 111 u. s. w.
Wenn der Dichter durch seine Werke die Angabe beweist, es seien „in der Schweiz viele Wörter gebräuchlich, die bey andern veraltet sind,"[4] so erscheint es andererseits als keine Uebertreibung, wenn er von tausend Wörtern spricht, die in Sachsen in beständigem Gebrauche seien, die ein Schweizer aber nicht ohne ein Wörterbuch verstehe.[5] Welche Vocabeln ihm gefehlt, können wir natürlich im Einzelnen nicht nachweisen;[6] richtig ist diese Behauptung gewiss nicht weniger als die andere, die Sprache habe ihm manchen Gedanken gelähmt und manchen andern habe er nur mit einem unvermeidlichen Verlust an der Reinigkeit der Sprache ausdrücken können.[7] Weil es einem nicht zur Schriftsprache entwickelten Dialect, wie überhaupt jedem wenig ausgebildeten Idiom, namentlich an abstracten Begriffen fehlt, so befand sich der Lehrdichter in desto schlimmerer Lage, aus der er sich herauszuhelfen suchte, so gut es ging: er griff, wie wir gesehen haben, auf den Dialect und unter Umständen sogar auf den Wortvorrath der zweiten schlesischen Schule zurück. So reimt er in den drei ersten Auflagen auf Erde „Schwerde" und citirt zu seinem Schutze Lohenstein.[8] Mit solchen in Deutschland veralteten oder ganz unbekannten Wörtern Anstoss zu erregen oder gar nicht verstanden zu werden, war noch nicht das Schlimmste; ein und

---

[1] Aesthetik 427: „Wir sind noch nicht so weit, es zu verstehen."
[2] Aesthetik 126: „Hier stehet es anstatt Stoff."
[3] Aesthetik 101: „Endlich bleibet zu entscheiden, was eine lange Ordnung sey?"
[4] Vorrede zur dritten Auflage.
[5] ibid.
[6] Aus den spätern Verbesserungen lassen sich hin und wieder spärliche Schlüsse ziehen: so giebt Haller (pag. 48) „Währung" durch „Dauer" in spätern Auflagen.
[7] Brief an den Freiherrn von Gemmingen.
[8] „Auf seinen Schultern ruht die Erde (pag. 910), Ihr seht die Macht, er fühlt die Schwerde."* (* Lohenstein, an manchem Orte.)

dasselbe Wort konnte in Hallers Mund nicht das Nämliche bedeuten wie im Munde eines Sachsen. So weiss (36) der schweizerische Dichter den Begriff Statue nur durch Schnitzwerk auszudrücken;[1] „in seinem Thun gemein" (89) bezeichnet ein leutseliges oder von demjenigen anderer Menschen nicht verschiedenes Betragen und Gebahren; ein Sachse musste wohl etwas ganz anderes verstehen. Diese Doppelsinnigkeit konnte unter Umständen noch fataler werden; zu der Stelle:

Wenn zwischen Hass und Gunst bey ihm ein Abtritt ist 90

bemerkt Schönaich in seiner Aesthetik, pag. 4:
„Man vermenge nicht diess Wort mit einem heimlichen Gemache."

Der Poet, der in einem von dem Schriftdeutschen oft so stark abweichenden Dialecte aufgewachsen war und sich in seine heimathliche Schriftsprache eingelebt hatte, deren grösster Vorzug nicht eben in der Deutlichkeit bestand, musste neben den oben erwähnten Hindernissen noch manches andere empfinden. So ist bei ihm die Synkope häufig, die einen um so unangenehmern Eindruck hervorruft, als sie nicht selten, wie denn die Gottschedianer zu bemerken nicht ermangelten,[2] aus Reimzwang hervorgeht, z. B.: geharnscht 6, gebildt 31, förcht 21, laut (lautet) 22, richt 33, 58; gepacht 40, wächsern'n 50; er redt 58; verschuldt 60, veracht 75,[3] findt 82, 105, schändt 89, unergründt 99, haft (haftet) 103, ausgerüst 102, eingebildt 105, verschwendt 113, minst (mindest) 113, (2., 3. und 4. Aufl.), gegründt 143, vollendt 145, zündt 105.

Hieher kann man auch die Abwerfung der Genetivendung ziehen: zu sein und andrer Plage 34.

Eigen ist ihm die Auslassung des Artikels in gewissen Ausdrücken: an Tag (an den Tag) 6, in Abgrund 14, in Ohren 45, in Himmel 46, 79, aus Händen 79, in Rath 80, an niedern

---

[1] Als Wieland während seines Schweizer Aufenthaltes das Wort „schnitzen" im entsprechenden Sinne angewandt hatte, musste er sich von Lessing eine Rüge gefallen lassen. (14. Literaturbrief.)
[2] z. B. Schönaich Aesthetik, pag. 3.
[3] Dagegen 114: verachtet, betrachtet.

Pindus setzen 88.[1] Mit Recht hält sich Schönaich über folgende Stelle auf:
> Sie fand den ersten Brand im Zweykampf Stein und Eisens.[2]

Einen unzulässigen Genetiv bietet auch der Passus:
> Und jenes Unglück wird durch seine Tugend grösser 47.[3]

Auffallend erscheint die nachfolgende Construction von *was* und *welch*: was Wunder sie gethan 8, was Lust er sich versagt 60, was Schmerzen er vertragen 60, welch Weiser 19, welch Druck 64,[4] welch Engel 102.

An einzelnen Orten lässt Haller das Demonstrativpronomen vor einem Relativsatz ausfallen:[5]

> Ihr seyd gewohnt, an was ihr seht zu denken 40.
>
> Aus unsrer eignen Thorheit quillt,
> Worum man oft die Sterne schilt 85.
>
> Du warest nicht allein, dem du Vergnügen gönntest 99.
>
> ... In diesen Thoren
> Hat jeder Ort, was mich erschreckt 123.
>
> O Schönheit, für den Geist gezieret,
> Wen einst dein zwingend Licht gerühret,
> Bleibt keinem mindern Gute treu 129.[6]

Anstössig ist auch die Ersetzung des von einer Präposition des Ortes begleiteten Relativpronomens durch *wo*, z. B. ein Geist, wo Sünde herrscht 107; Ein Herz, wo Laster herrscht

---

[1] Dagegen hat Haller mit folgender Construction vor seinen Tadlern einen Vorzug voraus:
> Wie oft muss Gift aus Freundes Händen
> Der grössten Helden Leben enden.

„Man bewundere doch die geschickte Auslassung des Artikels „des Freundes". Aesthetik 14.

[2] Stein und Eisens, nicht Steins und Eisens (Schönaich, Aesth. 68) bieten die 2. und 3. Auflage.

[3] Kommt auch bei Lessing noch vor: „Jener Zeichen sind natürlich. Dieser ihre . . . (Hempels Ausg., 6. Theil, pag. 194.)

[4] Aesthetik 56: „Man kann also auch trotz Gottscheden sagen: welch Mann und welcher Holz u. s. w."

[5] Es fehlt übrigens auch in andern Fällen:
> Die eignen Marchen kürzt, der Bürger weiter setzt 75.
> Des Ahnen Aberwitz wird auch des Enkels sein 58.

[6] Aesthetik 272: „Hier ist künstlich der ausgelassen; denn eine Figur, die viel Unglück anrichtet, und vielen Versen bald den Kopf, bald den Bauch, bald den Schwanz kostet, glänzt hier in ihrer Grösse."

111; sogar das relative Personalpronomen wird einmal durch wo ersetzt:

> Auch hat er Stadt und Land schon manchen heissen meiden,
> Wo vierzig Jahr hernach er hätte können leiden 93.

In relativer Bedeutung werden das demonstrative davon und darin gebraucht:

> Mit Schafen wimmelt dort die Erde,
> Davon der bunte Schwarm in Eile frisst 95.

> In ihren Adern fliesst ein unverfälscht Geblüte,
> Darin kein erblich Gift von siechen Väter schleicht 22.

Dem Dichter ist diese Anwendung gestattet, dagegen tadelt Schönaich mit Recht folgende Verdrehung der Sätze: „Wer herrscht, der ihm gefällt!" 79, ein anderer würde gesetzt haben: „Gefällt ihm der, der herrscht?"[1]

Noch schwerfälliger als solche Kürzungen und Weglassungen sehen die folgenden langwierigen Genetive aus: „Der Bau von meiner Hoffnung" 4; „Werkzeug von der Tugend" 15; „Der grösste von den Kaysern" 9; „Licht von der Vernunft" 46; „Von dem Tod der Hunde sterben" 59.[2] Ueberaus unbeholfen erscheinen auch die mit dem Possessivpronomen verbundenen Genetive:

„Dein Brand ist der Natur ihr Brand" 69; „Der Natur ihr Rad" 102; „Roms sein Geist" 65.[3]

Es wäre weder von Belang noch Nutzen, die eine oder andere kleine Unregelmässigkeit oder Eigenheit Hallers in der Anwendung dieser oder jener Präposition[4] u. dergl. mehr in's Auge zu fassen; erwähnt sei, dass er an mehreren Stellen das persönliche Pronomen der dritten Person noch reflexiv braucht:

---

[1] Aesthetik 44.

[2] Aesthetik 54: „Von dem Tode der Hunde ist schön gallisch und ebräisch ... er ist eines betrübtes Todes, oder einen betrübten Tod gestorben, war sonst gewöhnlich; nun saget man von einem Tod sterben."

[3] Vergl. übrigens Lessing a. a. O.: „Dieser ihre (Zeichen) sind willkührlich."

[4] Z. B. sagt Haller: in Lybien 73, statt nach L.; ganz richtig nach unserm Gebrauch dagegen:

> Schlägt erst ob ihm die Noth mit aller Wuth zusammen 98;

Schönaich bemerkt spöttisch zu der Stelle, Aesthetik 327: „Ob ihm wird zierlicher anstatt auf ihn, oder über ihn gebrauchet."

> Ein weicher Aristipp . . .
> Und lässt, wenn Gott noch ist, doch Gott nicht über ihn 46.
> Und siehet, wo er geht, so sehr er sucht zu schlafen,
> Vor ihm den offnen Schlund 112.

Die Stelle:
> Nie mit sich selbst vergnügt sucht Jeder aussenher
> Die Ruh, die niemand ihm verschaffen kann als er, 98,

greift Schönaich mit Unrecht an.[1]
Ein Vorwurf ist noch zu berücksichtigen, der gegen Haller erhoben wurde: die undeutliche und oft geradezu unverständliche Anwendung des Genetives, der dem genet. objectivus entspricht. Constructionen wie: Der Raub der fetten Trift 105, Der Schönheit Liebe 110, Verführung schwacher Zucht 110, Der Gottesdienst des Bauches 110, der Hunger eitlen Rauches 110[2] sind im Zusammenhange zur Noth verständlich, aber gewiss nicht erlaubt. Ebenfalls berechtigt ist der Tadel, dass bei Haller hin und wieder ein Satzglied grammatikalisch auf zwei bezogen werden könne, z. B.:

> Er treibt den trägen Schwarm von schwerbeleibten Kühen
> Mit freudigem Gebrüll durch den bethauten Steg 23.

„Wie schön der Hirt nicht brüllet!" spottet Schönaich.[3]
Gegen die Freiheit jedoch, mit der Haller den Relativsatz anknüpft und einer bloss eng grammatikalischen Doppelsinnigkeit nicht aus dem Wege geht, lässt sich nichts einwenden. Wir werden der nachfolgenden Anwendung des Relativpronomens schwerlich viel vorzurücken haben:

> Dort fliegt ein schnelles Bley in das entfernte Weisse,
> Das blitzt, und Luft und Ziel im gleichen Nu durchbohrt 20.[4]

---

[1] Aesthetik 122: In der Schweiz saget man anstatt sich ihm; und anstatt wir er. In Frankreich würden ihn alle Schüler auspfeifen: in Deutschland bewundern ihn Gelehrte. Ländlich, sittlich.

[2] Aesthetik 35: „Sollte die schwache Zucht verführen, oder verführet werden? ... so hungert dem Bauche, oder sind wir darnach hungrig?

[3] Aesthetik 287.

[4] Aesthetik 57: „Sr. Hochwohlgeb. zu Ehren halte ich dafür, dass dieses das, das blitzt, nicht auf das Weisse, sondern Bley gehe. Ich werde mich dawider setzen, so lange ich nur schreiben kann."

Der Lappen ewig Eis, wo allzutief geneigt,
Die Sonne keinen Reiz zur Ueppigkeit erzeugt,
Schliesst nicht die Laster aus; sie sind wie wir hinlässig,
Geil, eitel, träg u. s. w. 110.[1]

Unselig! wann nicht wahre Liebe
Die Zuflucht seiner Seele bliebe,
Die Lust auf seine Sorgen giesst 119.[2]

Soll Gott, der diesen Leib, der Maden Speis' und Wirth,
So väterlich versorgt, so prächtig ausgeziert,
Soll Gott den Menschen selbst . . . 116.[3]

Diese freiere Construction anzuwenden, hatte der Dichter das Recht. Und ein wirklicher Dichter ist Haller denn auch trotz der vielen sprachlichen Unreinigkeiten und Fehler, die ihm von Gottsched und dessen Anhängern mit Grund vorgeworfen wurden.[4] Der Schweizer hat mit seiner Sprache schwer gerungen; er hat die Verbesserungen und die verschiedenen Lesarten seiner Gedichte in den spätern Auflagen sogar als ein Zeugniss dieses ernsthaften Ringens beigefügt. Wenn nun trotz dieser Bemühungen seine Sprache im Gegensatze zu der Glätte der gegnerischen zum mindesten etwas Sprödes

---

[1] Aesthetik 224: . . . „Das Zwitterwort sie, welches sowohl auf Laster, als Lappen gehen kann."

[2] Aesthetik 399: „. . . Mit Erlaubniss! Wer giesst?"

[3] Aesthetik 454: „Sn. Gn. machen sich die Freude, uns errathen zu lassen, ob etwa Gott der Maden Speis und Wirth seye."

[4] Ein Fehler sei noch erwähnt, der bei Haller nur einmal vorkommt; die Art, wie Gottsched denselben rügt und gegen den damals weltberühmten Gelehrten und Dichter vorgeht, ist characteristisch für den Leipziger Sprachreiniger.

„Wann einige Zeitwörter zu andern kommen, verlangen sie, dass dieselben das zu annehmen, z. B., ich hoffe, es zu erleben u. s. w. Gleichwohl denke man nicht, als ob alle solche Verbindungen zweier Zeitwörter erlaubt wären. Nein, z. B. wenn Jemand schreibt:

Du machest nach dem Rang der Fürsten
Der Menschen eiteln Sinn zu dürsten (pag. 8),

so ist das barbarisch, ja auch ohne das zu würde die Redensart falsch sein. Ein Franzos spricht zwar so! faire dire, faire savoir u. s. w., aber im Deutschen ist das sagen machen, wissen machen, dürsten machen, rothwälsch oder hottentottisch." Vollständige und Neuerläuterte Deutsche Sprachkunst u. s. w., 5. Aufl., von J. Ch. Gottsched. Leipzig 1762. (Von Fügung der Zeitwörter, § 55, pag. 473.)

und Rauhbrüchiges beibehielt, so hat er, der im Dialecte stand, diesem entnommen, was er ihm abgewinnen konnte. Es ist gewiss etwas mehr als eine Ausrede, mit der er das einmal vorliegende Factum einer gewissen Sprachunreinigkeit zu beschönigen sucht, wenn er in der Vorrede zur vierten Auflage sich folgendermaassen äussert: „Ich bitte diejenigen, die die Reinigkeit der Sprache zum Hauptwesen der Dichtkunst machen, nur den Opitz ohne Vorurtheil durchzusehen. Sie werden leicht gestehen, dass man mit Provinzial-Wörtern, mit ungewöhnlichen Ausdrücken und mit wirklichen Fehlern dennoch ihren eigenen Beyfall und ihre Verwunderung habe erhalten können."

Haller verficht also gegenüber Gottsched, der den Reichthum der Sprache auf dem einmal erreichten Punkte der Entwicklung festhalten wollte und sein Verdienst in der Reinigung und Säuberung dieses vorhandenen Materials suchte, Haller verficht den Satz, dass das damalige Hochdeutsche aus den verschiedenen Dialecten noch schöpfen und sich bereichern könne.

Diesen Standpunkt vertritt er freilich gewissermassen nur gezwungen, da er eben als Schweizer durch seine Geburt auf denselben gestellt wurde. Auch weiss ich in der That nur einen einzigen Fall, wo er ein Provinzialwort trotz der Einwürfe der Kritik beibehalten hat, weil er fand, dasselbe suche im Hochdeutschen umsonst ein genau entsprechendes. Es ist das Wort staunen, zu dem er folgende Anmerkung macht: „Dieses alte schweizerische Wort behalte ich mit Fleiss. Es ist die Wurzel von Erstaunen, und bedeutet rêver, ein Wort, das mit keinem andern gegeben werden kann."[1] Es gelang ihm indessen nicht, mit dieser kleinen Neuerung durchzudringen; das Hochdeutsche besitzt noch heute kein Wort, das den Begriff von „stune" genau wiedergäbe.

Sonst hat Haller aus der Sprache, wie er sie in den schweizerischen „Bibeln, den symbolischen Büchern"[2] und wohl auch in den Staatsschriften vorfand, nicht nur einzelne Wörter und Bilder, sondern auch gewisse Wendungen und grammatikalische Eigenheiten entlehnt, die er später nicht ändern konnte

---

[1] 11. Aufl., pag. 116.
[2] Vorrede zur 2. Aufl.

und zum Theil wohl auch nicht wollte. Das that er allerdings in beschränktem Maasse, wie er gewiss auch nur in wenigen Fällen Wörter neu bildete oder doch willkürlich construirte, wohin z. B. drei der folgenden gehören mögen: beeckeln[1] und zwar mit folgender Construction:

Sein künstlicher Geschmack beeckelt seinen Stand 19; befliegen 96;[2] befeuern 22;[3] fäulen 22;[4] versäuren 22.[5]

Auf Einzelnes von dem, was Haller Neues und Abweichendes aufweist, ist bereits oben hin und wieder gedeutet worden; und um viel mehr als dieses aufdecken zu können, hätten wir einen von der Hand eines Zeitgenossen des Dichters geschriebenen Commentar zu dessen Gedichten von Nöthen. Die schon oft citirte Aesthetik in einer Nuss von Schönaich bietet nur so viel, dass wir, wenn uns auch nicht vergönnt wird den betreffenden Leistungen Hallers an allen Ecken und Enden zu folgen, von seiner Bedeutung doch im Grossen und Ganzen einen Begriff bekommen. So platt und abgeschmackt das Buch ist, so kann man in diesem Falle bedauern, dass die Genauigkeit des Autors bald nachlässt und einzig A und B vom ganzen Alphabet sorgfältig bearbeitet erscheinen. Indessen mag das wenige Gebotene auf Hallers Bedeutung ein Streiflicht werfen. Es finden sich unter den angeführten Wörtern einige, die er offenbar in die deutsche Literatur hereingebracht hat; andere haben in der Sprache durch seine Hülfe das mehr oder weniger

---

[1] Schönaich, Aesth. 37: „Dieses Wortes Sinn muss in dem Zürcherischen Wörterbuche gesuchet werden."
Grimm, Deutsch. Wörterb. I, pag. 1242 citirt zuerst Haller, dann Klopstock.

[2] Aesthetik 38: „Etwas befliegen: ein allerliebstes Wort, welches, wahrlich! aus der geheimsten Kammer malerischer Dichtung genommen worden."
Grimm I, pag. 1266 citirt zuerst Haller, dann Bürger.

[3] Grimm I, pag. 1258 citirt zuerst Hagedorn, dann Haller; nach ihnen brauchten es andere oft.

[4] Aesthetik 38: „Kein geiles Eiter fäult (22); fäult war sonst ein unpersönliches Zeitwort und man sagte: Das Fleisch fault; aber nicht: Die Fäulniss fäult das Fleisch."
Grimm III, pag. 1374 citirt Paracelsus, dann Haller.

[5] Aesthetik 38: „Versäuren war auch bisher kein Zeitwort von der thätigen Gattung."

verlorne Bürgerrecht wieder erlangt. Doch dieses mögen die folgenden von den Bemerkungen Schönaichs begleiteten Beispiele darthun.

Abart[1] (Haller 75). „Ein sehr malerisches Wort, um missrathene Enkel auszudrücken, welches wir mit Verart, von verarten, würden gegeben haben." Aesthetik 1.

Abbild[2] (Haller 70), „anstatt Abriss. Allein dieses ist gebräuchlich." Aesthetik 1.

Abhang[3] (Haller 29), „anstatt Seite des Berges. Man muss kurz im Ausdruck seyn." Aesthetik 3.

Abtritt[4] (Haller 90). „Man vermenge nicht diess Wort mit einem heimlichen Gemache." Aesthetik 4.

Abwesend.[5]

Seht den verwirrten Blick, der stets abwesend ist 63. „Ein Blick, der abwesend ist, ist das nicht ein Blick, der nicht daheim, nicht zu Hause ist?" Aesthetik 5.

Aecht[6] (Haller 65):

Von so viel Tausenden ist denn nicht einer ächt? „So wie man sagen kann ächte Steine: so sage man auch ächte Menschen, ächte Hunde, ächte Bäume; folglich auch unächte." Aesthetik 7.

Ahne[7] (Haller 58), „anstatt Ahnherr, der Ahne, des Ahnen: eine ganz spannagelneue Zeugeendung." Aesthetik 10.

Aller[8] (Haller 107):

Der eingetheilte Witz wird aller angewandt. „Ein feiner

---

[1] Grimm d. W. I, pag. 11 citirt zuerst eine Stelle aus Haller.

[2] Grimm I, pag. 13 citirt ebenfalls zuerst eine Stelle aus Haller.

[3] Grimm I, pag. 54 id.

[4] Bei Grimm I, pag. 144 fehlt das Wort in der von Haller gebrauchten Bedeutung.

[5] Grimm I, pag. 153, Goethe wird zuerst citirt, während Haller das Wort lange vorher in diesem Sinn angewandt hat.

[6] Nach Grimm III, pag. 20 wurde das Wort lange vor Haller in diesem Sinne gebraucht.

[7] Grimm I, pag. 192:
  Wir sind Soldaten worden
  Und gehn den Ahnen gleich. (Fleming.)

[8] Grimm I, pag. 220: adverb, einzig in einem Brief des Landgrafen Wilhelm IV. von Hessen vom 12. August 1580.

Gebreuch des Wörtleins ist hier zu haben und zu bewundern." Aesthetik 10.

Alpe[1] (Haller 11). „Alpe wird nun auch in der einzelnen Zahl gebrauchet." Aesthetik 13.

Ausguss[2] (Haller 97):
Wie wird mir? Mich durchläuft ein Ausguss kalter Schrecken. „Ein neues Wort, welches sich aus dem Gehirn des Herrn Neologisten herschreibet." Aesthetik 26.

Anfachen[3] (Haller 64):
Doch ach! es lischt in uns des Lebens kurzer Tacht,
Den Müh und scharfer Witz zu heftig angefacht.

„Muth und Witz facht einen Tacht an." Aesthetik 18.

Anfangen.[4] Der Engel fängt schon an. Haller 60. „Was thut also der Engel, wenn er anfängt?" Es sollte heissen: „Man fängt bey lebendigem Leibe schon an, ein Engelchen zu seyn." Aesthetik 19.

Anstarren[5] (Haller 153), „anstatt anschauen, oder etwas starr ansehen. Dieses Lieblingswort der Herren Schweizer haben wir den unsterblichen Gesängen ihres Oberhauptes zu verdanken. Dieser göttliche Mann hatte nicht genug vor einer Sache zu erstarren; er starrte die Sache selbst an." Aesthetik 20.

Beseelt[6] (Haller 20):
Dort fliegt ein schwerer Stein nach dem gesteckten Ziele,
Von starker Hand beseelt . . .

„Ein Stein von starker Hand beseelt, bekömmt der eine Seele?" Aesthetik 47. „Man sage anstatt das Leben geben nur dreist beseelen." Aesthetik 57.

Verschämt (Haller 68), anstatt schamhaft; ein Gesicht, das verschämt ist, hat sich ausgeschämt." Aesthetik 269.

---

[1] Nach Grimm I, pag. 245 kommt das Wort im Sing. vor Haller vor.

[2] Grimm I, pag. 321: Haller ist übergangen, der das Wort vor Herder in bildlichem Sinne gebraucht.

[3] Grimm I, pag. 321: Haller ist übergangen, der das Wort vor Wieland in poet. Uebertragung anwendet.

[4] Grimm, pag. 326: Das Wort fehlt in dieser speziellen Bedeutung.

[5] Nach den Citaten bei Grimm I, pag. 476 hat Haller dieses Wort im letzten Jahrhundert wieder aufgebracht.

[6] Das Wort ist lange vor Haller in übertragenem Sinne gebraucht worden: vergl. Grimm d. W. I, pag. 1610.

Unbill (Haller 116). „Ein allerliebstes Wort! Wir sind noch nicht so weit, es zu verstehen!" Aesthetik 427. Immerhin tritt dieses zuletzt angedeutete Verdienst Hallers um ein Bedeutendes hinter einem andern zurück; er hat wieder eine deutsche poetische Sprache geschaffen, nachdem diese unter den Händen eines Weise, Besser, Canitz u. s. w. dahin gekommen war, dass sie sich von der flachsten Prosa bloss noch durch Reim und Rhythmus unterschied. Bezeichnend sagt Kästner:

> Aus Reimern, deren Schwung die Erde nie verlor,
> Stieg Haller einst mit Adlersflug empor.

Kein Geringerer aber als Klopstock selbst, der für die deutsche Sprache so unendlich viel gethan, stellt ihn mit Luther und Opitz in eine Linie, ja über den letztern: „Es ist schon lange her, dass Luther die Deutschen durch die Art, auf welche er die poetischen Schriften der Bibel übersetzt hat, von dem Unterschiede der prosaischen und poetischen Sprache hätte überzeugen können. Aber sie haben von diesem grossen Mann überhaupt weniger gelernt, als sie von ihm hätten lernen sollen. Opitz hat sie nach ihm an jenen Unterschied von Neuem erinnert; Haller noch stärker: allein sie scheinen noch immer daran zu zweifeln ... Der deutsche Poet, der zu unsern Zeiten schreibt, findet eine Sprache, die männlich, gedankenvoll, oft kurz und selbst nicht ohne die Reize jener Annehmlichkeit ist, die einen fruchtbaren Boden schmückt, wenn sie mit sparsamer Ueberlegung vertheilt wird; und die, wenn man sie zu sehr verschwendet, ein Blumenbeet aus einer schönen Gegend macht. Sie kann gleichwohl, wie mich deucht, auf zwo Arten noch weiter ausgebildet werden. Die eine ist: ihre Scribenten richten sich nach der Wendung, die sie einmal genommen hat. Sie gehen auf dem Wege fort, den Luther, Opitz und Haller (ich nenne diese grossen Männer nicht ohne Ursache noch einmal) zuerst betreten haben."[1]

Wiederhersteller einer poetischen Sprache wurde Haller durch die schwungvolle und bilderreiche Diction, durch die er

---

[1] Von der Sprache der Poesie. Aus dem nordischen Aufseher. I. Bd. 26. Stück.

dem blass und schwach gewordenen Stil Kraft und Farbe verlieh. Fast zahllos sind die Metaphern, die von Hallers schöpferischem Talent Zeugniss ablegen: schon Breitinger[1] hat darauf aufmerksam gemacht, dass oft in den „Alpen" eine Strophe aus ebenso viel Metaphern besteht, als sie Verse enthält; das Nämliche gilt insbesondere auch von dem Gedichte „über den Ursprung des Uebels."

Das Unterfangen, aus einigen wenigen Stellen eines Dichters auf seinen poetischen Stil im Grossen und Ganzen zu schliessen, mag vielleicht bei Haller nicht so sehr verfehlt sein. Seine Gedichte zeigen gleichmässigen Ton und nie nachlassende Spannung: und auf die Erreichung dieser Eigenschaften verwandte er allen Fleiss. Gerade die maassvolle, nie geschwächte Erhabenheit und der so anmuthende Goldton in Vergils Versen liess diesen Dichter in seinen Augen als den grössten Poeten überhaupt erscheinen. „Ich sah, zumal im Virgil, eine Erhabenheit, die sich niemals herunterliess, wie ein Adler in der obern Luft schwebete, eine Ausarbeitung, die an der Harmonie, an der Malerei nichts unausgefeilt liess, und die in meinen Gedanken noch niemand nachgeahmt hat."[2] So sehr scheute er sich irgendwie ein Sinken der Phantasie oder ein Ermatten des gehobenen Gefühls an den Tag treten zu lassen, dass er lieber einen Sprachfehler als einen matten Gedanken stehen lassen wollte.[3] „Ein Dichter," sagt er ferner, „muss Bilder, lebhafte Figuren, kurze Sprüche, starke Züge und unerwartete Anmerkungen auf einander häufen, oder gewärtig seyn, dass man ihn weglegt."[4]

Vorzüglich wendet Haller diejenige Metapher an, die das Sinnliche belebt, indem sie ihm menschliche Empfindungen und Verrichtungen unterschiebt:

> Dort ragt das hohe Haupt am edeln Enziane
> Weit über'n niedern Chor der Pöbelkräuter hin;
> Ein ganzes Blumenvolk dient unter seiner Fahne,
> Sein blauer Bruder selbst bückt sich und ehret ihn.   (Alpen.)

---

[1] Critische Dichtkunst. II. Band. Von den Machtwörtern.
[2] Brief an Gemmingen.
[3] Vorrede zur 4. Aufl.
[4] A. a. O.

> Dort fliegt ein schwerer Stein nach dem gesteckten Ziele,
> Von starker Hand beseelt, durch die zertrennte Luft. (Alpen.)
> Sobald der rauhe Nord der Lüfte Reich verlieret. (Alpen.)
> Bald, wenn der trübe Herbst die falben Blätter pflücket. (Alpen.)
> Die Vorwelt sah ihn schon, die Last von achtzig Jahren
> Hat seinen Geist gestärkt und nur den Leib gekrümmt. (Alpen.)
> Wahr ist's, dass Lybien uns noch mehr Neues giebet,
> Und jeden Tag sein Sand ein frisches Unthier sieht. (Alpen.)
> Und das entfernte Thal trinkt ein beständig Thau. (Alpen.)

Oft verbindet Haller diese Metapher mit einer solchen, die einen sinnlichen Gegenstand für einen andern setzt. Dahin gehört z. B. der „Chor der Pöbelkräuter", „das Blumenvolk", der „blaue Bruder" u. s. w.; ferner:

> Eh noch Aurorens Gold der Berge Höh durchstreift. (Alpen.)
> Der Aepfel reifes Gold. (Alpen.)

Geradezu unerschöpflich jedoch ist der Dichter in der Anwendung der das Geistige versinnlichenden Metapher (wozu wir auch die allegorische Personificaton rechnen können), eine Anwendung, die sich für den Lehrdichter fast von selbst versteht.

> Und alles bog das Knie vor schlauem Aberglauben.
> Erschrecklich Ungeheu'r! Dein Wüthen übersteigt,
> Was je des Himmels Zorn zu unsrer Straf' erzeugt.
> Im innern Heiligthum, wohin kein Fremder schauet,
> Ist sein verborgner Thron, auf Wahn und Furcht gebauet;
> Ihm steht mit krummem Hals die stolze Heucheley
> Und mit verlarvtem Haupt Betrug, sein Vater, bei.
> (Gedanken über Vernunft u. s. w.)
> Furchtbares Meer der ernsten Ewigkeit!
> Uralter Quell von Welten und von Zeiten!
> Unendlich's Grab von Welten und von Zeit!
> Beständigs Reich der Gegenwärtigkeit!
> Die Asche der Vergangenheit
> Ist dir ein Keim von Künftigkeiten.
> (Gedicht über die Ewigkeit.)

Hin und wieder setzt Haller — mehr kühn als glücklich — ein geistiges Bild für das andere, ja einen abstract philosophischen Begriff für den andern:

> Ein einzig Jetzt ist dir die Ewigkeit!
> (Gedanken über die Ewigkeit.)
> Geschätztes Nichts der eitlen Ehre: (Ueber die Ehre.)

Ein Etwas, das mir fremd, das nicht ich selber war
Ward auf dein Wort mein Ich.
(Gedanken über die Ewigkeit.)

Wie erst ein ewig Nichts in uns zum Etwas ward;
Wie Denken erst begann, und Wesen fremder Art
Der Seele Werkzeug sind; wie sich die weiten Kreise
Der anfanglosen Dau'r gehemmt in ihrer Reise,
Und ewig ward zur Zeit, und wie ihr seichter Fluss
Im Meer der Ewigkeit sich einst verlieren muss.
(Gedanken über Vernunft u. s. w.)

Der Gebrauch dieser Metapher verleiht der Diction etwas Erhabenes, aber zugleich auch Verschwommenes; freilich nicht in der Art Klopstockscher Bildlichkeit.

Nicht selten findet sich bei Haller die Hyperbel, so in seinem ersten Gedichte, den „Morgengedanken":

Du hast der Berge Stoff aus Thon und Staub gedrehet,
  Der Schache Erz aus Sand geschmelzt;
Du hast das Firmament an seinen Ort erhöhet,
  Der Wolken Kleid darum gewälzt.
Den Fisch, der Ströme bläst und mit dem Schwanze stürmet,
  Hast du mit Adern ausgehöhlt;
Du hast den Elefant aus Erden aufgethürmet
  Und seinen Knochenberg beseelt.
Des weiten Himmelsraums saphirene Gewölber
  Gegründet auf den leeren Ort,
Der Gottheit grosse Stadt, begrenzt nur durch sich selber,
  Hob aus dem Nichts dein einzig Wort.

Als maassvolle Hyperbel kann z. B. auch Folgendes gelten:

Was nimmer möglich schien, hat doch sein Witz vollbracht,
Und durch die Sternenwelt sich einen Weg erdacht.
Dem majestät'schen Gang von tausend neuen Sonnen
Ist lange vom Hugen die Rennbahn ausgesonnen;
Er hat ihr Maass bestimmt, die Körper umgespannt,
Die Fernen abgezählt, und ihren Kreis umrannt.
(Gedanken über Vernunft u. s. w.)

Namentlich aber enthält das Gedicht über die Ewigkeit eine wahre Perlenschnur hyperbolischer Bilder, mit denen der Dichter den Begriff der Ewigkeit sich auszudrücken bemüht:

Unendlichkeit, wer misset dich?
Bei dir sind Welten, Tag und Menschen Augenblicke.
Vielleicht die tausendste der Sonnen wälzt jetzt sich,
Und tausend bleiben noch zurücke.

Wie eine Uhr, beseelt durch ein Gewicht,
Eilt eine Sonn', aus Gottes Kraft bewegt;
Ihr Trieb läuft ab, und eine zweite schlägt:
Du aber bleibst und zählst sie nicht.

Der Sterne stille Majestät,
Die uns zum Ziel befestigt steht,
Eilt vor dir weg wie Gras an schwülen Sommertagen;
Wie Rosen, die am Mittag jung,
Und welk sind vor der Dämmerung,
Ist gegen dich der Angelstern und Wagen . . .

. . . Ich häufe ungeheure Zahlen,
Gebirge Millionen auf,
Ich wälze Zeit auf Zeit und Welt auf Welten hin,
Und wenn ich auf der March des Endlichen nun bin,
Und von der fürchterlichen Höhe
Mit Schwindeln wieder nach dir sehe,
Ist alle Macht der Zahl, vermehrt mit tausend Malen,
Noch nicht ein Theil von dir;
Ich tilge sie und du liegst ganz vor mir.

Die Gottschedianer fanden an Hallers Bildern manches zu tadeln; oft nicht ohne Grund: er war, und er betont es selbst mehr als einmal, in seinen frühsten Jahren Lohensteins Schüler gewesen. Aber auch hier dienen die Angriffe der Gegner dazu, seine Bedeutung in's rechte Licht zu stellen. Wie viel haben z. B. ein Gottsched und Schönaich gegen die Wahl der Beiwörter einzuwenden, in der wir gerade an Haller einen Vorzug finden! Schönaich spottet, wie wir oben gesehen, über die Verbindung von Hauptwort und Beiwort: ächte Menschen.

> Von so viel tausenden ist denn nicht einer ächt? (Haller 65.)

und ebenso über die Worte:

> Seht den verwirrten Blick, der stets abwesend ist. (Haller 63.)

Aehnlich lehnt sich Gottscheds Trabant gegen eine Reihe poetischer Bilder auf, die wir nicht nur schön finden, sondern z. Th. jeden Augenblick sogar in Prosa brauchen, z. B.:

> Die grüne Nacht belaubter Bäume
> Führt uns in anmuthsvolle Träume,
> Worin die Seel' sich selber wiegt. (Haller 67.)

Eine grüne Nacht belaubter Bäume findet man in der schönen Doris . . . „Wir bewundern das Wiegen." Aesth. 31. oder:

Doch wie ein fester Damm den Sturm gedrungner Wellen 76.
„Die Wellen stürmen!" Aesth. 56.

oder:
Ein ohne Blindheit zartes Herz (124).

„Ein Herz hat keine Augen, wie kann's denn blind seyn?"
Aesth. 59.

oder:
Die unzählbaren Heere,
Die ungleich satt vom Glanz des mitgetheilten Lichts.
(Haller 101.)

„Denn hier entsteht die Frage, ob man kann satt vom Glanze werden? Da dürfte man nur, wenn einem der Hunger ankäme, in die Sonne spazieren gehen." Aesth. 100; oder:

Und wie sich unser Aug am Kleid' der Dinge stösst (103).

„Kleid der Dinge; das Auge stösst sich am Kleide der Dinge und thränet doch nicht." Aesth. 244.

Wie uns solche und ähnliche Bilder vertraut und so gewöhnlich erscheinen, dass wir bei ihrer Anwendung eine Bildlichkeit oft gar nicht mehr gewahr werden, so brauchen wir heut zu Tage oft und allgemein eine Anzahl von Wörtern in prägnantem Sinne, ohne nur zu ahnen, dass diese Anwendung vor kaum mehr als hundert Jahren in den Augen der Leute, die das reinste und correcteste Deutsch ihrer Zeit zu schreiben vermeinten, und zum Theil auch schrieben, ein arger Fehler war. Gegen Hallers Worte:

Geschätztes Nichts der eitlen Ehre (7)

wendet sich Gottsched auf folgende schulmeisternde Manier:
... Denn wie sehr könnten wir, traun! nicht unsere Sprache bereichern, wenn wir ein solch spannnagelneues, oder vielmehr recht altbackenes und vermodertes Deutsch wieder in Schwang brächten? Gleichwohl überhäufen uns sonderlich die neuen wurmsamischen Dichter mit solchen Leckerbissen, die schon an den Pegnitzschäfern und Zesianern vormals ausgelachet worden. Wo bleiben nun solche Mittelwörter, die nicht einmal einen rechten Verstand haben? z. B.: „Geschätztes Nichts der eitlen Ehre u. s. w." Denn was soll man sich bei geschätzt denken? ist das nichts hoch oder niedrig geschätzet worden? etwas schätzen heisst taxiren oder würdern. So heisst denn jenes:

Taxirtes Nichts der eiteln Ehre![1]

Aehnlich greift Schönaich die Stelle an:

Wer stirbt hier würdiger? (59)

„Was heisst doch würdig sterben? Das Wort würdig mit einem Zeit- oder Hauptworte zu verbinden, ohne zu sagen, was oder wessen der Gegenstand würdig ist, ist ein sehr artiger Gallicismus und diese Figur ist keine geringe Schönheit in der neologischen Sprache."[2]

Die prägnante Anwendung dieser Adjectiva liegt in einem besondern Vorzuge Hallers begründet. Nicht minder nämlich als mit seinem Farben- und Bilderreichthume, hat er der poetischen Sprache wieder aufgeholfen durch den knappen und präcisen Vortrag, womit er dem zerfahrenen und kraftlosen Stil seiner Zeitgenossen entgegentrat. An den Engländern bewunderte er die gedrungene und mannhafte Schreibart,[3] während er an Lucian den nämlichen Vorzug hervorhebt, wobei ihm besonders folgende Stelle dieses Dichters „im wahrhaftesten und stärksten Verstande erhaben erscheint."[4]

meruitque timeri
Nil metuens.

Er beneidet die lateinische Sprache um die Fähigkeit mit wenigen Worten viel zu sagen, und an seinem Nebenbuhler Hagedorn rühmt er, dieser habe mit einem Worte den Contrast zweier Dinge ausdrücken können.[5] So wurde von ihm die möglichste Kürze und Präcision immer im Auge behalten[6] und auch in einer Weise erreicht, wie vielleicht nach ihm durchschnittlich nie wieder. Dass nun freilich andere Vorzüge, wie An-

---

[1] Vollständigere und Neuerläuterte Deutsche Sprachkunst u. s. w. 5. Auflage. Von J. G. Gottsched, Leipzig 1762. (pag. 486.)

[2] Aesth. 49.

[3] Brief an Gemmingen.

[4] Albrecht von Hallers Tagebuch seiner Beobachtungen über Schriftsteller und über sich selbst. 2 Theile. Bern 1787. (II, pag. 46.)

[5] Brief an Gemmingen.

[6] „Hierauf entstund bey mir die neue Art zu dichten, die so vielen Deutschen zu missfallen das Unglück gehabt hat; die ich aber so wenig bereue, dass ich wünschen möchte, noch viel mehr Gedanken in viel wenigere Zeilen gebracht zu haben." Vorrede zur 4. Auflage.

muth und Deutlichkeit, dann und wann stark unberücksichtigt blieben, das ist eine Frage für sich; aber gewiss, mit dieser Straffheit des Ausdruckes war für die poetische Diction ein unschätzbarer Fortschritt errungen. Billig bewunderten die Zeitgenossen Stellen wie die folgende:

Mach deinen Raupenstand und einen Tropfen Zeit,
Den nicht zu deinem Zweck, die nicht zur Ewigkeit!

Aus diesem Ringen und Trachten nach Kürze ergab sich für Haller die Anwendung einer Construction, die zur Zeit seines Auftretens so ziemlich ausser Gebrauch gekommen war: die Anwedung des Participium praeteriti.[1] Daran erinnert schon Breitinger in seiner „Critischen Dichtkunst", wo er sich im Kapitel „von der Kunst der Uebersetzung" folgendermassen auslässt: „Dem participio praeteriti wäre besorglich eben dergleichen Schicksal bevorgestanden, wenn nicht einige neuere Scribenten dessen Ansehen durch einen vielfältigen Gebrauch erneuert hätten. Es ward nur noch etlichen wenigen Wörtern zum Vorrecht zugeeignet, als: **unbeachtet aller Ausflucht** u. s. w. . . wo es in der Form eines Vorsetzwortes steht; oder musste sich jedesmal an die Declinirung und das Regimen eines Adjectivi binden lassen. Man verabsäumte es in seinem besten Vortheil, wie es vor sich lediglich stehend und undeclinirt, die Rede schneller und kräftiger macht. Herr Haller hat es in seiner Poesie nach dieser Weise mehr als kein anderer gebraucht.

Sein Name wird noch blühn, wenn längstens schon verweht
Die leichte Asche sich in Wirbelwinden dreht.
Sein Arm, bewehrt mit Stahl, sein Mund, beschäumt mit Geifer,
Droht Tod und Untergang" u. s. w.

Zu dieser Construction hat Haller jedenfalls im Hinblicke auf das Lateinische gegriffen, wobei er noch einen Schritt weiter ging und das Participium praeteriti gleichsam attributiv anwendend hinter das betreffende Substantiv setzte, womit er im Deutschen nicht durchgedrungen ist; so z. B. heist in den „Alpen":

---

[1] Schönaich nennt ihn spottend den Grossvezier der Participianer. (Versuche einer gefallenden Satire; oder Etwas zum Lobe der Aesthetiker. 1755. pag. 31.)

Bis Schlaf und Liebe sie umarmt in's Bett begleitet.

Mit Recht bemerkt Schönaich zu der Stelle:

Indessen, dass der Frost sie nicht entblösst berücke (25).

„Wie vorsichtig die Bauern nicht sind! Allein wer ist doch entblösst? Der Frost oder sie?"[1]

Wie oft auch Haller die Metapher anwendet, da sie die kürzeste Verdeutlichung ist, so selten braucht er das Gleichniss, was ebenfalls schon Breitinger auffiel, der in seiner Abhandlung von der „Natur, den Absichten und dem Gebrauche der Gleichnisse" darüber bemerkt: „Der Ruhm der schweizerischen Nation, Herr Doctor Haller, dessen, hohen und tiefsinnigen Character (u. s. w., Bodmer gerühmt hat) . . . ob er gleich mit dieser Figur der Vergleichung sehr sparsam umgeht, soll uns gleichwohl auch ein paar Exempel zollen u. s. w.

> Wir streiten in der Welt um diese falschen Güter,
> Der Eifer, nicht der Werth, erhitzet die Gemüther;
> Wie Kinder (wer ist nicht in einem Stück ein Kind?)
> Oft um ein streitig Nichts sich in den Haaren sind;
> Bald dies, bald jenes siegt, und trotzet mit dem Balle;
> Bei keinem bleibt die Lust u. s. w.

Haller selbst aber spricht sich über das Gleichniss in einer Weise aus, die erklärt, warum er dasselbe so sparsam anwendet. „Von den Gleichnissen handelt Herr Home (in den Elements of Criticism 1762) umständlich, einer Figur, die mit keiner Gemüthsbewegung nach unserm Begriff bestehen kann, und überhaupt sehr sparsam gebraucht werden muss, und niemals anders, als vom Dichter selbst mit einigem Anstande kommen kann."[2] ...„Herr Sulzer hat nicht den Widerwillen gegen dieselben, den wir fühlen, sie legen nach unserm Geschmacke allemal allzukenntliche Spuren der Kunst ab, sobald sie etwas lang sind."[3]

Die nämliche Kraft und Gedrungenheit, die Hallers poetische Sprache auszeichnet, zeigt auch seine Prosa; er hat nach langer Zeit wieder eine kunstgerechte Prosa geschaffen, in der sich durchgehends Geist und Character des Schreibenden wieder-

---

[1] Aesthetik 15.
[2] Tagebuch I, pag. 262.
[3] ibid. II, pag. 367.

spiegeln, der Fleisch von seinem Fleisch und Blut von seinem Blut ist. Vorbilder werden ihm nach dieser Seite hin die Alten und unter ihnen hauptsächlich Tacitus gewesen sein; aber seinen Stil zeichnet eine wohlthuende deutsche Eigenart aus, man merkt ihm in Wortstellung und Periodenbau an, dass er die Alten studirt, nicht nachgeahmt und bloss dazu benutzt hat, seiner Eigenart an ihrer Hand zum Durchbruche zu verhelfen; und nirgends verräth sich in einer undeutschen Wendung oder Fügung ein Vorbild, an das er sich wie ein Schüler angeklammert hätte. Neben der kraftvollen Kürze sticht namentlich eine Klarheit und Reinheit des Ausdrucks hervor, die derjenigen Lessings kaum etwas nachgiebt: wer Hallers Prosa etwas genauer ansieht, wird von der Aehnlichkeit überrascht sein, die zwischen der seinigen und Lessings zu Tage tritt. Zwar Haller scheint neben diesem etwas ungelenk, archaisch und mager; es fehlt ihm die copia verborum und sein Wurf im Satzbau ist in der Regel ungemein einfach; aber es tritt auch bei ihm eine ungewöhnliche Prägnanz und Anschaulichkeit zu Tage, die auf überraschende Weise Abstractes concret zu gestalten weiss. Ein hin und wieder — wohl nicht immer mit Absicht — eingestreutes alterthümliches Wort verleiht seinem Stile überdiess eine eigenthümliche Färbung; und was sich in seiner gebundenen Rede nicht findet, das weist, freilich auch spärlich, die Prosa auf: einen trockenen und guten Humor. Wie ähnlich er aber Lessing im dramatisch bewegten und scharf pointirten Vortrag werden kann, mag ein beliebig aus der Vorrede zur französischen Uebersetzung seiner Gedichte herausgegriffenes Stück beweisen.[1]

„Ich schreibe hier eine Vorrede von einem ganz besonderen Geschmacke, der Zweck davon ist, alles mögliche Böse von dem Buche zu sprechen, das sie ansagt. Dieses ist eine subtile Betrügerei, wird man mir antworten, nichts als eine blosse List, um einer ernsthaften Critik vorzukommen, und dem satirischen Leser zum voraus die Waffen aus den Händen zu reissen, die er wider mich gebrauchen könnte.

---

[1] Dasselbe ist zwar erst im Jahre 1749 geschrieben; wer aber die ersten Proben von Hallers Stil untersucht, wird leicht erkennen, wie früh auch seine Prosa sich eigenartig ausgebildet hat.

Es ist nicht ganz und gar, aber dennoch beinahe so. Der Verfasser der Gedichte, davon man hier die Uebersetzung siehet, glaubt, sein Geschmack für die Dichtkunst sei grösser, als seine Gaben. Das kann sein; es ist viel leichter, die Schönheiten eines Virgils zu empfinden, und die Fehler eines Voltaire zu beurtheilen, als eine Aeneis oder einen Catilina zu schreiben.

Der Herr Haller hat nicht geglaubet, dass er sich auf das Urtheil seiner Freunde verlassen könne, das immer verdächtig ist, weil ein jeder weiss, dass ein Schriftsteller ihm eher hundert übermässige Lobsprüche, als ein einziges Urtheil, das ihn schlägt, zu gut hält. Der Ausspruch seiner ehemaligen und gegenwärtigen Mitbürger hat ihn nicht von seiner Meinung zurückgeführt. Man hat ja, sagte er, in Deutschland eine Nachsicht für alle mittelmässige Poeten, die man aber in Frankreich nicht hat. Ein Trauerspiel, das in Leipzig wohl wäre aufgenommen worden, würde in Paris zu Schanden gepfiffen werden, wann schon die Uebersetzung vollkommen mit der Urkunde übereinkäme.

Ein ehrloser Mann, setzte er hinzu, kann ziemlich gleichgültig über Lobsprüche sein, er kann sie auch nicht mit Eifer wünschen. Beides, die Religion und die Vernunft, sagen ihm, er verdiene sie sehr wenig; seine Bestimmung werde nicht durch seine Gaben für die Poesie erfüllet.

Aber es ist wohl schwer, ohne Schmerz eine Critik auszustehen, die man verdienet hat. Sie erniedriget uns sogar in den Augen unserer Mitbürger und unserer Freunde; sie giebet unsern Neidern Waffen gegen uns in die Hände, sie entdecket an uns Fehler, die man vielleicht nicht beobachtet hätte, wann ein unbesonnener Verfasser sich nicht einem hellen Lichte hätte aussetzen wollen, das viel zu durchdringend ist, wann es auf schwache Stellen fällt . . .

Aber ihr habt doch vor dem Pope gesagt, die Menschen seien ein Mittelding zwischen den Engeln und dem Vieh? Ennius hat viele Dinge nicht nur vor dem Virgil gesagt, sondern die Virgil sogar in die Aeneis gesetzet: War Ennius deswegen ein guter Poet?" u. s. w.

Wir wissen aus verschiedenen Stellen seiner Briefe, dass Lessing die von Haller redigirten Göttinger Anzeigen kannte;

und es unterliegt kaum einem Zweifel, der junge Critiker habe sich an Hallers Recensionen nicht zum wenigsten gebildet.

Alle Vorzüge kann man Hallers Prosa zugestehen, nur nicht Fülle und Anmuth, denn immer bleibt etwas Herbes und fast Starres an ihr fühlbar: nicht aber, als ob diese Seiten den hohen Vorzügen der Darstellungskraft irgendwie geschadet hätten, die denn kein anderer als Schiller vollkommen zu würdigen gewusst hat. „Gerne gedachte er," berichtet Caroline von Wolzogen, „seiner medizinischen Studien. Er rieth uns Haller, für den er immer die tiefste Verehrung behielt, zu lesen, und las uns selbst die für uns passenden Stellen aus der Physiologie, die er in Hinsicht auf Darstellung als ein hohes Werk des Genius betrachtete.[1] Gerade an Hallers Prosa hat Schiller die seinige gebildet, worauf schon L. Eckardt in den Wandervorträgen[2] hingedeutet hat; in der That zeigt sein Stil in der Geschichte des dreissigjährigen Krieges, oder in der Geschichte des Abfalls der Niederlande grosse Verwandtschaft mit derjenigen Hallers im „Usong", der hier im Vergleich zu seinen gelehrten Schriften reicher und freier schreibt. Man halte irgend welche Seiten aus den bezeichneten Werken Schillers mit folgenden zusammen, die den Anfang des „Usong"[3] bilden.

„Zweymal hatten sich die Geschlechter der Menschen erneuert, seitdem der kaiserliche Stamm der Iwen von dem Throne in China war verdrungen worden. Die Enkel des vergötterten Oguzu, des mächtigen Tschengis waren in ihre ehemalige Mittelmässigkeit zurückgesunken. Sie waren zahlreich, und ein jeder Fürst lebte mit seiner Horde von der Viehzucht und von der Jagd. Die Reichthümer von China, die kostbaren Feierkleider, die Pracht der Palankine, das Gefolge unzählbarer Mandarine, der Glanz des Thrones war verschwunden, und ein von einem reissenden Thiere erfochtener Pelz war der Puz der Nachkommen des Besiegers der Welt.

Einer von ihnen, ein Haupt des ältesten Zweiges des grossen Kublai, der kühne Timurtasch, spannte im Winter seine Zelten

---

[1] Schillers Leben. 1830.
[2] Siehe oben.
[3] Usong, eine morgenländische Geschichte. Bern 1771.

an dem westlichen Ufer des Kokonors auf. Seine zahlreichen Herden bedeckten ein breites Gefilde, und seine getreuen Unterthanen lebten unter ihm in Vertraulichkeit und innerlichem Frieden. Im Sommer zog er sich nach und nach in die Gebürge Ulan, wo Schatten und Weide für seine Pferde und sein Vieh war. Timurtasch erinnerte sich, dass er ein Abkömmling der Iwen war, die durch ihre Abhängigkeit an die Bonzen geschwächt, und durch einen Bonzenknecht, den glücklichen Hungwu, vom Throne gestürzt worden waren: in seinem Herzen wallete ein unversöhnlicher Hass gegen die Priester, deren Aberglauben die männlichen Tugenden der Tschengiden erweicht, und deren Eigennutz den Hof mit ungetreuen Dienern angefüllt, und den Fürsten zu den Wollüsten verleitet hatte. Timurtasch konnte auch dem Ming nicht verzeihen, dass die Enkel eines verächtlichen Pfaffendieners auf dem schönsten Throne der Welt sitzen, und alle die Vorzüge eines Sohnes des Himmels geniessen sollten, die er für sein Erbe ansah.

So schwach die Zahl seiner Mongolen war, so übte dennoch Timurtasch begierig die Rache aus, die er für seine Pflicht hielt. Er bekriegte gegen Westen unaufhörlich den vergötterten Priester, der sich zu Lassa anbeten lässt: und nach Osten streifte er in die benachbarten Provinzen von China. Die unversöhnlichen Kriege, die er wider die Feinde seiner Voreltern führte, gewöhnten seine Horden zu den Waffen; sie wurden die tapfersten unter allen den Stämmen, die den Enkeln des Tschengis gehorchten. Der Sieg belohnte ihren Muth, sie wurden allen ihren Nachbarn fürchterlich, und die Zuversicht, die sie zu sich selber gefasst hatten, machte sie fast unüberwindlich." —

Nicht nur als Sprachschöpfer im engern Sinne, nicht nur als Wiederbeleber eines verknöcherten und erstorbenen Stils hat Haller auf die deutsche Sprache Einfluss geübt: er brachte auch einen neuen Inhalt in die Poesie, bei dessen poetischer Bewältigung er gezwungen wurde mit der Sprache zu ringen und ihr eine neue Fähigkeit gleichsam erst abzunöthigen. Bevor wir indessen auf diesen Inhalt eintreten, mag noch ein kurzer Blick auf die Formen geworfen werden, in welche er denselben zu giessen versucht hat.

Haller hielt, wie die ganze Generation vor Klopstock und dessen Anhängern, getreu und fest am Reime. Er ist der Ansicht, die „meisten neuen Versarten seien noch allzu unausgebildet und unharmonisch,"[1] und meint, „der reinste Spondaeus sei im Deutschen unerträglich, denn Grossvater könne in keinem Verse gesagt werden."[2] In seinem Briefe an Gemmingen heisst es: „Mir kam es immer vor, wenn man Hexameter machen wollte, wie sie gemeiniglich sind, so wäre die Arbeit zu leicht; und leichte Arbeit ist auch in der Poesie schlecht." Ferner behauptet er: „Da aber die Trochaeen und Dactylen im Deutschen fast unmöglich den Wohlklang der Alten erlangen können, da der Spondaeus im deutschen Verse fast unerträglich ist, da die vielen e und die gehäuften Consonanten, die o, die a, die i und u der Alten, und die fliessende Abwechselung mit Selbstlautern nicht ersetzen können, so wurde der Urheber der deutschen Hexameter genöthigt, dieser allzusehr der reimlosen Rede sich nähernden Art zu dichten durch andere Mittel den über die Prosa sich erhebenden Anstand der Poesie zu geben. Man führte neue, zusammengesetzte, emphatische Wörter ein u. s. w."[3] Desshalb macht er jedoch nicht direct Front gegen den Hexameter: „Uns ist diese neue Art von deutschen Versen gar nicht anstössig, obwohl andere sein mögen, denen die vielen Dactylen hüpfend, und die Spondaeen holpricht vorkommen."[4]

Weil ihn sein Talent zum Schweren und Gedrungenen neigen liess, fand er sogar „eine Schönheit beim Reim, die von der überwundenen Schwierigkeit entsteht."[5] Man sieht aller-

---

[1] Tagebuch II, pag. 44.   [2] Tagebuch II, pag. 48.   [3] Vorrede zur 10. Auflage.   [4] Tagebuch I, pag. 45.
[5] Tagebuch I, pag. 261.
Damit stimmt der junge Lessing überein, der im 14. „Briefe" sagt: „Rechnen Sie das Vergnügen, welches aus der Betrachtung der glücklich überstiegenen Schwierigkeit entstehet, für nichts? ist es kein Verdienst, sich von dem Reim nicht fortreissen zu lassen, sondern ihm, als ein geschickter Spieler dem unglücklichen Wurf, durch geschickte Wendung eine so nothwendige Stelle anzuweisen, dass man glauben muss, unmöglich könne ein ander Wort anstatt seiner stehen? Zweifelt man aber an der Möglichkeit dieser Anwendung, so verräth man nichts als seine Schwäche in der Sprache und die Armuth an glücklichen Veränderungen. Haller, Hagedorn, Gellert, Uz zeigen genugsam, dass man

dings den Versen Hallers die Arbeit an, das Kunstproduct ist ihm nichts scheinbar mühelos Gewordenes. Für seine besondern didactischen Zwecke aber war ihm der damals allgemein beliebte Alexandriner gerade recht. Denn das steht wohl fest, dass dieser lange und durch die Caesur in zwei gleiche Hälften getheilte Vers namentlich für die Antithese sich eignet wie kaum ein zweiter; Haller hielt ihn hoch, weil ihm in demselben Gelegenheit geboten war in wenig Worten viel zu sagen. „Im Lehrgedicht, dünkt mich, haben die gleich langen Verse, in deren jedem ein Begriff ausgeführt ist, einen überaus deutlichen Vorzug. Das in einander Flechten der hexametrischen Verse, das man gewiss bis auf die höchste Ungebühr getrieben hat, steht in einer lebhaften Beschreibung, und im Affekte ganz gut: aber der nüchterne Philosoph spricht feierlicher in einem in sich selbst vollkommenen Verse, der die Sache auch dem Gedächtnisse am besten eindrückt."[1] Er wusste den monotonen Vers nicht wohltönender, aber so inhaltsvoll als möglich zu machen und ihm einen Gedankenreichthum zu verleihen, wie kaum ein zweiter vor und nach ihm.

In den „Alpen" hat er den Alexandriner — worin er nicht der erste war — strophisch abgetheilt, überall aber durch den regelmässigen Wechsel von männlichen und weiblichen Ausgängen zu beleben versucht. Doch wurde dem gereiften Dichter der Zwang dieses Verses schliesslich zu enge. Der Anfang von „über den Ursprung des Uebels" ist in freien Jamben gebaut, die ohne sogar durchgängig gereimt zu sein, unregelmässig von der Länge des dreifüssigen Jambus bis zu derjenigen eines Alexandriners mit weiblichem Ausgang sich erstrecken. Ganz durchgeführt hat er diesen freien Aufbau in dem Gedicht über die Ewigkeit. Sonst bedient er sich in den kleinern Gedichten des vier- und fünffüssigen Jambus; in den „Morgengedanken"[2] und in den „Gedanken bei einer Begebenheit"[3]

über den Reim herrschen und ihm das vollkommene Ansehen der Natur geben kann. Die Schwierigkeit ist eher ein Lob für ihn als ein Grund, ihn abzuschaffen."

[1] Brief an Gemmingen.
[2] Gedichte, pag. 1.
[3] Gedichte, pag. 118.

wechselt der erstere mit weiblich endenden Alexandrinern ab. Einen noch reichern Wechsel des Versmasses zeigen das Gedicht an Adolf von Münchhausen[1] und die „Cantate bei der Ankunft Georgs des Andern",[2] wo Strophen von vierfüssigen Jamben mit solchen tauschen, die ihrerseits aus Alexandrinern und vierfüssigen Jamben bestehen. Das Nämliche gilt von der „Serenate an Georg II",[3] wo zudem theilweise Dactylen mit jambischem Vorschlage den Schluss des Ganzen bilden. Das Gedicht „die Tugend" (zuerst „Sapphische Ode" betitelt) ahmt insofern die Sapphische Ode nach, als deren drei erste Verse in fünffüssige Trochäen aufgelöst sind, der vierte aber wirklich adonisch ist; je zwei Verse verbindet der Reim.

> Freund! die Tugend ist kein leerer Name
> Aus dem Herzen keimt des Guten Same,
> Und ein Gott ist's, der der Berge Spitzen
> Röthet mit Blitzen.[4]

Haller bemerkt in der Anmerkung der 11. Auflage: „Damals war dieses Silbenmass etwas Ungewöhnlicheres als jetzt."[5]

---

[1] Gedichte, pag. 182. [2] Gedichte, pag. 211. [3] Gedichte, pag. 217.
[4] Gedichte, pag. 81.

[5] Gottsched aber äussert sich, nachdem er Beispiele Früherer citirt, die dieselbe angewandt haben: ... ein neuer Dichter hat uns unter dem Namen einer sapphischen Ode, eine Missgeburt gegeben, die in allen langen Zeilen eine Sylbe zu wenig hat, und bloss für trochäisch anzusehen ist:

Freund, die Tugend ist kein leerer Name u. s. w.

(Vollständigere und Neuerläuterte Deutsche Sprachkunst u. s. w. Leipzig 1762. pag. 669.)

Haller als Philosoph.

Opitz hatte auf das Lehrgedicht nicht geringen Eifer verwendet und in Schöpfungen wie „Lob des Feldlebens", „Zlatna, oder von der Ruhe des Gemüthes", „Vielgut" u. s. w. die Vorzüge seines Talentes fast am Klarsten hervortreten lassen. Wenn sich auch in diesem Bezirke der Poesie die Nachfolger und Nachahmer schwächer bethätigten, als bei dem rüstigen Voranschreiten des Meisters zu erwarten gewesen wäre, so blieb doch das Lehrgedicht diejenige poetische Gattung, der sich jene pedantisch-religiöse Zeit, in die Haller trat, mit Vorliebe zukehrte; und eigentlich sind die Poesien von Brockes lediglich Lehrgedichte en miniature, mit etwas Lyrik versüsst. Es kann somit keine Rede davon sein, dass Haller das Lehrgedicht in Deutschland eingeführt habe; aber eine neue Art desselben, das sogenannte philosophische Lehrgedicht, hat er in der deutschen Literatur aufgebracht.[1]

Man nannte ihn damals den deutschen Pope, ihn und den Engländer aber philosophische Dichter. Wie sehr die Zeit noch

---

[1] Gervinus sagt am Schlusse des dritten Bandes seiner Geschichte der Deutschen Dichtung: „Wie die Gattung der schildernden Poesie, so folgte auch die des Lehrgedichtes auf seinen (Brockes) Vorgang; ... Brockes hatte nicht allein Thomson, sondern auch Pope (Versuch über den Menschen) nach Deutschland verpflanzt" ... Es ist unrichtig, dass Brockes durch die Uebersetzung des Essay on man die Lehrdichtung in Deutschland eingeführt habe. Wie oben nachgewiesen wurde, waren sämmtliche Lehrgedichte Hallers schon geschrieben und mit Ausnahme desjenigen über den Ursprung des Uebels bereits auch im Druck erschienen, als der englische Didactiker im Jahre 1734 auftrat: 1728 schrieb Haller das Gedicht „über die Ehre", im folgenden Jahre „die Alpen", „Gedanken über Vernunft, Aberglauben und Unglauben", 1730 „die Fälschheit menschlicher Tugenden" und 1734 „über den Ursprung des Uebels".

lange nach dem Erscheinen dieser oben angeführten Werke gewohnt war, die Autoren derselben als wirkliche Philosophen zu betrachten, beweist wohl am Schlagendsten die von der Berliner Akademie gestellte Preisaufgabe, worin sie Popes philosophisches System dargelegt zu haben verlangte: Die tüchtige Heimweisung Lessings würde ein jeder verdienen, der nach einem eigentlichen philosophischen System fragen wollte, das sich aus Hallers Gedichten abstrahiren liesse. Popes wie Hallers sogenannte philosophische Gedanken sind religiös-metaphysisch und gehen im Grossen und Ganzen genau auf das hinaus, was Leibnitz in seiner Theodicee ausgesprochen hat, zum Theil aber schon bei Shaftesbury gefunden zu haben bekennt. Dass neben und innerhalb dieser grossen von der Philosophie, speciell von der Theodicee, geöffneten Heerstrassen noch mancherlei Pfade und Seitenwege übrig blieben, auf denen sich die Poeten in Reflexionen über Gott und Welt, über diese und jene Laster der Menschen ergehen konnten, liegt wohl in der Natur der Sache.

Haller hat also mit Pope den Inhalt der Lehrgedichte zum Theil wenigstens gemein, ohne den Engländer nachgeahmt zu haben und ohne dass einer von ihnen diesen Inhalt, so weit er eben „philosophisch" ist, aus sich selbst geschöpft hätte, weil er zu den Zeitfragen gehörte und damals einen grossen Bestandtheil der protestantischen Welt beschäftigte. Was aber Haller vor Pope auszeichnet, das ist die Ueberzeugungstreue und die wahrhafte Wärme des Herzens, mit der er seine Ansichten vorträgt und vertritt: hier machen der deutsche Philosoph und der deutsche Dichter gleichmässig Front gegen die Engländer. Wie Leibnitz sich gegen Shaftesbury wendet, der ihm mit den heiligsten und ehrwürdigsten Dingen zuweilen etwas frei umzugehen scheint, so findet Haller das Nämliche an Pope auszusetzen.[1] Mit einer Strenge, die mitunter an Zelotismus grenzt, verficht er den Offenbarungsglauben; denn er ist als strenggläubiger orthodoxer Christ aufgewachsen und Zeit seines Lebens ein solcher geblieben.[2]

---

[1] Tagebuch II, pag. 197.

[2] Ganz mit Unrecht glaubte Löbell in seiner „Entwicklung der deutschen Poesie" (Bd. I, pag. 139) bei Haller einen Gang vom Zweifel zum Offenbarungsglauben nachweisen zu können, indem er als Beleg seiner

Mit der nämlichen Ueberzeugungstreue und Strenge kämpft Haller, wie für den Offenbarungsglauben, so auch für Tugend und Sitte überhaupt. Es brennt ein rastloses Feuer in ihm, in allen seinen Werken giebt sich ein mächtiger Trieb nach dem Guten kund. Durch diesen hohen wenn auch herben Zug unterscheidet er sich so unendlich von Brockes, Hagedorn, Gleim u. a.; man spürt aus jeder Zeile die Wahrheit der Ueberzeugung heraus, und darin beruht sein grosser Vorzug. Er hat die Schranke der conventionellen, gemachten und gefühllosen Poesie in Deutschland zuerst durchbrochen und es gewagt, seine innerste Ansicht rückhaltslos auszusprechen. Er vertritt die Rechte der Tugend

---

Ansicht folgende Stellen citirt, die nur in der ersten Auflage von Hallers Gedichten vorkommen:

> Die Tugend weigert nie, was die Natur begehrt;
> Sie heischt von uns kein Blut zur Prob' erwählter Lehre;
> Sie tauscht das Leben nicht um vielen Rauch der Ehre,
> Sie löscht den holden Brand der keuschen Brunst nicht aus —
> Was sie von uns verlangt, ist unsre Seligkeit.

Und:

> O Schosskind des Geschicks, erlauchter Epikur,
> Du fandest uns zuerst der wahren Tugend Spur,
> Nicht jenes Wahngespenst, das Zeno sich erdichtet.
> Ihr, die den Weisen hasst, weil er euch übertrifft,
> Speit nur auf seinen Ruhm der Missgunst schwaches Gift;
> Die Tugend, die er lehrt, gefällt der wildsten Jugend
> Und seine Wollust ist so keusch als eure Tugend!

In erster Linie wird die Stelle über Epikur mit Hallers Behauptung zusammenzuhalten sein, er habe diese Reime geschrieben, ehe er den Epikur gekannt, und sodann mit den ebenfalls nur in der ersten Auflage sich findenden Worten über Sokrates:

> Was war ein Sokrates? Ein weiser Wollüstling;
> Sein Sinn war wundergross, die Tugend sehr gering.
> Aus seinem Munde floss die reinste Sittenlehre;
> Allein sein Herze gab den Lippen kein Gehöre.
> Sein lüsternes Gemüth stand aller Wollust bloss;
> Er lehnt das weise Haupt auf schöner Knaben Schooss,
> Tanzt, wenn sein Phädon tanzt, lehrt keusch zu sein und brennet:
> Und diesem hat ein Gott den Dreifuss zuerkennet!

Hätte Haller Epikurs Lehren näher gekannt, so würde er ihn nicht dermassen erhoben haben um im nämlichen Gedicht sich so ungünstig über Sokrates auszulassen! Dass er ums Jahr 1730 einer mehr

und Sittlichkeit, so eng und philiströs sie uns auch im Lichte seiner religiösen Anschauungen erscheinen mögen, mit aller Kraft eines gesunden und mannhaften Gemüthes. Dieses unentwegt festgehaltene Postulat sittlicher Forderungen stempelt Haller zum idealen Dichter; man wird sich nicht mit der Behauptung von Gervinus befreunden, „Haller sei ein Materialist, dem alles Ideale fern liege." Er war ein Idealist, — und auch Schiller hat ihn als solchen betrachtet — nur dass er seine Ideale nicht in irgend einer transcendentalen Welt, sondern wo möglich in der Realität suchte, wie es ihm nicht einfiel, dem Gegensatz zu den entsittlichten Städtern seiner Zeit in irgend einem erträumten Volke der Atlantis oder in irgend einem wilden Stamme des fernen Westens nachzujagen; er fand dieses Ideal in den Alpenbewohnern, die er einfach durch Weglassung ihrer Schattenseiten idealisirte. Wohl der deutschen Poesie, dass ihr Wiederaufleben durch einen so strengen und gesunden, wenn auch einseitigen Geist markirt wird!

Der Eifer für die Religion ist jedoch bei Haller weit weniger durch ein Moment des Gefühls als des Verstandes bedingt. Gott steht ihm viel zu hoch und erhaben, als dass der

---

eudämonischen Anschauung gehuldigt, ist richtig und sehr begreiflich: es war die Zeit, wo sich nach einer freudlosen und verbitterten Jugend seine Zustände in Folge der Verbindung mit Mariane Wyss glücklicher gestalteten, die Zeit, wo er seine „Doris" schrieb. Aber dass er darum einen Zweifel an der Offenbarung gehabt hätte, das ist entschieden nicht wahr, wie er denn ausdrücklich schon in der Vorrede zur ersten Auflage seiner Gedichte bemerkt: „Sonderlich aber versichert der Verfasser, dass er wider den geoffenbarten Glauben weder Zweifel noch Vorurtheil jemals gehabt und er lediger Dingen, so oft er vom Glauben redet, den falschen Glauben dadurch verstanden haben will." Der Glaube an die Offenbarung war, so viel wir aus seinen Werken ersehen können, in ihm nie dem geringsten Zweifel unterworfen, wohl aber hat sich seine freiere Lebensansicht sehr bald getrübt, indem er durch vielfaches Missgeschick früh zu einem unseligen Pessimismus und zu puritanischer Düsterheit der Anschauungen geführt wurde. Er hält die Menschen für verdorben; ja, er wird sogar Fatalist:

> O recht in seinem Zorn hat das gerechte Wesen
> Mir dieses ferne Land zur Wohnung auserlesen!
> Hier lag mir Angst und Qual gezählet und bereit,
> Und Marianens Gruft gegründ't vor Ewigkeit! (pag. 197.)

Mensch es wagen dürfte ihn innig zu lieben, er vermag ihn bloss zu ehren und zu fürchten; darum findet er, Klopstock spreche zu vertraulich mit Gott. In solch starr orthodoxem Sinne waren Haller und seine Zeitgenossen religiös, und sie waren es der Mehrzahl nach aus Bedürfniss. Aber bei dieser Härte und Dürre musste ihnen die Religion selten genug als ein Trost und Linderungsmittel erscheinen, sie lag gleichsam wie ein Alpdruck auf ihnen; waren sie wirklich religiös in ihrem Sinne, so befanden sie sich nicht wohl dabei; aber irreligiös zu sein musste ihnen als ein fürchterliches Unglück erscheinen, da sie noch kein Aequivalent irgend welcher Art gefunden hatten, das den streng überlieferten Glauben der Väter zu ersetzen im Stande gewesen wäre. Zu welcher Folterqual diese religiösen Anschauungen führen konnten, davon giebt gerade Hallers Tagebuch ein beredtes Zeugniss. Darum fand Klopstock so ungeheuren Beifall, weil er die Religion wieder zu einer Herzens- und Gemüthssache zu machen und, das eherne Band der Orthodoxie von den Geistern lösend, die Rechte des Individuums gegenüber den starren Satzungen zur Geltung zu bringen wusste.

Hallers Religiosität äussert sich nicht in lyrischen Ergüssen, sondern in abstracten Betrachtungen, mit einem Worte auf diejenige Art, wie sie bei Dichtern jener Zeit zu Tage trat und überhaupt von einem gebildeten Publikum behandelt wurde. Das theologisch-metaphysisch geschulte Geschlecht gab sich gerne mit Fragen ab, wie sie Leibnitz in seiner Theodicee aufgeworfen hatte, und es galt noch immer als kein geringes Verdienst der Philosophie, dass man mit ihrer Hülfe zur Lösung religiöser Dogmen gelangen zu können schien. So gehörte die Philosophie in diesem Sinne in den Augen der Menschen von damals zu den Vorzügen eines Dichters, ja sie wurde, wenn auch in weiterm Sinne gefasst, gerade von Haller als eine unerlässliche Erforderniss für einen grossen Poeten gehalten. „Herr Sulzer denkt sehr vortheilhaft von Homer, wir auch, wenn wir den Mann ansehen, der in ungesitteten Zeiten und vor der Philosophie gelebt hat."[1] Trotzdem ihm aber das Lehrgedicht

---

[1] Tagebuch I, pag. 367.

als Mittel zum poetischen Vortrage philosophischer Gedanken „eben sowohl Poesie war als ein episches",[1] blieb ihm doch keineswegs verborgen, dass man in demselben nicht förmlich ein philosophisches System abhaspeln könne, worüber er in seiner „Schutzschrift wegen einigen meiner Schriften" (in der zweiten Auflage der Gedichte) sagt: „Ein Dichter wählet einen gewissen Vorwurf, nicht eine vollständige Abhandlung davon zu machen, sondern einige besondere Gedanken darüber anzubringen; also soll es ihm frey stehen, so weit zu gehen, als er will, und stille zu stehen, wo es ihm gefällt. Er hat sich nicht verbunden alles zu sagen, also soll man vom Ausgebliebenen nicht schliessen, dass er es verachte. Dieser Einwurf könnte einem Weltweisen gemacht werden, aber nicht einem Dichter. Haben doch viele Schulweisen und andere, die von der Gottheit gehandelt, sich in die Schlüsse der Vernunft eingeschränket. — Warum soll ein Dichter, wann er das gleiche thut, angeklagt werden die Offenbahrung auszuschliessen? Diese Klage ist so hart, dass man billich die äusserste Ueberweisung erwarten sollte, ehe dass man jemand damit angriffe." Und wie er einsichtig das Mass dessen, was man einem philosophisch-didactischen Stoffe entnehmen darf, nur in Anbetracht der poetischen Wirkung bestimmt haben will, so bleibt ihm auch nicht verschlossen, dass der einzelne abstracte Gedanke an und für sich noch nichts oder wenig Poetisches hat; denselben je und je in ein Bild einzukleiden ist die Aufgabe, der er mit Aufbietung seines ganzen Talentes nachgestrebt und die er auch in einer Weise erreicht hat, wie kein deutscher Lehrdichter nach ihm. Man fasse beispielsweise den von didactischen und andern Poeten oft vorgebrachten Gedanken von der freien Selbstbestimmung des Menschen in's Auge. Haller selbst sagt sehr schön:

Der Art Vollkommenheit ward wie zum Ziel gesteckt,
Wohin der Geister Wunsch aus eignem Zuge zweckt:
Doch hielt den Willen nur das zarte Band der Liebe,
So dass zur Abart selbst das Thor geöffnet bliebe,
Und nie der Sinn so sehr zum Guten sich bewegt,
Dass nicht sein erster Wink die Wagschal' überschlägt. (pag. 128.)

---

[1] Tagebuch II, pag. 43.

Froy, Haller.

Die Nachahmer haben es ihm hier so wenig wie in den meisten andern Fällen gleich gethan, indem sie alle bei der nackten Abstraction stehen blieben. In noch geringerm Grade reicht einer der spätern Lehrdichter an die grossartige Kraft und Erhabenheit, mit der Haller dem Begriffe der Ewigkeit poetisch beizukommen sucht.

Seine Verdienste nach der zuletzt angedeuteten Seite hin hat Mendelssohn trefflich characterisirt: „Zur Weltweisheit scheint die deutsche Sprache mehr als irgend eine von den lebenden Sprachen ausgebildet zu sein. Sie ist bestimmt und reich genug, die feinsten Gedanken des Metaphysikers in ihrer nackten Schönheit vorzutragen, und von der andern Seite nachdrücklich und bilderreich genug, die abgezogensten Lehren durch den Schmuck der Dichtkunst zu beleben. Jenes hat sie Wolfen und dieses Hallern zu danken. Zwei solche Schriftsteller sind genug, einer Sprache von einer gewissen Seite die gehörige Ausbildung zu geben. Die Nation hat ihnen auch, so zu sagen, das Münzrecht zugestanden; denn die mit ihrem Stempel bezeichneten Ausdrücke sind in dem Gebiete der Weltweisheit nunmehr gäng und gäbe geworden." (126. Brief d. n. Lit. betr.)

Haller als Patriot.

Bei Haller ist eine Saite wieder angeschlagen, die in der deutschen Poesie schon lange nicht mehr geklungen hatte: der Patriotismus. Wenn die deutschen Dichter vor ihm etwa einmal auf ihr Vaterland geriethen, so geschah es nur, um dasselbe zu beklagen und seine Schmach zu bejammern; er aber feiert die Schweiz mit einem Stolze, der demjenigen Klopstocks mindestens gleichsteht. Und er konnte auch von einer realen Grundlage ausgehen, weil er ein verhältnissmässig freies, glückliches und ein durch die Heldengeschichte verklärtes Land vor Augen hatte, während Klopstock mit Recht belächelt wurde, da sein Vaterland kaum etwas mehr, als ein ideales Postulat war. Haller dagegen stellt die Schweiz wegen ihrer glücklichen Lage über die meisten der benachbarten Staaten:

> Ein andrer, dessen Haupt, mit gleichem Schnee bedecket,
> Ein lebendes Gesetz, des Volkes Richtschnur ist,
> Lehrt wie die feige Welt ins Joch den Nacken strecket,
> Wie eitler Fürsten Pracht das Mark der Länder frisst.
> Wie Tell mit kühnem Muth das harte Joch zertreten,
> Das Joch, das heute noch Europens Hälfte trägt;
> Wie um uns Alles darbt, und hungert in den Ketten,
> Und Welschlands Paradies gebeugte Bettler hegt;
> Wie Eintracht, Treu und Muth, mit unzertrennten Kräften
> An eine kleine Macht des Glückes Flügel heften. (pag. 32.)

Und nachdem er das Glück der Alpenbewohner beschrieben, merkt er an: „Man sieht leicht, dass dieses Gemälde auf die vollkommene Gleichheit der Alpenleute geht, wo kein Adel, und sogar kein Landvogt ist u. s. w."[1] ... Der Liebhaber der Natur, der alte tapfere Krieger, der bäurische Dichter und selbst der Staatsmann im Hirtenkleide, sind auf den Alpen gemein. Ihrer Einwohner Beredtsamkeit, ihre Klugheit, und ihre

---

[1] pag. 23.

Liebe zur Dichtkunst, sind in meinem Vaterlande so bekannt, als auswärtig ihre unerschrockene Standhaftigkeit im Gefechte."[1] Gilt dies freilich nur von den Alpenbewohnern, so nennt er doch die Schweiz

> Der Freiheit Sitz und Reich auf Erden.[2]

Solche Worte gehen bei ihm aus tiefstem Gefühle hervor, denn er hängt an seinem Vaterlande mit jener für den Schweizer sprichwörtlich gewordenen Liebe, wesshalb ihn denn auch in der Fremde das Heimweh ergreift, von dem er einmal fragt: Quare Helvetii inter omnes mortales adeo perdite patriam depereunt? An quod libera, quod civium unice studiosa, quod sanguini innata et nullo pretio venalis patria est?[3]

Wie sehr er sich im Auslande nach der Heimath gezogen fühlte, spricht in rührender Weise sein Gedicht „Sehnsucht nach dem Vaterlande" aus:

> Ach Himmel! lass mich doch die Thäler grüssen,
> Wo ich den Lenz des Lebens zugebracht;
> Und in dem Wald bei kleinen Wassergüssen
> Auf einen Reim für Sylvien gedacht;
> Wo schwaches Laub, belebt vom Westenwinde,
> Die matte Seel' in sanfte Wehmuth bringt,
> Und in dem Frost noch nie bestrahlter Gründe
> Kein Leid mehr bleibt, das nicht die Stille zwingt.
>
> Ach, dass ich dich schon jetzt besuchen könnte,
> Beliebter Wald und angenehmes Feld!
> Ach, dass das Glück die stille Lust mir gönnte,
> Die sich bei euch in öder Ruh erhält!
> Doch endlich kömmt, und kommt vielleicht geschwinde
> Auf Sturm die Sonn' und nach den Sorgen Ruh'.
> Ihr aber grünt indessen, holde Gründe!
> Bis ich zu euch die letzte Reise thu'.[4]

Namentlich seiner engen Heimath Bern gehört seine ungetheilte Liebe. Ganz antik gemahnt es uns aus seiner Zeit heraus den Trost zu hören, den er sich selber giebt:

> Du hast noch Haus und Vaterland.[5]

In Göttingen fasst ihn das Heimweh noch um so mehr, da er sein liebes Weib verloren hat:

---

[1] pag. 31. [2] An Isak Steiger. (pag. 153.)
[3] De nervorum in arterias imperio pag. 16. [4] pag. 4. [5] pag. 118.

> O Bern! O Vaterland! O Worte
> Voll reger Wehmuth, banger Lust![1]
> Mein angebohrnes Land, wohin ich manche Blicke
> Der Sonnenstrasse zu, nicht ohne Wünsche, schicke.[2]

Nicht nur auf Land und Leute jedoch, auch auf die Geschichte der Schweiz und insbesondere der Stadt Bern — deren landschaftliche Schönheiten er im Eingang des Gedichtes „über den Ursprung des Uebels" geschildert — ist er stolz. In den „Alpen" sagt er:

> Bald aber spricht ein Greis, von dessen grauen Haaren
> Sein angenehm Gespräch ein höher's Ansehn nimmt.
> Die Vorwelt sah ihn schon, die Last von achtzig Jahren
> Hat seinen Geist gestärkt, und nur den Leib gekrümmt;
> Er ist ein Beispiel noch von unsern Heldenahnen,
> In deren Faust der Blitz, und Gott im Herzen war:
> Er mahlt die Schlachten ab, zählt die ersiegten Fahnen,
> Bestürmt der Feinde Wall, und rühmt die kühnste Schaar.[3]

Er spricht von dem „in Stahl erzognen Sinn der alten Schweizer"[4] und meint:

> Der alten Schweizer tapfre Hand[4]
> Hat noch ein rauher Muth geführet.

Bekannt ist seine Aufschrift auf das Beinhaus zu Murten:

> Steh still, Helvetier! hier liegt das kühne Heer,
> Vor welchem Lüttich fiel und Frankreichs Thron erbebte:
> Nicht unsrer Ahnen Zahl, nicht künstlicher's Gewehr,
> Die Eintracht schlug den Feind, die ihren Arm belebte.
> Kennt, Brüder, eure Macht, sie liegt in unsrer Treu!
> O würde sie noch heut' in jedem Leser neu! —[5]

Ein einziger Blick musste ihm den Contrast zwischen der unrühmlichen Gegenwart und der glänzenden Vergangenheit sofort und scharf in die Augen springen lassen; und hier fällt der Patriot Haller mit dem Satiriker zusammen: der Unwille des Dichters über die verkommenen Zustände seiner Vaterstadt rief zwei politische Satiren hervor: „die verdorbenen Sitten" und den „Mann nach der Welt", die eine für jene Zeit geradezu

---

[1] Ueber Ebendieselbe. (Marianne.) (pag. 172.)
[2] Antwort an Herrn Bodmer. (pag. 193.)
[3] Alpen. (pag. 32.)
[4] An Isak Steiger.
[5] pag. 223.

erstaunliche Kühnheit und Unerschrockenheit aufweisen; erstaunlich, wenn man Professor Lauffers Worte an Zellweger bedenkt: „Wenn es einen Ort in der Welt giebt, wo die Freiheit zu schreiben verbannt ist, so ist es Bern. Man würde uns gerne, wenn man könnte, die Freiheit zu denken rauben. Ausser dass die Sphäre hier zu klein ist und man keine Person abkonterfeien könnte, ohne dass gleich Jedermann sie kennte, sobald die Herren Schriftsteller partikularisiren wollten, würde man sie mit hundert Stockschlägen belohnen." [1] Diese Kühnheit war unerhört in der deutschen Litteratur der damaligen Zeit; sich an meine gnädigen Herrn von Bern zu wagen, war ein Unternehmen, das nur zu leicht den Kopf oder wenigstens die Freiheit kosten konnte. Haller behauptet, seinen Portraits die Züge verschiedener lebender Persönlichkeiten verliehen zu haben; [2] immerhin mochte sich mancher noch deutlich genug im Bilde des Dichters wiedererkennen. Freilich Hallers Schmerz und Unwille waren nicht gering, und namentlich that ihm das Schwinden jener Tugenden weh, durch die das alte Bern einst gross geworden war.

Sag an, Helvetien, du Heldenvaterland!
Wie ist dein altes Volk dem jetzigen verwandt?
War's oder war's nicht hier, wo Biderbs Degen strahlte,
Der die erhaltne Fahn mit seinem Blut bemahlte?
Wo fliesst der Muhleren, der Bubenberge Blut?
Der Seelen ihres Staats, die mit gesetzten Muth
Für's Vaterland gelebt, für's Vaterland gestorben,
Die Feind und Gold verschmäht, und uns den Ruhm erworben,
Den kaum nach langer Zeit der Enkel Abart löscht;
Da Vieh ein Reichthum war, und oft ein Arm gedrescht,
Der sonst den Stab geführt; da Weiber, deren Seelen
Kein heutig Herz erreicht, erkauften mit Juwelen
Den Staat vom Untergang, den Staat, dess Schatz uns heut
Zum offnen Wechsel dient und Trost der Ueppigkeit.
Wo ist die Ruhmbegier, die Rom zum Haupt der Erden.
Und gross gemacht aus Nichts, Gefahren und Beschwerden
Für Lust und Schuld erkennt, für's Glück der Nachwelt wacht,
Stirbt, wenn der Staat es heischt, die Welt zum Schuldner macht?
Wo ist der edle Geist, der nichts sein eigen nennet,
Nichts wünschet für sich selbst, und keinen Reichthum kennet,

---

[1] Mörikofer, pag. 10.
[2] Vorbemerkung zu „der Mann nach der Welt". (pag. 104.)

Als den des Vaterlands? der für den Staat sich schätzt,
Die eignen Marchen kürzt, der Bürger weiter setzt?
Ach, sie vergrub die Zeit, und ihren Geist mit ihnen!
Von ihnen bleibt uns nichts, als etwas von den Mienen.[1]

Diese Vaterlandsliebe ist bei Haller noch mit einem ganz praktisch realen Zuge versetzt: er war weder als Dichter noch als Gelehrter so ehrgeizig wie als — Berner. Schon seine Zeitgenossen fanden es auffällig, dass er allen Ehrenstellen im Auslande eine verhältnissmässig sehr untergeordnete politische Beamtung zu Hause vorzog, wobei freilich das Heimweh seine Hand mit im Spiele gehabt haben mag. Einen ähnlichen politischen Ehrgeiz erinnern wir uns nur noch bei einem neuern Dichter zu finden, bei Walter Scott. Hallers von Göttingen nach Bern unterhaltene Correspondenz befasst sich vielfach mit Regierungsverhältnissen und man kann ziemlich genau verfolgen, wie er diesen Punkt nie aus dem Auge liess. Er beschwert sich, dass ein Züricher Nachdruck die von ihm verworfenen Lesarten und Stellen, namentlich der Satiren, wieder bringt;[2] es ist nicht so sehr der Poet, der über dieses Unternehmen in Wallung geräth, als vielmehr der Patriot und Politiker, der sich den Weg zu den Ehrenstellen der Heimath offen halten will. Ausdrücklich sagt er in der Recension seiner von Zimmermann geschriebenen Biographie: „Nur hätten wir gewünscht, dass Herr Z. so wenig über den akademischen Neid und über die republikanische Eifersucht geklagt hätte, als Herr v. Haller selbst in seinen Schriften darüber geklagt hat, in welchen man überall eine zärtliche Liebe für sein Vaterland ... abgemahlt findet."[3] Wir sind des Grundes, der diese Anmerkung hervorgerufen hat, sicher, gerade so gut wie wir uns denken können, warum der Autor den Satiren „die verdorbenen Sitten" und „der Mann nach der Welt" durch erst später vorgesetzte Anmerkungen die Spitze abzubrechen sucht. Schon in der ersten Auflage stand übrigens eine Note, die einen ähnlichen Zweck verfolgte: „dieses hin und wieder mangelhafte Gedicht ist schon vor ziemlich vielen Jahren geschrieben worden, ist also kein Wunder, wenn

---

[1] Die verdorbenen Sitten. (pag. 93.)
[2] Vorrede zur achten Auflage.
[3] Tagebuch I, pag. 124.

vieles davon auf unsre Zeiten nicht genau eingerichtet scheinet." Rücksichtlich seines politischen Standpunktes sei nur bemerkt, dass dieser ein streng aristokratischer war, worauf wir indessen so wenig näher eintreten wollen, als auf eine Anekdote, die auf Hallers Ehrgeiz nach hervorragender Stellung im Staate ein grelles Licht wirft.

Für die deutsche Litteratur ist wohl die zuletzt hervorgehobene Seite Hallers ohne Bedeutung gewesen und hat bloss auf die schweizerische patriotische Dichtung (und Geschichtsschreibung) gewirkt. Ungefähr von ihm weg, der zuerst in einer kunstmässigen Weise dem Auslande gegenüber einen schweizerischen Patriotismus hervorkehrte, kann man die Spuren ähnlicher Tendenzen verfolgen. Doch möchten wir einen solchen Einfluss nicht eben betonen; Lavater z. B., dessen schwärmerische Vaterlandsliebe mit ihren oft schwülstigen Auswüchsen von derjenigen Hallers nicht gerade vortheilhaft absticht, bekennt selbst, durch Gleims Kriegslieder zu seinen Schweizerliedern angeregt worden zu sein; auch darauf, dass Johannes v. Müller eine Biographie Hallers zu schreiben gedachte, darf wohl kein weiteres Gewicht gelegt werden. Uebrigens wurden vaterländische Schriften für die Jugend und für Erwachsene oft und gern mit Citaten aus den „Alpen" und andern poetischen Werken Hallers geschmückt, seine Aufschrift auf das Murtner Beinhaus ging beinahe in den Volksmund über und noch im Jahre 1805 wurden die Alpen zur Feier eines zu Unspunnen stattfindenden Volksfestes separat gedruckt; denn der Schweizer Senne und Bauer wurde durch dieses Gedicht für ganz Europa gleichsam in ein ideales Licht gerückt. Als aber die alte Eidgenossenschaft ihrem Sturze entgegensah, wies man auf Haller wie auf einen Propheten zurück und erwog Worte wie die folgenden:

> Jetzt sinken wir dahin, von langer Ruh erweichet,
> Wo Rom und jeder Staat, wenn er sein Ziel erreichet.
> Das Herz der Bürgerschaft, das einen Staat beseelt,
> Das Mark des Vaterlands ist mürb und ausgehöhlt;
> Und einmal wird die Welt in den Geschichten lesen,
> Wie nach dem Sittenfall der Fall des Staats gewesen.[1]

---

[1] Der Mann nach der Welt. (pag. 111.)

II.

Haller

und

seine Nachwirkung.

Hallers poetische Schöpfungen, wie übrigens die meisten Werke Klopstocks auch, haben für uns nur noch historischen Werth. Sie entsprechen den Anforderungen, die wir seit dem Auftreten unserer Literaturheroen an ein Kunstwerk zu stellen gewohnt und berechtigt sind, nur noch nach wenigen Seiten hin. Schon Hallers Welt und Weltanschauung ist für uns ein Ueberwundenes, ein glücklicherweise Ueberwundenes: eine metaphysisch-orthodox christliche Moral, gelehrt und nicht dargestellt, können wir im Ganzen durchaus nicht als poetisch anerkennen, mögen daneben im Einzelnen poetische Schönheiten in grosser Zahl auftauchen. Auch Hallers Sprache ist uns ein längst Veraltetes und gerade sie verwehrt uns in ihrer, man kann nicht sagen geschmacklosen, aber doch ungelenken und nicht harmonisch durchgebildeten Art an dem, was in sie gegossen ist, ein tieferes Genügen zu finden. Der Alexandriner zudem rückt uns alles noch weiter zurück, da wir gewohnt sind, ihn seit fünf Vierteljahrhunderten aus der deutschen Dichtung gänzlich entfernt zu sehen.

Höher kann man bloss ein Gedicht Hallers ganz und ein anderes zum Theil stellen. Ganz das Gedicht über die Ewigkeit, das in keiner deutschen Chrestomathie fehlen sollte: abgesehen von seinem poetischen Werthe überhaupt existiren in der deutschen Literatur kaum ein halbes Dutzend poetische Schöpfungen, die so eigenartig und gewaltig sich über alles das erheben, was zur Zeit ihres Erscheinens bestand; theilweise die „Alpen": trotz der zweifelhaften Berechtigung der poetischen Schilderung weisen gerade die rein beschreibenden Partien dieses Werkes Vorzüge auf, die ihres Gleichen suchen. — Tiefer noch als Hallers Lehrgedichte müssen wir seine Romane stellen. So sehr sie sich auch noch zur Zeit ihres Erscheinens, namentlich „Usong",[1] durch Prägnanz und Klarheit des Stiles und Kraft der Darstellung ausgezeichnet haben, so spricht die Anlage des Ganzen, die Zeichnung der Charactere, die oft dürr hervortretende Tendenz von so geringem künstlerischem Verständnisse, dass wir ihnen eine weitergehende Bedeutung nicht zulegen können. Usong wurde rasch verschiedentlich aufgelegt und in fremde Sprachen übersetzt; das wiederfuhr aber weniger dem Werke als solchem, als vielmehr dem Geisteskinde des weltberühmten Gelehrten, den Kaiser und Könige in seiner bescheidenen Wohnung aufsuchten. Ganz absichtlich ist bisher von diesen historischen Romanen kaum die Rede gewesen, denn weder an und für sich epochemachend fallen sie sehr im Gegensatz zu den Lehrgedichten in eine Zeit, da die deutsche Literatur einen riesenhaften und ungewohnten Aufschwung genommen hatte und gegenüber dem Aussehen im Jahre 1732 ein gewaltig verändertes Antlitz zeigte.

Allein wie wir die Aufgabe haben, in Kunst und Wissenschaft Alles nach dem Höchsten zu bemessen, so tritt auch die andere nicht minder an uns heran, Alles und Jedes nach den Verhältnissen zu beurtheilen, unter denen es entstanden, und den Werth in's Auge zu fassen, den es für seine Zeit gehabt. Wollen wir Hallers Bedeutung als Dichter ermessen, so muss dieselbe aus der Wirkung seiner Werke auf die Zeitgenossen ergründet werden, wobei ungefähr die Urtheile über Haller den Menschen, die Ausdehnung seiner Popularität und die Stimmen zeitgenössischer Kritik zu bedenken wären. Als Hauptpunkt jedoch ist der specielle Nachweis eines Einflusses auf die Dichter seiner und späterer Tage anzusehen.

---

[1] Usong, eine morgenländische Geschichte. Bern 1771. Alfred, König der Angelsachsen. Bern 1773. Fabius u. Kato. Bern 1774.

Hallers Stellung und Ansehen.

Wir citiren hier vorab die vielfach erwähnten Worte Goethes aus Dichtung und Wahrheit: „Gesellte sich hingegen die Muse zu Männern von Ansehen, so erhielten diese dadurch einen Glanz, der auf die Geberin zurückfiel. Lebensgewandte Edelleute, wie Hagedorn, stattliche Bürger, wie Brockes, entschiedene Gelehrte, wie Haller, erschienen unter den ersten der Nation, den Vornehmsten und Geschätztesten gleich." Dabei darf wohl erwähnt werden, dass es namentlich Haller war, der durch seinen europäischen Ruf am meisten geholfen hat, die Poeten zu bürgerlichem Ansehen zu bringen, ungleich mehr als z. B. Hagedorn; womit man sich schon einverstanden erklären wird mit Hinsicht auf die Bemerkungen über diesen Dichter in Lessings Collektaneen; denn auch als ehrenfester und tadelloser Charakter stand der Schweizer über dem Hamburger. Zweifelsohne, in diesem Punkte war Haller der Vorgänger Klopstocks, der nichts als Dichter war und sich als solchen auch bürgerlich zur Geltung zu bringen wusste.

Die hohe Stellung freilich, die Haller einnahm, verdankte er dem Gelehrten, und diesem galten die vielen Ehrenbezeugungen. Dass der Poet nur so nebenher lief, liess ihn jedoch vor dem Manne der Wissenschaft nicht übersehen werden, so wenig als man vergessen hätte, auf den Charakter Hallers gebührend Acht zu geben. Wir könnten einer Unzahl von Urtheilen und Lobsprüchen hier Erwähnung thun, deren Ueberschwenglichkeit in Ansehung der Zeitsitte nicht zu sehr auffallen darf. Dasjenige Lessings mag hier einen Platz finden, da es mehr in Betracht gezogen zu werden verdient als hundert andere. „Der Herr von Haller," sagt er in der Berliner privil. Zeitung vom Jahre 1755, „gehört unter die glücklichen Gelehrten, welche schon bei ihrem Leben eines ausgebreitetern Ruhms geniessen, als nur Wenige erst nach ihrem Tode theilhaftig werden. Dieses Vorzugs hat er sich unwidersprechlich durch überwiegende Verdienste würdig gemacht, die ihn auch noch bei der spätesten Nachwelt eben so gross erhalten werden, als er jetzt in unparteiischen Augen scheinen muss. Sein Leben beschreiben heisst nicht, einen blossen Dichter, oder einen blossen Zergliedrer, oder einen blossen Kräuterkundigen, sondern einen Mann zum Muster aufstellen,

— — whose Mind
Contains a world, and seems for all things fram'd."

In der Vorrede zu Mylius' Schriften aber rühmt er die Grossmuth, die Haller gegen diesen Dichter an den Tag gelegt hat.

Auf die vielen nach Hallers Tode erschienenen deutschen, französischen, englischen, italienischen u. s. w. Denkschriften und dergl. treten wir hier absichtlich nicht ein.

Hallers Popularität.

Die Popularität eines Dichters ist bekanntlich noch kein Beweis für seine Vorzüglichkeit, sondern lediglich ein Zeichen, ob und in welchem Grade er dem Bedürfniss seiner Zeitgenossen entsprochen habe. Haller war zu schwer verständlich um im engern Sinne populär werden zu können, wie z. B. ein Gellert. Aber wenige deutsche Dichter des vergangenen Jahrhunderts sind so viel gelesen worden wie er. Seine Gedichte haben während seines Lebens eilf rechtmässige Auflagen erlebt und sind oft nachgedruckt worden, so verschiedene Male in Zürich, ferner in Bern, in Danzig, in Wien, in Carlsruhe u. s. w. Daneben traten französische, englische und italienische, sogar eine lateinische Uebersetzung auf.

Wie Haller aber gelesen wurde, darauf lassen Gleims Worte an Bodmer schliessen: „Ich muss zum Lobe Berlins sagen, dass noch einige denkende Menschen hier sind, die Hallers Gedichte aus dem Gedächtnisse wieder herstellen könnten, wenn sie verloren gingen" (29. April 1747).[1] Von Kästner ist bekannt, dass er Hallers Gedichte auswendig lernte, da er nicht sofort zu einer Ausgabe derselben gelangen konnte. Breitinger aber sagt in seiner „Vertheidigung der Schweiz. Muse Herrn Dr. Albrecht Hallers": „Da die Hallerschen Gedichte selbst in Leipzig so bekannt und beliebt sind, dass auch das vornehme Frauenzimmer dieselben mit Vergnügen liest, und sie gleichsam an den Fingern herzehlen kann (pag. 67) . . . wegen der poetischen Schönheiten, die darinnen herrschen, wegen des grossen Reichthums an Gedanken, und wegen der körnigten

---

[1] Körte, Briefe der Schweizer.

Schreibart einen allgemeinen Beyfall verdienet, so gar dass auch das schöne Geschlecht sich in die Hallersche Muse recht zu verlieben angefangen (pag. 76). Unter diese Leipziger Verehrerinnen Hallers gehörte, beiläufig bemerkt, auch Frau Gottsched. Ein Pendant zu den Leipzigerinnen mag die Frau bilden, von der Sulzer berichtet: „Unlängst traf Voltaire eine Dame, mit welcher er in genauer Freundschaft steht, über den Gedichten des Herrn von Haller an, und bat sie, sie möchte ihm doch sagen, was an diesen Gedichten wäre, er höre so viel Werks davon machen. Die Dame übersetzte ihm gleich mündlich das, was ihr am besten gefiel."[1] Wir würden heut zu Tage schwer begreifen, wie Frauenzimmer an Hallers Gedichten Gefallen finden können; dass es damals in so hohem Grade geschah, beweist, wie sehr er den Wünschen seiner Zeit entgegenkam und wohl auch, wie viel natürlicher seine Werke waren als die vor ihm existirenden.

Für die Verbreitung von Hallers Gedichten legt unter Anderm der Umstand Zeugniss ab, dass Matthisson auf seinen Reisen dieselben nicht nur an verschiedenen Orten Italiens, sondern auch in dem armseligen Dörfchen Cerque am Fusse der Dole fand. In der Schweiz namentlich wurde Haller viel gelesen, dafür sprechen schon die zürcherischen und bernischen Nachdrucke. Auch in der Fremde vergassen die Schweizer ihren Landsmann nicht: Frey, Isac Iselins Freund, im Schweizerregimente Boccard in Frankreich, übersetzte einige Theile von Hallers Alpen ins Französische.[2] Und Stähelin schreibt unterm 28. October 1736 an Haller: „I received newly a very handsome English letter from London from my friend Maister Wetstein, Chaplain of his R. Highness the Prince of Wales. Here I communicate to you word by word what he writes on your behalf.

„I kindly thank you (says he) for Mr. Haller Poems, and particulary for the first Edition of it, which I carried myself to Mylord Carteret into the Country where he now is; and one of the others I have presented to H. R. H. the Prince of Wales. I think you could not dispose of them better, both for your

---

[1] Körte, Briefe der Schweizer.
[2] I. Iselin. Von Dr. A. v. Miaskowski. Basel 1876.

friends and your own credit. But there are certainly very fine things in it, as fine as in any language whatsoever and which cannot but do honour to ours."

Zur Weiterführung dieses allgemeinen Umrisses mögen noch zwei Striche gezogen werden: Haller hat seiner Zeit so viel beinahe sprichwörtlich gewordene Sentenzen und Wendungen aufzuweisen gehabt, wie kaum Schiller es vermag:

„Wer frei darf denken, denket wohl,"[1]

wird sehr oft vorgebracht, ebenso:

„In's Inn're der Natur dringt kein erschaffner Geist,
Zu glücklich, wenn sie noch die äussre Schale weis't."[2]

„Gerechtestes Gesetz! dass Kraft sich Zier vermähle;
In einem schönen Leib wohnt eine schön're Seele;[3]

„Unselig Mittelding von Engeln und von Vieh."[4]

„Die schnellen Schwingen der Gedanken" u. s. w.

Daneben wurden eine Unzahl von Stellen aus seinen Gedichten citirt und zwar in einem Masse, wie wir es sonst nur an Horaz zu sehen gewohnt sind. Fast eben so häufig sind die Versuche viele seiner Glanzstellen nachzubilden. Wie sehr Haller dadurch indirect auf die Entwicklung der Sprache eingewirkt hat, liegt auf der Hand. Ferner wurden seine zum allergeringsten Theile sangbaren Gedichte componirt; Zimmermann berichtet nämlich: „Ihro hochfürstliche Durchlaucht, der Prinz von Lobkowitz, haben einen grossen Theil der Gedichte des Herrn Hallers in Musik gebracht; die berühmten Herren Telemann und Lambe haben ein gleiches gethan."[5] Wichtiger noch und interessanter ist die Thatsache, dass die „Doris" viel gesungen wurde, wovon sogar Klopstock in seiner Ode „der Zürichsee" Zeugniss ablegt:

Hallers Doris, die sang, selber des Liedes werth, Hirzels Daphne.

Fragen wir nach Höhepunkt und Dauer dieser Popularität, so dürfte wohl nicht zu bestreiten sein, dass Haller vom Jahre 1735 bis zu Klopstocks Auftreten der angesehenste Dichter Deutschlands war. Die Vorstellung ist eine irrige, als ob Hage-

---

[1] pag. 153. [2] pag. 78. [3] pag. 37. [4] pag. 45. [5] Zimmermann, pag. 155.

Frey, Haller.

dorn ihm nach dieser Richtung hin hätte die Wage halten können, worüber schon die Auflagen der beiden Dichter Aufschluss geben. Aber auch nach dem Erscheinen des Messias nahm Hallers Popularität nicht ab, wenn er auch vor dem gewaltigen Religionssänger zurücktreten musste; er blieb neben Klopstock der gelesenste deutsche Schriftsteller bis gegen das Jahr 1760, ja er wurde wohl mehr gelesen als dieser. Die Väter der Stürmer und Dränger, überhaupt die zahlreiche alte conservative Partei in Kunst und Literatur hielt getreulich an ihm fest, ohne darum gerade Klopstock zu vernachlässigen. Ein treffliches Beispiel dieser Art von Leuten bietet Sulzer, der in seiner „Allgemeinen Theorie der schönen Künste" fast alle Citate diesen beiden deutschen Dichtern entnimmt, vorwiegend aber seinem Landsmanne. Auch nachdem Lessing seine grundlegenden Werke geschrieben hatte, wurde Haller noch hochgehalten. Seine moralische Tendenz in der Poesie, überhaupt seine ganze Weltanschauung, entsprach den Ansichten des grössern Theils des Geschlechtes jener Tage noch viel zu sehr, als dass er von einer Stunde zur andern hätte verschwinden können. Gerade als die Popularphilosophen auftraten, lag es nahe, Hallern nicht zu vergessen. Nach ihnen war es Kant, der dann und wann auf den philosophischen Dichter hinwies. Von Herder[1] vernehmen wir: „Herr Kriegsrath Bok in Königsberg schreibt: Einst in einer heitern Frühstunde, wo Kant mit vorzüglicher Geisteserhebung, und wenn die Materie die Hand bot, wohl gar mit poetischer Begeisterung zu sprechen, und aus seinen Lieblingsdichtern Pope und Haller Stellen anzuführen pflegte, war es, wo der geistvolle Mann sich über Zeit und Ewigkeit mit seinen kühnen Hyothesen ergoss u. s. w." Der Königsberger Philosoph selbst sagt z. B.: „So legt ein philosophischer Dichter dem Menschen, sofern er den Hang zum Bösen in sich zu bekämpfen hat, selbst darum, wenn er ihn nur zu bewältigen weiss, einen höhern Rang auf der Stufenleiter der Wesen bei, als selbst den Himmelsbewohnern, die vermöge der Heiligkeit ihrer Natur über alle mögliche Verleitung weggesetzt sind.

---

[1] Ausgabe seiner Werke, Tübingen 1827 (Bd. 20, pag. 67).

Die Welt mit ihren Mängeln
Ist besser, als ein Reich von willenlosen Engeln.[1]

Herder dachte noch ganz anders von einem botanisch-philosophischen Lehrgedichte als Lessing: „Wer uns eine botanische Philosophie in einem schönen Lehrgedichte gäbe, welchen Reichthum hätte er vor sich! Ihm stände die gesammte Mythologie, die äsopische Fabel, die Idyllen der Alten, und von den Neuern Reisebeschreibungen, Geschichte, Philosophie, endlich die Naturwissenschaft selbst zu Gebote."[2] Und Matthison schliesslich fusst, wie wir später noch sehen werden, mit seiner Naturschilderung auf Haller. Freilich war er nur noch ein Nachzügler; dass aber diese Nachzügler gar so selten nicht waren, beweist wohl der Umstand, dass im Jahre 1828 eine neue Auflage von Hallers Gedichten nöthig wurde.

---

[1] Harbenpeis, Kants Werke VI, pag. 159.
[2] a. a. O., Bd. 15, 13, pag. 145.

Haller und die zeitgenössische Kritik.

Wie nach Lessings Bemerkung Haller der Gelehrte, so hat auch Haller der Dichter zu seinen Lebzeiten volle Anerkennung gefunden; nicht als ob diese einstimmig gewesen wäre, es fanden sich auch scharfe und mächtige Widersacher. Aber sie unterlagen zum Theil frühzeitig, zum Theil kamen sie neben den Freunden der Hallerschen Muse kaum in Betracht. Wenn man ihn auch nicht neben die grössten Meister stellte, so galt er seinen Zeitgenossen wenigstens als ein grosser Dichter. Es kann nichts daran liegen, hier möglichst viele Urtheile und Lobsprüche zusammenzutragen, auch eine Sammlung der geschmack- und masslosen Verfolgung von Seite der Gottschedianer u. s. w. würde keinen Werth haben; wir erinnern bloss daran, dass Lessing — allerdings der junge Lessing — Hallers Gedichte „ewig" nennt,[1] und weisen auf Kleists Worte hin:

> Tauch' in die Farben Aurorens,
> Mahl' mir die Landschaft, o du, aus dessen ewigen Liedern
> Der Aare Ufer mir duften, und vor den Augen mir prangen,
> Der sich die Pfeiler des Himmels, die Alpen, die er besungen,
> Zu Ehrensäulen gemacht![2]

Aber immerhin werden die Worte der hervorragendsten Kunstrichter von Hallers Auftreten weg bis zum Schlusse des Jahrhunderts ein interessantes und für die Bemessung seiner Schätzung innerhalb seiner Zeit unerlässliches Bild bieten. Die Männer, die ins Auge gefasst werden mögen, sind: **Gottsched, Breitinger, Bodmer, Johann Elias Schlegel, Sulzer, Lessing, Mendelssohn, Herder** und **Schiller**. Das Urtheil schwankt, ist bald zu hoch und bald zu tief gegriffen, bis schliesslich Haller in seinem grossen und grössern Geistesverwandten Schiller den Richter findet, der ihm gerecht wird.

---

[1] In der Vorrede zu Mylius Schriften.
[2] „Der Frühling".

Gottsched.

Dem Vertheidiger und Bahnbrecher des französischen Einflusses in Deutschland war Haller, der die Engländer in scharf beabsichtigtem Gegensatze zu den Franzosen einzuführen versuchte, natürlich nicht angenehm und willkommen. Anfänglich machte sich aber eine Feindschaft aus diesem Grunde in keiner Weise geltend. Haller überschickte dem Leipziger Kunstrichter und Poeten die zweite Auflage seiner Gedichte, worauf er von Gottsched einen etwas förmlichen aber sehr artigen Brief erhielt. Der an den correcten Franzosen gebildete Pedant kehrt bezeichnend genug den Spiess bloss gegen etwas ihm formell Anstössiges: „... Die neue Auflage Ihrer Gedichte ist mir desto lieber, je vermehrter sie ist. Der Ursprung des Bösen hat mir sonderlich wohl gefallen. Nur hätte ich gewünscht, dass alle Verse von einem Masse und von einer Art der Abwechslung gewesen sein möchten. Leibnitz nennt eine gewisse Art der Fatalisten, Vertheidiger einer faulen Filosofie. Wir pflegen hier in Meissen die Brockesischen regellosen Verse die Poesie der Faulen zu nennen. Bei den Alten findet man nicht dergleichen. Wem ein ordentliches Sylbenmass zu schwer ist, der schreibe lieber in ungebundener Rede.

Ich bin sehr frei gegen Euer Hochedlen, allein so geht es allen Grüblern, die, wenn sie an dem Inhalt nichts tadeln können, doch wenigstens die äussere Form antasten. Dagegen muss ich versichern, dass die Gedanken Euer Hochedlen neu und edel, die Ausdrücke stark und voller Nachdruck sind; in welcher Absicht ich gern darinnen hier und da die meissnische oft gedankenlose Zierlichkeit und leichtfliessende Innigkeit vermissen will" u. s. w.[1]

Allein sobald Gottsched mit den Zürchern in offene Fehde gerieth, die auf Haller als ihrem Gesinnungsgenossen und Landsmann grosse Stücke hielten, so wetteiferten Meister und Gehülfen rasch genug auch gegen diesen vorzugehen. Haller selbst hat sich nie an diesem Streite betheiligt, jedoch soll er es nach

---

[1] Wandervorträge aus Kunst und Geschichte von Ludwig Eckardt. II. Hälfte. Stuttgart 1868.

einer interessanten und bisher nicht beachteten Notiz Eberts beabsichtigt haben. Dieser schreibt nämlich unterm 29. Juli 1744 an Hagedorn: „Weil ich Hallers gedenke, so kann ich nicht umhin, Ihnen noch etwas von ihm zu melden. Er hat im Anfange der kritischen Unruhen, vielleicht, wie er selbst mit hineingeflochten wurde, die Partei seiner Landesleute verstärken wollen. Aber ein geschickter Mann von hier, der bei ihm in einigem Ansehen stehet — und es mir gesagt, hat ihm gerathen, sich neutral zu halten." Haller selbst dagegen sagt in seinem Briefe an Gemmingen: „Aber was sollte ich bei einem Kriege gewinnen? In einer Wissenschaft, die sich auf Erfahrungen gründet, kann eine Streitigkeit ihren Nutzen haben; sie giebt uns einen Anlass, die Versuche zu wiederholen und zu vermehren, und die Wahrheit kann durch das Zeugniss unpartheiischer Sinne erwiesen werden. Aber in Wissenschaften, die auf dem Geschmacke beruhen, ist es unendlich langweilig, die Quellen des Schönen allemal bis zu den ersten Gründen zurückzubringen, und bei einem Leser zu erzwingen, er solle sich eine Stelle gefallen lassen, die ihm nicht gefällt. Es war mir also viel leichter, harte Urtheile anzuhören, als vor dem Tribunal der Welt einen langwierigen Prozess zu führen." Sei dem wie ihm wolle, Grund genug hätte der Dichter schon gehabt ebenfalls zu den Waffen zu greifen. „Mich, weil ich ein Schweizer war, misshandelten Gottsched, Schönaich, Mylius und Andere in die Wette. Das Tintenfässlein, die Aesthetik in einer Nuss, die Bemühungen griffen mich mit der heftigsten Rachbegierde an. Ein Freund schrieb mir, er habe Herrn Gottscheds Hand vor sich liegen, mit welcher er die Aesthetik corrigirt hat."[1] Es würde für uns von keinem Nutzen sein, diese Streit- und Schmähschriften näher anzusehen;[2] begreiflich aber ist es immerhin, dass Haller Gottscheden und seiner Partei ein Dorn im Auge war, weil er zu den Zürchern hielt, oder diese vielmehr zu ihm, und weil er durch seine Gedichte indirect gegen den französischen Einfluss ankämpfte. Gottsched suchte durch Wiederherausgabe und Sammlungen von Werken

---

[1] Brief an Gemmingen.

[2] Aus der Aesthetik in einer Nuss und andern Schriften Schönaichs sind oben Beispiele gebracht worden.

nach seinem Geschmacke der neuen Richtung entgegenzutreten, wobei er nicht unterliess aufs allernachdrücklichste nach seinem Gegner zu schlagen. Als einziges aber bezeichnendes Beispiel mag hier ein Theil des Widmungsgedichtes seinen Platz finden, das er einer von ihm veranstalteten Ausgabe von Neukirchs Gedichten voranschickte (1744).

> Allein wie ändert sich der Zeiten schlimmer Lauf!
> Es wächst ein neu Geschlecht verführter Sänger auf.
> Der Alpen steter Schnee erkältet ihren Busen,
> Zum Stey[1] ist ihr Parnass, und Feyen[2] sind die Musen.
> So starr und ungelenk St. Gotthardts Eis je war
> Stellt auch ihr steifer Vers die kalten Bilder dar.
> So Sinn als Einfall sind Gespenster des Verstandes;
> Sie irren in der Nacht des nie verklärten Landes,
> Darin kein Auge sieht, das nicht den Eulen gleicht,
> Dem hellen Tag entflieht, und nur ins Dunkle weicht.
> .... Drum soll ihr dieses Blatt das seltne Stück nicht rauben:
>
> Der geistvolle Poet.
>
> Welt ist und auch der geistge Dichter:
> Natur wirkt allzeit wesenreich.
> Sie rauscht im Meer; sie strahlt durch Lichter,
> Reimt im Poet, gleich starkem Zeug.
> Als sich vermählte Nichts und Was:
> Entsprang Luft, Feuer und trocknes Nass;
> Da lag schon zu des Reimers Bildung
> Der Urgrund möglichster Vergüldung.
>
> Sein Forschgewicht senkt der Poete
> Aufs alten Chaos grundlos Meer u. s. w.

Seinen bei dieser Ausgabe beabsichtigten Zweck aber drückt Gottsched in der Vorrede deutlich genug aus: „Ich glaube auch, und vielleicht nicht ohne Grund, dass die Auferweckung eines Dichters von so guter Art, das hin und her einreissende finstere und gezwungene Wesen in der poetischen Schreibart, wo nicht ganz hemmen, so doch einigermassen aufhalten würde."

Haller beschränkte seine Rache für solche und ähnliche Angriffe einzig darauf, den Gottschedianern die Spalten der von ihm redigirten Göttinger Anzeigen zu verschliessen. Gott-

---

[1] Ein Berg im Canton Schweiz. [2] Eine Art schweizerischer Hexen. (Gottsched.)

sched seinerseits erwähnt den Namen Hallers in keiner Auflage seiner Critischen Dichtkunst, wobei freilich nicht zu übersehen ist, dass er grundsätzlich in diesem Buche keinen lebenden Dichter zu erwähnen behauptete; die Zürcher verdachten ihm das sehr und schoben ihm andere Motive unter als diejenigen, die er bei seinem Verhalten zu befolgen vorgab.

Wir wollen gleich hier erwähnen, dass Hallers philosophische Gedichte keinen stümperhaftern Nachahmer gefunden haben als gerade Gottsched. Seine „Hamartigenie, oder: Lehrgedichte vom Ursprung des Bösen" ist eine zusammenhangslose Compilation und ein blöder Auszug von Hallers „über den Ursprung des Uebels".

> Die Menschen sind verderbt . . .
> Was ist Verstand und Witz? ein dickumnebelt Licht,
> Das kaum zwei Spannen weit durch Dampf und Irrthum bricht . . .
> Ein Kind erblickt das Licht, ein Grundriss von dem Wesen,
> Das Gott dem Erdenball zum Bürger auserlesen;
> Ein zartes, schwaches Thier, dem alles das gebricht,
> Was andern Thieren nützt. Es hört und sieht fast nicht,
> Ihm fehlt Vernunft und Witz, die Dinge zu erkennen.
> . . . Wär nicht die ganze Welt vollkommen gut geschaffen?
> Es ist aus freier Wahl des Höchsten Guts geflossen.
> An dir, o Mensch, liegt deines Unglücks Schuld,
> Indessen trägt dich doch dein Schöpfer mit Geduld.

Breitinger und Bodmer.

Danzel[1] bemerkt wegen des Streites zwischen Gottsched und den Zürchern mit Grund, es sei sehr schwer, das Streitobject zwischen den streitenden Parteien mit zwei Worten anzugeben. Die tiefgehende allgemeine Differenz war aber wohl die, dass die Zürcher für einen Poeten das Studium, Gottsched die blosse Nachahmung früherer Dichter verlangten. Daraus ergiebt sich von selbst, dass jene auf die Phantasie des Schaffenden abstellten, der durch das Lernen an guten Mustern allerdings der richtige Weg gewiesen werden könne und müsse,

---

[1] Th. W. Danzel. Gottsched und seine Zeit. Leipzig 1848.

während Gottsched auf die Regel allen Nachdruck verlegte, wobei er freilich der Ansicht war, ein Gewisses von poetischer Anlage sei immerhin vorauszusetzen. Gerade an den Franzosen fand er nun die seiner Meinung nach trefflichen Nachahmer der Alten, die von jenen doch nicht verstanden werden. Nicht als ob die Engländer in die Werke derselben eine so gewaltig bessere Einsicht besessen hätten, wovon Popes Uebersetzung des Homer einen Beleg liefern mag; aber in der Literatur der Britten hatte sich doch ein freieres und gesunderes Element immer geltend zu machen gewusst. An die Engländer mussten sich die Zürcher nothwendigerweise halten; denn um die Alten von Grund aus zu verstehen, waren sie noch lange nicht weit genug, und über die Franzosen sahen sie — theoretisch wenigstens — hinaus. Das schwache poetische Talent Bodmers, das ihn den Rang eines ungeschickten Nachahmers nicht übersteigen liess, hat selbstverständlich in diesem Falle mit seiner bedeutend höher stehenden kritischen Einsicht nichts zu schaffen.

Bodmer und Breitinger hatten indessen ihre An- und Einsichten nicht von heute auf morgen zur Reife gebracht; vielmehr kamen sie erst nach langen und vielfachen Versuchen dazu, ihr Meinen und Wollen in den bekannten theoretischen Werken niederzulegen. Aber der Hauptsache nach war schon acht Jahre früher von dem jungen Haller in Bern ihr Problem praktisch gelöst. Ob er durch die Zürcher auf die englische Poesie hingelenkt worden sei, ist unwahrscheinlich genug, ja sie mögen von dem jungen Dichter kaum eine Ahnung gehabt haben. Als sie nun ihren Wunsch erfüllt und die englische Poesie gewissermassen nach Deutschland geführt sahen, hatten sie allen Grund, sich als Vertheidiger und Bewunderer Hallers — und zwar in aller Ehrlichkeit und Ueberzeugungstreue — aufzuthun. War es auch nur das Lehrgedicht, das dieser kultivirte und das von ihnen bei weitem tiefer gestellt wurde als es der Dichter selbst that, so war doch der Schritt geschehen, den sie bloss durch die Uebersetzung des verlornen Paradieses von Milton zu thun versuchen konnten; aber es war zugleich auch ein Dichter aufgestanden, der schöpferische und kühne Phantasie, tiefe Gedanken und kernhafte, sittliche Tendenz aufwies. Wie hoch sie den neuen Poeten schätzten, ergiebt sich am besten aus der

Vertheidigungschrift, die der sonst so ruhige und vorsichtige Breitinger den Gottschedianern entgegensetzte: **Vertheidigung der Schweizerischen Muse Herrn D. Albrecht Hallers.** (Zürich 1744.) Sie ist mit aller wünschbaren philologischen Genauigkeit und Schärfe geschrieben, aber auch von einer Deutlichkeit, die wahrlich nichts zu wünschen übrig lässt. Wir heben — nicht etwa um die letzte Behauptung zu begründen, denn das wäre leicht genug — bloss die eine Stelle hervor: „Denn wer kann leugnen, dass Herr Professor Haller durch seine wenigen Gedichte fast ganz allein den Wachsthum der wahren Dichtkunst so hoch getrieben, als er noch nie in Deutschland gestiegen war?"

Man müsste beinahe eine eigene Arbeit über Hallers Verhältniss zu den Zürchern schreiben, wollte man sich näher auf dieses literarische Pamphlet einlassen, ebenso, wenn man die zahlreichen Urtheile und Lobsprüche Bodmers und Breitingers durchzugehen gedächte. Es sei drum bloss ein Passus aus Bodmers „Character der deutschen Gedichte" (1734) herausgegriffen.

Sieh dann, wie Haller dort mit starkgesetztem Muth
Verrätherische Blick' ins Menschen Busen thut,
Und selbst auch der Vernunft, die uns zu Menschen machet,
So wie der Tugenden und ihrer Ohnmacht lachet.

Des Schweitzers Schreibart ist von Gegensätzen voll,
Die nicht zum eiteln Putz, von Wissbegierde toll,
Ein seichter Geist erfand; die in der Sache lagen
Und die die Wahrheit ihm zu schreiben aufgetragen:
Weil menschlich Urtheil gern sich selber widerspricht,
Und wenn es nicht sich selbst, die That es leichtlich bricht.

Wie sehr die beiden Kunstrichter Haller geschätzt und in welchem Grade sie sich auf ihn gestützt haben, wird ein Blick in ihre bedeutenden critischen Werke lehren.

a) Breitingers Critische Dichtkunst.

I. Band.

Von der Vergleichung der Mahler-Kunst und der Dicht-Kunst.

Gegenüber Richardsons Behauptung, dass die Poesie z. B. in der Schilderung der Alpen der Malerei nachstehe, sagt

Breitinger: „Aber wenn wir eben dieses Exempel der Alpen nehmen, wie es von dem vortrefflichen Schweizerischen Poeten Herrn D. Albrecht Haller poetisch ausgeführet worden, so wird es uns vielmehr dienen, dasjenige Stück des Vorzuges, in welchem die Mahlerkunst von der Poesie weit zurückgelassen wird, in ein klareres Licht zu setzen. Oder welcher Pinsel ist geschickt, durch seine Kunst und Farben alle dieselbigen Begriffe und Empfindungen hervorzubringen, welche dieser poetische Mahler mit einer jeden Zeile in das Gemüthe des Lesers einspielt?" (Nun stützt er seine Behauptung mit Beispielen aus Haller durch fünf Seiten hindurch.) —

Von dem Neuen.

„Molière, Corneille, Racine, Boileau, Milton, Pope, Opitz, Haller ... wo wären ihre berühmten und unsterblichen Werke, die kein Rost der Zeiten jemals verzehren wird?"

Von der Esopischen Fabel.

(Breitinger rühmt Hallers Fabel: der Fuchs und die Trauben.)[1]

Von absonderlichen Mitteln die Materie aufzustützen.

„So wenn der Schweizerische Poet Herr D. Albrecht Haller sich vorgenommen, das bekannte felices pauperes, sua si bona norint, mit dem Beyspiel der schweitzerischen Alpen-Bewohner auf eine poetische Weise auszuführen, so ist dieses Vorhaben zwar schon an sich selbst der gemeinen Meinung entgegen und verwundersam, doch kann die Ausführung dieses Satzes zu einem überzeugenden Beyspiele dienen, wie bequem dieser Angriff sei, einem gewissen in den Augen der Welt gantz verachteten Gegenstand ein edles Ansehen mitzutheilen, allermassen das gantze Gedicht von den Alpen mit so vieler Kunst und Geschicklichkeit verfertiget ist, dass man sich bei der Durchlesung nicht erwehren kann, denen sonst verachteten Einwohnern derselben einen ungemeinen Vorzug an Glückseligkeit einzuräumen u. s. w." —

Ebenso rühmt er das Gedicht „Ueber die Ehre". —

---

[1] Gedichte, pag. 206.

II. Band.

Von den Machtwörtern.

„An eben dergleichen (Machtwörtern) ist auch Herr Haller sehr reich, inmassen seine Gedichte eben darum einen grossen Vorzug vor so vielen andern verdienen, weil sie voll Nachdruckes und voller Gedanken sind, die so dicht neben einander liegen, dass eine Strophe von sechs Zeilen dem Geist öfters mehr Nahrung giebt als sonst weitläufige Gedichte, womit andere Verfasser ganze Bogen anfüllen. Ich will nur einige wenige zur Probe auszeichnen. In dem Gedichte von den Alpen fallen mir folgende Beyspiele beym ersten Aufschlagen ins Auge:

> Ein Aug, dass Kunst und Weissheit schärffen
>
> Sie hat dich von der Welt mit Bergen abgezäunet.
>
> Kein müssiger Verdruss verlängert hier die Stunden u. s. w."

Von der Kunst der Uebersetzung.

„.... Dem participio praeteriti[1] ...."

Von den Beywörtern.

„Der Herr Doctor Haller hat in dem vortrefflichen Gedicht, die Alpen betitelt, diese mahlerische Kunst reichlich angewendet; nehmet z. Ex. die eilfte und zwölfte Strophe dieses Gedichtes von den Alpen, wo er die Spiele der Einwohner derselben beschreibt:

> Dort fliegt ein schwerer Stein."

(Nachher im Einzelnen lobend nachgewiesen.)

Von der herzrührenden Schreibart.

„Ein anderes Mittel, wodurch die innigste Empfindung einer Leidenschaft sich natürlich entdecket, und welches vortrefflich dienet, die Vorstellungen zu vergrössern, ist der Ausruf. Ein Exempel soll mir Herr D. Haller aus dem Gedichte, Sehnsucht nach dem Vaterlande betitelt, verschaffen:

> Ach Himmel u. s. w. u. s. w."

---

[1] Siehe oben, pag. 83.

Von dem mahlerischen Ausdruck.

„... Ut pictura poesis erit, sagt daher Horaz. So wenn Herr Haller in dem Gedichte die Alpen betitelt, Gentianam majorem luteam, als eins der vortrefflichsten Alpenkräuter, und die blaue pratensem flore lanuginoso, poetisch beschreiben will, so sagt er:

> Dort ragt u. s. w. u. s. w.

Man vergleiche damit die genaueste historische Beschreibung eines Botanici, oder auch die ähnlichste Zeichnung eines Mahlers, so wird man gestehen müssen, dass sie gegen dieser poetischen Schilderung gantz matt und düster seyn."

Von dem Bau und der Natur des deutschen Verses.

Das ist Herrn Hallers eigenes Lob, dass er diesen Vers mit Gedanken gedrange angefüllt hat, ohne die Ohren merklich zu beleidigen; wiewohl ich ihm zum Lobe sagen muss, dass er in einem Fall, da er wehlen musste, lieber den Verstand als das Gehör hat vergnügen wollen. —

b) **J. J. Breitingers Critische Abhandlung von der Natur, den Absichten und dem Gebrauche der Gleichnisse 1740.**

Von den lehrreichen Gleichnissen.

Der Ruhm der Schweitzerischen Nation. Herr Doctor Haller ...[1] zollen u. s. w.

Von den Gleichnissen in Brockes ird. Verg. in Gott.

Der schweizerische Poet, der jezige Göttingische Professor, Herr Doctor Haller, sagt in seinem Gedichte, die Alpen betitelt, gantz poetisch:

> Wenn sich der Erde Schooss mit neuem Schmucke zieret,
> Den ihr ein holder West auf lauen Flügeln bringt.

Ich zweifele, dass die hellen Züge des Herrn Brockes einen so herrlichen Begriff zu wege bringen. Herr Haller sagt in seinem oben angeführten Gedichte mit zwo Zeilen, was diese gantze (vorher citirte) Brockesische Vorstellung in sich hält:

> Der Blumen scheckigt Heer scheint um den Rang zu streiten,
> Ein leichtes Himmel-Blau beschämt ein nahes Gold.

---

[1] Siehe oben, pag. 84.

c) Bodmers Critische Betrachtungen über die poetischen Gemählde der Dichter (1741).

5. Abschnitt. Von der Kunst der poetischen Gemählde in Absicht auf den Ausdruck.

„Von einer gantz andern Art sind folgende u. dergleichen Metaphoren:

> Bald fällt der Bau von meiner Hoffnung nieder.

Dieses sind keine eigentlichen Metamorphoses, sondern da geschieht nichts anders, als dass die Würkung und Eigenschaft der Hoffnung mit uneigentlichen Worten ausgedrücket werden. Statt dass ich mich bemühen könnte, einige von diesen Exempeln des Maggi zu beschönigen, will ich lieber in den Poeten unsrer Nation nachschlagen, mit was vor Maasse und Behutsamkeit sie sich der abgezogenen Nahmen bedienet haben. Nun fallen mir gleich folgende Exempel in die Augen:

> Verdienst macht alles werth, und Liebe alles gleich.
>
> Die Ehrsucht theilet nie was Liebe hat verbunden.
>
> Die Staatssucht macht sich nicht zur Unglücks-Kupplerin.
>
> Die Wollust deckt ihr Bett auf sanftgeschwollnes Moos.
>
> Die Liebe führt die Braut in ihres Hirten Schooss,

u. s. w. u. s. w.

Diese Exempel haben bey ihrem Nachdrucke alle Deutlichkeit, die man verlangen kann, sie sind so natürlich, dass man in dem gemeinen Umgang alle Tage auf diese Weise hört sagen, der Zorn hat ihn überwältigt u. s. w."

8. Abschnitt. Von den Gemählden des Grossen.

„Unsre Poeten haben diese Pflicht auch nicht aus der Acht geschlagen, sie haben diese Endursache zu befördern den gantzen Umkreis des materialischen Reiches als ein sinnliches, obgleich unvollkommenes, Bild der Unermesslichkeit Gottes mit mächtigen Pinselzügen vorgestellt. Herr Haller hat in den wenigen Zeilen zusammengefasst:

> Den unermessnen Raum, in dessen lichten Höhen
> Sich tausend Welten drehn, und tausend Sonnen stehn;"

12. Abschnitt. Von den Characteren der Tugenden u. s. w.

„Auf dieselbe Weise hat Herr Haller seine Satyre von den verdorbenen Sitten aus vortrefflich feinen und geschickten Characteren formirt, als des Appius, des Salvius, des Democritus, des Rusticus und anderer. Das sind alles Sitten und Würckungen, welche gewissen moralischen Beschaffenheiten zukommen. Der Poet hat sie aus dem allgemeinen Laufe der Welt und den persönlichen Characteren, wo sie mit vielen andern von verschiedener Art vermischet waren, herausgenommen, und zusammen in ein neues Gewebe verbunden; endlich hat er ihnen Namen von Individuis beigeleget, damit sie desto lebhafter und desto wahrscheinlicher würden, also dass diese erdichtete Personen das Thun dieser moralischen Beschaffenheiten als ihre Rolle auf sich nehmen und spielen u. s. w. — —"

Es tritt aus diesen Beispielen klar genug hervor, wie sich die beiden schweizerischen Kritiker in verschiedenen Punkten, namentlich aber in der Verfechtung des poesis ut pictura, auf Haller zu stützen suchen.

Johann Elias Schlegel.

Schon viel objectiver — wenn uns auch weit weniger Zeugnisse vorliegen — wird Haller von J. Elias Schlegel beurtheilt, der an Einsicht und Wissen in poetischen Dingen die Zürcher Kunstrichter um Haupteslänge überragte, aber zu früh aus dem Leben schied, als dass er es als Kritiker oder Dichter zur Schöpfung eines bleibenden Werkes hätte bringen können.

Wie hoch er Haller stellt, ohne dessen Schwächen wenigstens nach einer Seite hin zu übersehen, mögen folgende Stellen darthun:

Schreiben an den Prof. Gottsched über Mauvillons zehnten Brief in den lettres sur les français et les allemands 1740:

> Zwar Deutschland zeiget itz auch manchen Geist voll Kraft,
> Der nicht von andern borgt, und selbst was neues schafft.
> Sieh jenen, welcher zeigt, was Aberglauben stiftet,
> Des Uebels Ursprung sucht, das unsre Welt vergiftet!

> Sein Dichten ist belebt; sein Denken kühn und scharf,
> So dass sich neben ihm nicht Pope schämen darf.

An den Professor Kästner, dass die Mathematik einem Dichter nützlich sey, 1742:

> Ja, hätte damals schon ein Geist voll Hitz und Muth
> Den Opitz aufgesucht, der lange todt geruht,
> Und dadurch, dass er uns sein Beyspiel angepriesen,
> Manch deutsches Lied erweckt und manchen unterwiesen;
> So hätte Leibnitz nicht ein deutsches Bardenlied
> In rauhem Ton gewagt, und sich umsonst bemüht;
> So würde Leipzig längst schon seinen Haller kennen,
> Und Hallern würde Bern itz seinen Leibnitz nennen.
> Er wär im Dichten kühn, und in der Sprache rein,
> Er würde Meissens Ruhm und auch sein Muster seyn;
> Und niemand würde sich aus unsrer Flur entfernen,
> Und mit des Dichters Kunst des Schweizers Härte lernen.

Trotz dieser Ausstellungen erblickt Schlegel in Haller doch so ziemlich den grössten deutschen Dichter seiner Tage. In der Abhandlung: „Von der Nachahmung" sind unter zehn Beispielen nicht weniger als vier Hallers Gedichten entnommen.

... Weil aber hier bloss von der Aehnlichkeit die Rede ist, so glaube ich, es wird genug seyn, wenn ich ein Gleichniss aus einem Poeten zum Exempel anführe; zu zeigen, dass man die Verhältnisse, und ob sie einerley sind, auch bey andern Dingen bemerken hönne, als bey solchen, die sich messen lassen.

> Wie ein gefärbtes Glas, wodurch die Heitre strahlt,
> Des Auges Urtheil täuscht, und sich in allem malt;
> So thut das Vorurtheil; es zeigt uns alle Sachen,
> Nicht wie sie an sich sind, nein, wie es sie will machen.
> Haller.

(Folgt nun die Ausführung.) —

Wenn Haller sagen will: Hier steht ein hoher Berg, von welchem ein Strom herabstürzet, und einen Wasserfall machet, so ist seine poetische Beschreibung fähig, die deutlichsten Begriffe davon zu geben:

> Hier zeigt ein steiler Berg die mauergleichen Spitzen,
> Ein Waldstrom eilt hindurch, und stürzet Fall auf Fall.
> Der dickbeschäumte Fluss dringt durch der Felsen Ritzen,
> Und schiesst mit gäher Kraft weit über ihren Wall.

> Das dünne Wasser theilt des tiefen Falles Eile,
> In der verdickten Luft schwebt ein bewegtes Grau,
> Ein Regenbogen strahlt durch die zerstäubten Theile,
> Und das entfernte Thal trinkt ein beständig Thau. —

Wenn ich den Herbst nennen höre, so stellet sich ein Begriff in meiner Einbildungskraft vor, der zwar undeutlich ist, aber worinnen doch die Theile desselben, oder was an ihm sich unterscheiden lässt, enthalten sind. Dieser Begriff wird zum Vorbilde, sobald ich weiter eine Beschreibung des Herbstes höre:

> Bald, wenn der trübe Herbst die falben Blätter pflücket.

(Folgt nun die Ausführung.) —

Wenn ich ferner höre:

> Und sich die kühle Luft in graue Nebel kleidet,

so bemerke ich u. s. w. u. s. w. — —

Noch seien hier zwei Stellen aus Schlegel angeführt, die auf Hallers Popularität ein kleines Licht mehr werfen:

Alcest war dadurch so verdriesslich geworden, dass er mit allen Leuten brach, so oft sie etwas vornahmen, das nicht nach seinem Sinne war, und er trug täglich die Verse des Herrn von Haller im Mund:

> Unselig Mittelding von Engeln und von Vieh!
> Du hast zwar die Vernunft, doch du gebrauchst sie nie,
> Was nützen dir zuletzt der Weisheit kluge Lehren?
> Zu schwach, sie zu verstehn, zu stolz, sie zu entbehren!
> (Der Fremde, 6. Stück, pag. 57. (21. Mai 1745.)

...Dass diese Kleinigkeiten unter die wichtigen Kleinigkeiten gehören. Ein philosophischer Poet in Deutschland scheint auf eben diese Art von den wichtigen Kleinigkeiten zu denken, wenn er, wo ich mich recht erinnere, sagt:

> Dort sucht ein weiser Mann, bey Nacht und stillem Oele,
> Der Körper innere Kraft, das Wesen seiner Seele,
> Wenn mit geringerm Licht, gleich wichtig in der That,
> Ein Weib sein Haus regiert, und Kinder zieht dem Staat.

Schlegel hat neben seinen dramatischen und kritischen Arbeiten auch „moralische Reden" und „moralische Gespräche" geschrieben; ein specieller Einfluss Hallers lässt sich in einer einzigen Stelle erkennen.

An den Professor Kästner u. s. w.:

> Wenn dort ein muntrer Geist, den Wissenschaft genähret,
> Uns unsrer Schwäche Bild in den Planeten lehret,
> Und spricht: „Es ist umsonst, dass man die Erde flieht,
> Weil stets des Körpers Last den Geist herniederzieht.
> Vergebens wirkt ein Trieb in halbbestrahlten Sternen,
> Der sie vom Mittelpunkt ermahnt sich zu entfernen.
> Es drückt ein innrer Zug sie jeden Augenblick
> Mit ewiger Gewalt nach ihrem Glück zurück."

Haller in „Falschheit der menschlichen Tugenden":

> Der Mensch entflieht sich nicht, umsonst erhebt er sich;
> Des Körpers schwere Last zieht an ihm innerlich.
> So, wenn der rege Trieb in halbbestrahlten Sternen
> Von ihrem Mittelpunkt sie zwingt sich zu entfernen,
> Ruft sie von ihrer Flucht ein ewig starker Zug
> Ins enge Gleis zurück, und hemmt den frechen Flug.

Sulzer.

Zwischen Schlegels Tode und dem Erscheinen von Sulzers „Allgemeiner Theorie der schönen Künste" liegt ein Zeitraum von dreissig Jahren. Klopstock, Wieland, Lessing, Herder, Goethe sind inzwischen aufgetreten. Und doch stehen Sulzer und Schlegel der Hauptsache nach auf dem nämlichen Grunde; beide erscheinen als Vertreter jener Richtung, die von der Poesie eine moralische Tendenz verlangt, der darum das Lehrgedicht immer noch sehr hoch steht, die zwar Klopstock bewundert, Wieland theilweise anerkennt und der an den Alten und an Shakespeare schon manche Schönheiten klar geworden; aber Lessing ist an diesen Leuten im Grossen und Ganzen spurlos vorbeigegangen und von einem eigentlichen tiefern Verständnisse der Poesie ist bei ihnen noch nicht die Rede: sie repräsentiren bei allem geistigen Streben doch jene geistige Unfreiheit, von der uns erst Lessing und Goethe Erlösung gebracht haben. Das Eintreten einer zweiten Auflage von Sulzers Theorie, die gleichsam als das letzte Wort und Echo jener — allerdings seit 1740 in manchen Punkten fortgeschrittenen — Richtung erscheint, wie Bodmers und Breitingers Werke ihr Ausgangspunkt waren, beweist nur, wie zahlreich diese Leute sich noch fanden. Uebrigens haben Wieland und Lessing in ihrer Jugend vollständig unter diesem Banne gestanden, namentlich was die moralische Tendenzpoesie anbelangt.

Sulzer beschäftigt sich in seinen Briefen viel mit Haller, wovon zum Theil die Landsmannschaft Ursache ist; eine einzige Stelle aus denselben mag genügen: „Keine Philosophie ist im Stande, mich in gewissen Umständen aufzumuntern; der Scherz aber ist stärker, als die Weisheit; und noch diesen Abend, ehe ich Ihren Brief bekommen, haben St. Evremont und Ihre Lieder mehr genützt, als wenn ich den Seneka oder Hallers Ode von der Ewigkeit gelesen hätte."[1] In seiner Theorie aber entnimmt er keinem deutschen Dichter so viele Citate wie Hallern. Mag er ihn auch speciell gerne gelesen haben, so lässt sich doch denken, dass der Dichter in den Kreisen, für welche die Theorie berechnet war, wohl bekannt und beliebt gewesen sein muss.

Wir durchblättern Sulzers Werk und geben, was wir finden, in der nämlichen (alphabetischen) Reihenfolge; sehr vieles muss natürlich wegbleiben.

Allegorie. Wenn Haller sagt:

Mach deinen Raupenstand und einen Tropfen Zeit,
Den nicht zu deinem Zweck, die nicht zur Ewigkeit

so drückt er durch diese allegorischen Bilder das, was er von der eigentlichen Bestimmung und Kürze des gegenwärtigen Lebens hat sagen wollen, sehr viel kürzer, nachdrücklicher und sinnlicher aus, als es ohne Allegorie hätte geschehen können.

Erhaben. Wer nur von der Ewigkeit spricht und sagt, sie sei eine Dauer ohne Ende, der rührt uns wenig, weil wir nichts dabei denken; wenn aber Haller singt:

Die schnellen Schwingen der Gedanken,
Wogegen Zeit und Schall und Wind,
Und selbst des Lichtes Flügel langsam sind,
Ermüden über dir, und hoffen keine Schranken.

so bekommen wir doch einigermassen einen Begriff dieser unbegreiflichen Grösse, indem wir sehen, dass sie das Höchste, so wir denken können, weit übersteigt.

---

[1] An Gleim. Magdeburg, 16. Juli 1745.

Erweiterung ... So, wie Haller, nachdem er gesagt hat:

Unendlichkeit, wer misset dich?

durch Erweiterung hinzuthut:

Vor dir sind Welten Tag' und Menschen Augenblicke.

Kürze ... Sie ist also den Schriftstellern vorzüglich eigen, die ein zu höhern Wissenschaften aufgelegtes Genie mit Geschmack verbinden. Darum übertrifft Haller in gebundener und ungebundener Rede jeden andern Deutschen. Schon in dieser Absicht allein ist sein Usong ein höchst schätzbares Werk, und kann zum Muster des kurzen Ausdrucks dienen.

Landschaft. Wenn der Maler, nicht wie Haller, Thomson und Kleist, durch die Betrachtung der Natur in alle Gegenden der sittlichen Welt geführt wird, so richtet er durch Zeichnung und Farben nichts aus.

Lehrgedicht ... hat einige Kunstrichter verleitet, das Lehrgedicht von der Poesie auszuschliessen. Freilich könnte sich die Dichtkunst mit dem Vortrage zusammenhängender Wahrheiten nicht bemengen, wenn sie nothwendig so müssten vorgetragen werden, wie Euklides oder Wolf es gethan haben. Es giebt aber gründliche Systeme von Wahrheiten, die auf eine sinnliche, dem anschauenden Erkenntnis einleuchtende Weise können gesagt werden; wovon wir an Horazens und Boileaus Werken über die Dichtkunst, an Popes Versuch über den Menschen, an Hallers Gedicht über den Ursprung des Uebels und manchem andern Werke dieser Gattung fürtreffliche Beispiele haben, denen man, ohne in verächtliche Spitzfindigkeiten zu verfallen, den Namen sehr schöner Gedichte nicht versagen kann. Wir werden auch hernach zeigen, dass dem Lehrgedicht nicht bloss überhaupt ein Platz unter den Werken der Dichtkunst einzuräumen sei, sondern dass es sogar unter die wichtigsten Werke derselben gehöre.

Satyre. Von unsern Dichtern sind Caniz und Haller die einzigen, die sich in der römischen Satyre hervorgethan haben.

Wahrheit. Wir treffen oft bei Pope, Haller, Juvenal, Horaz und andern Dichtern kurze Denksprüche, Lehren und Bilder an, die uns eine Menge Gedanken, die wir lange sehr unbestimmt, verworren, dunkel und schwankend gefasst hatten, in einem überaus hellen Licht und in der höchsten Einfalt darstellen, und die wir für bewundernswürdige Schilderungen der Wahrheit halten müssen.

Lessing.

Wer den Laokoon geschrieben, betrachtet das Lehrgedicht mit andern Augen, als es Sulzer thut; und nicht nur das Lehrgedicht, sondern auch das malerische und malende Element in Hallers Gedichten. Man erinnere sich hier nur der bekannten Stelle, wo Lessing die Beschreibung der Alpenpflanzen einer kritischen Analyse unterwirft und dabei zu dem Schlusse gelangt: „Ich höre in jedem Worte den arbeitenden Dichter, aber das Ding selbst bin ich weit entfernt zu sehen." Indem er sich gegen Haller wandte, traf er in diesem zugleich den hervorragendsten unter den malenden Dichtern; er nennt auch die betreffende Beschreibung in den Alpen ein „Meisterstück in seiner Art". Wie früh er zu seiner Ansicht über die malende Poesie gekommen ist, wissen wir nicht, wohl aber, dass er rücksichtlich des Lehrgedichtes, so um sein zwanzigstes Lebensjahr herum, ganz Hallers Schüler war. Zu jener Zeit sagt er:

> Die Schwester der Musik hat mit ihr gleiches Glücke;
> Critiken ohne Zahl, und wenig Meisterstücke,
> Seit dem der Philosoph auf dem Parnasse streift,
> Und Regeln abstrahirt, und die mit Schlüssen steift.
> Der Schüler hat gehört, man müsse fliessend dichten,
> Was braucht der Schüler mehr, des **Schweitzers** Lied zu richten?
> **Grob, Lohensteinisch, schwer** giebt seinen Worten Wucht.
> . . . .
> . . . . ist der nicht auch zu preisen,
> Dess Ohr sich nicht empört bey mittelmässgen Weisen,
> Der bey des Hirten Flöt' und muntern Dorfschallmeyn
> So freudig kann, als du in **Grauens** Opern, seyn?
> Dies Glück, Freund, wünsch ich dir! Und willst du dich bedanken,
> So wünsch mir gleiche Lust aus **Hallern** und aus **Hanken**.[1]

---

[1] An den Herrn Marpurg, über die Regeln der Wissenschaften zum Vergnügen; besonders der Poesie und der Tonkunst. Gedruckt 1749.

Und zu den Worten von H.

> ... die Dichtung kränkest du,
> Gestehst der alten Welt vor uns den Vorzug zu;
> Allein, geliebter Freund, ist Glower kein Poete?
> Reizt dich nicht Hagedorn, klingt dir nicht Hallers Flöte?

macht er die Anmerkung:

> Wem danken diese denn ihr göttlich Lied? den Alten;
> Drum, ihnen gleich zu seyn, muss mans mit jenen halten.[1]

In der Berlin. priv. Zeitung vom Jahre 1755 (6. März) sagt er: ... „Er kennet von unsern Neuern, ausser dem Herrn Gellert fast niemanden als einen **Günther**, einen **Hagedorn**, einen **Haller** und einen **Rabener**. Es werden leicht die vornehmsten sein." Seine lobenden Aussprüche über Haller den Menschen haben wir schon oben citirt.

Leider besitzen wir kein Wort aus Lessings spätern Jahren über Haller.

Mendelssohn.

Vielleicht können Mendelssohns Urtheile und Bemerkungen über Haller die Lücke ausfüllen, die wir bei Lessing treffen. Die beiden Freunde haben zusammengearbeitet und man weiss, dass Lessing in den Beiträgen seiner Freunde zu den Literaturbriefen nicht selten seine redigirende Hand hat fühlbar werden lassen.

Aus der Bibliothek der schönen Wissenschaft und der freyen Künste.

Band I, Stück I. (1757.)

... Unter den Deutschen würde **Haller** ein Mittel zwischen diesen beiden grossen Geistern (Pope und Young) getroffen haben, wenn ihn nicht solidere Wissenschaften abgehalten hätten, seine männlichen Jahre den Musen zu widmen. Indessen wird die kleine Sammlung von Gedichten, die er geliefert hat, nie aufhören, von uns bewundert zu werden; und wir glauben unsern **Withof** nicht besser anpreisen zu können, als wenn

---

[1] Poetische Anmerkungen zu dem Gedichte von H.

wir sagen, er habe Hallern, den er sich einzig und allein zum Muster vorgesetzt, in vielen Stücken recht glücklich nachgeahmt. Er hat zwar das Schicksal derer nicht vermieden, die sich ein einziges Muster zum Vorbilde wählen; er hat die Flecken selbst mit beibehalten, die sein Urbild entstellen. Seine Verse sind nichts weniger als wohlklingend, sein Ausdruck ist hart und öfters sehr dunkel, seine Wortfügung fremd und unbiegsam; und überhaupt hat er die Sprache und das Mechanische in der Poesie nicht genug in seiner Gewalt. Ja in der Schönheit selbst, dadurch uns Haller für diese Fehler schadlos hält, hat er ihn nicht völlig erreicht. Er weiss seinen Plan vielleicht noch weniger anzulegen als sein Muster, der grosse Haller.

Stück II.

Akenside, pleasures of imagination. Dieser Anblick einer Landschaft . . . von Haller beschrieben, den sich Withof vorzüglich zum Muster vorgestellt zu haben scheint. Zeigt aber nicht Haller in folgender sehr kurzen Beschreibung, dass er alle Umstände eben so lebhaft gefühlt hat als der engländische Dichter?

Wenn Phöbus helles Licht durch flüchtge Nebel strahlet.
u. s. w. u. s. w.

Band III, Stück II. 1758.

(Das Recht der Vernunft von Lichtwehr) . . . Ist ein grosser Haller in dem Lehrgedichte vortrefflich und in der Fabel nur mittelmässig, so kann ein anderer Dichter um so viel eher in . . . Das Lehrgedicht ist die einzige Gattung, in welcher wir unsere Nachbarn, die Franzosen, übertroffen, und den Engländern gleichkommen. Die vortrefflichen Stücke, die wir von dieser Art besitzen, haben unsern Geschmack verwöhnt.

Band IV, Stück II. 1759.

Der Tod Abels . . . Dort lebt ein Hügel, und itzt gieng er belebt als Elephant daher." Man vergleiche dieses mit dem männlichen Colorite des Herrn von Haller:

Du hast den Elephant aus Erden aufgethürmet,
Und seinen Knochenberg beseelt.

Aus den Briefen, die neue Literatur betreffend:

126. Brief, 1760. Zur Weltweisheit scheint die deutsche Sprache mehr als irgend eine von den lebenden Sprachen aus-

gebildet zu sein. Sie ist bestimmt und reich genug, die feinsten Gedanken des Metaphysikers in ihrer nackten Schönheit vorzutragen, und von der andern Seite nachdrücklich und bilderreich genug, die abgezogensten Lehren durch den Schmuck der Dichtkunst zu beleben. Jenes hat sie Wolfen und dieses Hallern zu verdanken. Zwei solche Schriftsteller sind genug, einer Sprache von einer gewissen Seite die bestimmte Ausbildung zu geben. Die Nazion hat ihnen auch, so zu sagen, das Münzrecht zugestanden; denn die mit ihrem Stempel bezeichneten Ausdrücke sind in dem Gebiete der Weltweisheit nunmehr gang und gäbe geworden, . . .

Ausser Hallern haben uns auch Bodmer, Hagedorn, Wieland, Dusch u. a. m. überaus schöne moralische Gedichte geliefert. Niemand aber ist diesem grossen Vorgänger so nahe gekommen als Withof. Er denkt stark kühn, weniger zusammenhängend als Haller, aber eben so neu und vielleicht an einigen Stellen mit mehr Einbildungskraft. Er hat Flickwörter, Härten, Reimzwang, die einige einen Dichter abscheulich machen würden, allein ich bedaure denjenigen, der bei Withof noch müssig genug ist, sich an diese Kleinigkeiten zu stossen.[1]

128. Brief. Er (der Lehrdichter) muss zwar den kühnen Schwung der Ode und ihre anscheinende Unordnung vermeiden; allein er muss sich vor Trockenheit und prosaischem Wesen eben so sorgfältig in Acht nehmen und bedenken, dass uns Pope, Haller und Young so verwöhnt haben, dass wir nunmehr in keiner Zeile den Dichter gern vermissen wollen.

---

[1] Dieser Ueberschätzung Withofs zu Hallers Ungunsten wurde denn billigerweise in den „Briefen über den Werth einiger deutscher Dichter" entgegengetreten: „Wenn Haller nach Ihrem Urtheil auf den Namen eines Dichters Verzicht machen muss, so weiss ich nicht, was Withof für einen Namen erhalten soll. Dieser ist ein wahrhaftiger Dogmatiker im Silbenmass und mit Hallern in Absicht der gedrungenen Kürze, der Spannung des Geistes und des Gewichts der Gedanken gar nicht zu vergleichen. Es herrscht zwar ein ziemlich durchdachter Plan und eine schickliche, obgleich völlig undichterische Bearbeitung in seinen Werken; dagegen aber ist oft gedehnt und schleppend, überhaupt aber ohne poetisches Feuer."

Herder.

Herder wusste in Haller den Gelehrten und Dichter sehr wohl zu schätzen, und zwar den letztern auch nach Richtungen, die nachweisbar keiner der vorher ins Auge gefassten Kritiker hervorgehoben hat. In einem Punkte aber that er ihm jedenfalls Unrecht, indem er vom Dichter verlangte, was bloss vom Philosophen gefordert werden kann: in seinen Gesprächen über Spinozas System geht er unter Anderm auch darauf aus, darzuthun, dass Hallers philosophische Bilder und Gedanken vor dem strengen Richterstuhl der Logik nicht bestehen können: er begehrt mithin vom philosophischen Dichter ein in aller Form gereimtes System, wobei er sich folgendermassen vernehmen lässt: „Das Endlose giebt kein Bild; das absolut Unendliche, Ewige noch minder. Merken Sie, wie unser Haller alle Kräfte seiner Phantasie aufbietet, das Endlose zu schildern; er kanns nicht:

Unendlichkeit, wer misset dich?
Bey dir sind Welten Tag', und Menschen Augenblicke.
Vielleicht die tausendste der Sonnen wälzt jetzt sich,
Und tausend bleiben noch zurücke.
Wie eine Uhr, beseelt durch ein Gewicht,
Eilt eine Sonn', aus Gottes Kraft bewegt;
Ihr Trieb läuft ab, und eine zweite schlägt:
Du aber bleibst und zählst sie nicht.

Mit dem letzten Zuge hat der Dichter sein ganzes Gemählde selbst vernichtet. So thut ers mit seinem Bilde der Ewigkeit:

Die schnellen Schwingen der Gedanken

u. s. w. u. s. w.

Lassen Sie uns also selbst von einem Dichter lernen, auf metaphysische Phantasmen und leere Anschauungen eines endlosen Raumes, einer endlosen Zeit, geschweige des untheilbarewigen Daseyns in Bildern Verzicht zu thun. Philosophie ist nicht Phantasterei."

Sonst jedoch fehlt es nicht an vielen Worten wärmster Anerkennung.

„Wenn du noch andere fürchtest, o Sohn Teutons,
Als die von Athen: so gehören dir Klopstock,

Haller nicht an: Gleim und alle nicht an,
Denen ums Grab Lorbeer einst weht."[1]

„... Unsere Lehrdichter sind vortrefflich. Lukrez ist in meinen Augen, nach dem Feuer seiner Bilder, einer der ersten Genies unter den Römern. Wenn man die trockene Philosophie sieht, mit der er kämpfen musste; die Schwierigkeiten, mit denen er stritt ... propter egestatem linguae ac rerum novitatem — und die er doch überwand; die Strenge, mit der er seiner Schule genug that, und die herrlichen Gemälde und Ausschweifungen, die er einstreuet; so muss man erwarten, dass unsere Lukreze in einer zur Weltweisheit ausgebildeten Sprache, in einer weit bequemern und biegsamern Materie, mit einerlei Genie, um so viel höher vor dem Römer stehen müssen, je höhere Vorzüge sie nach der Cultur ihrer Werkzeuge haben. — Betrachten wir diess, so bleiben von allen unsern deutschen Lukrezen[2] vielleicht nur drei noch, die diesen Namen verdienen; die übrigen können gute Lehrdichter sein, allein Lukreze sind sie nicht, wenn Lukrez zu unsrer Zeit gelebt hätte. Haller, Withof und Creuz, drei Dichter auf drei verschiedenen Stufen! — Nimm Hallers Gedicht auf die Ewigkeit, und auf den Ursprung des Uebels, und zeige mir im Lukrez, du, der du sein Anbeter und vielleicht ein zweiter Creech bist, zeige mir im Lukrez solche, wahre und dringende philosophische Wahrheiten in so reelle und kurze Bilder eingehüllt. Hallers Geist ist in zween Dichter getheilt, in Withof und Creuz" u. s. w.[3]

Sehr wahr bemerkt übrigens Herder a. a. O.: „In der That, um ein guter Lehrdichter zu sein, wird weder ein Stern von der ersten philosophischen, noch von der ersten dichterischen Grösse erfordert."

Andere Vorzüge Hallers hebt Herder im nämlichen Werke (No. 52 und 55) hervor: „Ihm gegenüber steht Haller, der eine

---

[1] Zur schönen Literatur und Kunst, II. Fragment über die Eigenheit unserer Sprache.

[2] Ich sondre hier gleich die ersten Lehrdichter ab, Hagedorn, Dusch, Wieland u. s. w. (Herder.)

[3] Zur schönen Literatur und Kunst, Bd. 2: vom Lukrez. Gedicht.

Alpen-Last der Gelehrsamkeit auf sich trug. Was von Haller mit Pope verglichen werden kann, ist über Pope, was aus Popes lebendiger Welt an feinen Satyren und Charakteren und feinem Reimgeklingel dasteht, würde Haller redlicher aufgestellt haben. Bewahre uns die Muse vor Dichtern, bei denen Verstand ohne Herz, oder Herz ohne Verstand ist. Zwei Popesche Gedichte wünsche ich indessen meinem Vaterlande wohl eigen, seinen Versuch über den Menschen und über die Kritik. Ich habe nicht den mindesten Zweifel, dass wir beide besser, als Pope sie schrieb, zu ihrer Zeit bekommen werden. Unseres Hallers Gedichte sind ein Richtmass der Sitten, so wie der Wissenschaft und Gedankenart. Man kann von ihnen und den Werken mehrerer deutscher Dichter sagen, dass kein falscher Gedanke (Religionsvorstellungen etwa ausgenommen) in ihnen sey; welches man von wenig ausländischen Dichtern sagen möchte. Wie Hallers Ode auf die Ewigkeit ist, erscheint nichts Aehnliches in Pope.

Und noch hatte Haller ausser seinen grossen Verdiensten um mehrere Wissenschaften ein Glück, dessen sich der Engländer nicht rühmen konnte; er ward, wie Opitz, der Vater eines bessern Geschmacks in Deutschland, da Pope nichts als Drydens und mehrerer Vorgänger feinerer Nachgänger war."

„Die Weisesten in diesem Streit (zwischen Gottsched und den Schweizern), Haller und Hagedorn, schwiegen. Der Erste hat auch als Prosaist so viel Verdienst um den bessern Geschmack im Vortrage der Wissenschaften, dass ihm auch die deutsche Kritik vielleicht den ersten Kranz reichet. Mitten unter stürmischen Faktionen brachte er ein schmales Blatt deutscher Kritik unter den Schutz einer Societät der Wissenschaften selbst und gründete ihm dadurch nicht nur Unparteilichkeit, Billigkeit und Gleichmuth, sondern auch Theilnahme am Fortgange des menschlichen Geistes in allen Weltgegenden und Sprachen. Seit dem sind die göttingischen gelehrten Anzeigen nicht nur Annalen, sondern auch Beförderinnen und, ohne ein Tribunal zu sein, consularische Fasten und Hülfsquellen der Wissenschaften worden, zu denen man, wenn manche einseitige Kritik verstummt ist, wie durch libysche Wüsten zum stillen kenntnissgebenden Orakel der Wissenschaft reiset, und dabei immer noch Hallers und seiner Nachfolger Namen segnet[1] (circa 1782).

Schiller.

Das feinste und wichtigste Urtheil über Haller hat Schiller gefällt und wie er wusste keiner diesen Mann nach seinen Talenten zu schätzen. Es muss freilich zugestanden werden, dass in Anbetracht der Schärfe, die Schiller in seiner Abhandlung über naive und sentimentalische Dichtung gegen andere — und bedeutendere — Dichter hervorkehrt, Haller vielleicht bloss nach seinem Talent und nach seinen wenigstens besten Leistungen gemessen ist; warum wohl? werden wir später sehen.

„Was hier im Allgemeinen (heisst es in „über naive und sentimentalische Dichtung") von allen Lehrgedichten gesagt wird, gilt auch von den Hallerschen insbesondere. Der Gedanke selbst ist kein dichterischer Gedanke, aber die Ausführung wird es zuweilen bald durch den Gebrauch der Bilder,[2] bald durch den Aufschwung zu Ideen. Nur in der letztern Qualität gehören sie hierher. Kraft und Tiefe und ein pathetischer Ernst charakterisiren diesen Dichter. Von einem Ideale ist seine Seele entzündet, und sein glühendes Gefühl für Wahrheit sucht in den stillen Alpenthälern die aus der Welt verschwundene Unschuld. Tiefrührend ist seine Klage; mit energischer, fast bitterer Satyre zeichnet er die Verirrungen des Verstandes und Herzens und mit Liebe die schöne Einfalt der Natur. Nur überwiegt überall zu sehr der Begriff in seinen Gemälden, so wie in ihm der Verstand über die Empfindung den Meister spielt. Daher lehrt er durchgängig mehr, als er darstellt, und stellt durchgängig mit mehr kräftigen als lieblichen Zügen dar. Er ist gross, kühn, feurig, erhaben; zur Schönheit aber hat er sich selten oder niemals erhoben."

---

[1] a. a. O., pag. 55.
[2] Man vergl. hiezu: Der Dichter hält sich an das Sinnliche, um das Nichtsinnliche anschaulich zu machen und sucht durch ähnliche Bilder ähnliche Gemüthszustände zu erregen, wie z. B. in Hallers „Ewigkeit" (Fragment aus Schillers aesthet. Vorlesungen 1792—1793: Ueber die object. Bedingungen der Schönheit).

Indem Schiller vorher Haller, Kleist und Klopstock ihrer allgemeinen Anlage nach auf die nämliche Seite stellt, sagt er: „Wir erhalten nie den Gegenstand, nur was der reflektirende Verstand des Dichters aus dem Gegenstande machte, und selbst dann, wenn der Dichter selbst dieser Gegenstand ist, wenn er uns seine Empfindungen darstellen will, erfahren wir nicht seinen Zustand unmittelbar und aus der ersten Hand, sondern wie sich derselbe in seinem Gemüthe reflektirt, was er als Zuschauer seiner selbst gedacht hat. Wenn Haller den Tod seiner Gattin betrauert (man kennt das schöne Lied) und folgender Massen anfängt:

> Soll ich von deinem Tode singen,
> O Mariane, welch ein Lied!
> Wenn Seufzer mit den Worten ringen,
> Und ein Begriff den andern flieht, u. s. w.

so finden wir diese Beschreibung genau wahr; aber wir fühlen auch, dass uns der Dichter nicht eigentlich seine Empfindungen sondern seine Gedanken darüber mittheilt. Er rührt uns desswegen auch weit schwächer, weil er selbst schon sehr viel erkältet sein musste, um ein Zuschauer seiner Rührung zu sein."

Ueber Haller den Satiriker bemerkt Schiller (a. a. O.): „Die pathetische Satyre muss also jederzeit aus einem Gemüthe fliessen, welches von dem Ideale lebhaft durchdrungen ist. Nur ein herrschender Trieb nach Uebereinstimmung kann und darf jenes tiefe Gefühl moralischer Widersprüche und jenen glühenden Unwillen gegen moralische Verkehrtheit erzeugen, welches in einem Juvenal, Swift, Rousseau, Haller und Andern zur Begeisterung wird u. s. w."

Das Urtheil Schillers rücksichtlich der Darstellung in Hallers Physiologie haben wir früher angeführt; dem Gelehrten gilt auch die Grabschrift, die der junge Schiller in seinem „Schreiben über einen Versuch in Grabmälern nebst Proben" entworfen hat, wo es heisst: „Meine Beschäftigung hat eigentlich blos Deutsche zum Gegenstande, die durch Verdienst, durch Unglück und durch Grösse merkwürdig und interessant sind. Diejenigen, welchen ich bereits nachgesonnen habe, sind Kaiser Karl der Grosse, Herzog Ernst von Gotha, Franz von Sickingen, Luther, Melanchthon, Leibnitz, Thomasius, Spener, Klopstock,

Haller, Lambert; von Würtembergern aber insbesondere sind es Herzog Christoph, Keppler, Valentin, Andreä und von den jetzt Lebenden — ein Landgeistlicher." (Ausgeführt sind bloss: Luther, Keppler, Haller und Klopstock.)

Haller. NB. Ueber dem Sarge zerreisst die Philosophie den Schleier, der über die Natur herabhing. Seine Werke, mit Lorbeer in den Schlangenstab und eine Leyer gebunden, liegen auf dem Sarge umher. Auf der entgegengesetzten Seite weint Hygiäa über sein Medaillon hin.

Die Inschrift heisst:

> corpori leges
> amino officia
> assignavit.

Der Platz ist auf einem Hügel ausser dem Kirchhof."

Noch Manches könnte diesen Worten der hervorragendsten deutschen Critiker des verflossenen Jahrhunderts zugefügt werden; zur Abrundung sei indessen, um auch eine Stimme ausländischer Critik zu berücksichtigen, nur ein Blick in das bekannte Buch de l'Allemagne der Frau von Staël gethan:

II. Theil, Kap. III: Les ouvrages de Hagedorn, de Gellert, de Weisse etc., n'étaint que du français appesanti; rien d'original, rien qui fût conforme au géme naturel de la nation. Ces auteurs voulaient atteindre à la gràce française, sans que leur genie de vie ni leurs habitudes leur en donnassent l'inspiration ils s'asservissaient à la règle, sans avoir, ni l'elégance, ni le goût, qui peuvent donner de l'agrément à ce despotisme même. Une autre école succéda bientôt à l'école française, et ce fut dans la Suisse allemande, qu'elle s'éleva; cette école était d'abord fondèe sur l'imitation des écrivains anglais. Bodmer appuyé par l'exemple du grand Haller, tâcha de démontrer que la littérature etc.

Kap. V. Il y a eu en Allemagne beaucoup plus d'hommes remarquables dans l'école anglaise que dans l'école française. Parmi les écrivains formés par la litterature anglaise, il faut compter d'abord cet admirable Haller, dont le génie poétique le servit si efficacement, comme savant, en lui inspirant plus d'enthousiasme pour la nature, et des vues plus générales sur les phénomènes.

Kap. IX. Les vers alexandriens convenaient très-mal à la langue allemande; on peut s'en couvaincre par les poésies du grand Haller lui même, quelque mérite qu'elles aient.

Es ist freilich die Frage, ob dieses Urtheil nicht eher etwa in Weimar als in Frankreich entstanden resp. geholt sei.

Haller und seine Nachahmer.

Keine Thatsache vermag über Hallers Bedeutung bessern und genauern Aufschluss zu geben als die, dass er eine ungemein grosse Zahl von Nachahmern gefunden hat. Was zwar das speciell Stoffliche anbetrifft, so wäre das philosophische Lehrgedicht wohl auch ohne seinen Vorgang in Deutschland aufgebracht worden; aber indem er zuerst Hand an dasselbe legte, drückte er der ganzen Richtung ein bestimmtes Gepräge auf, das sich namentlich in dem Durchklingen gelehrter Elemente erkennen lässt: dieses gelehrte Element theilt sich in ein naturwissenschaftliches und ein sogenanntes philosophisches. Gerade nach der letzten Seite hin ist Haller so überaus bedeutend geworden, weil er durch seine bilderreichen, allein zugleich präcisen und schlagenden Sentenzen viele Dichter zur Nachahmung gleichsam herausforderte und so indirect sprachbildend oder sprachformend gewirkt hat. Das kann man wohl behaupten, dass ihn an Reinheit und Wohlklang der Sprache fast alle seine Nachahmer überboten haben, was nach den früher aus einander gesetzten Verhältnissen natürlich genug erscheint; im Grossen und Ganzen aber hat ihn als Lehrdichter keiner erreicht, nicht einmal Wieland und Lessing.

Aus den Lehrdichtern sind hier Withof, Creuz und Dusch herausgehoben und zusammengestellt; sonst aber ist eine annähernd chronologische Folge der berücksichtigten Namen innegehalten, die Klassiker jedoch abgesondert. Das Zusammenhalten der betreffenden Stellen wird unumgänglich nöthig und hin und wieder ein Urtheil über Haller (aus Briefen u. s. w.) nicht überflüssig sein.

Selbstverständlich kann und will hier von einer Vollständigkeit bei der Durchsicht dieser Nachahmer keine Rede sein: übergangen sind erstens die gänzlich unbedeutenden Lehrdichter, wie z. B. Bachoff, von Echt, die beiden Sucro, Tralles u. s. w.; abgesehen davon, dass ein Durchgehen ihrer längst verschollenen Werke weder Nutzen noch Interesse bieten könnte, ist die Erkenntniss, wie weit oft diese Leute hinter ihrem Vorbilde zurückblieben, bemühend genug. Und da in diesen Vergleichungen der Werth der Nachahmer von ungleich grösserer Bedeutung ist als ihre Anzahl, so haben auch diejenigen keine Berücksichtigung gefunden, die zwar zu ihrer Zeit von mehr Bedeutung waren, als die vorgenannten, dagegen weniger und unbedeutende Anklänge an Haller aufweisen. Schliesslich hätte es wohl auch keinen Zweck, hervorragende Dichter, wie z. B. Bürger, wegen einer oder zwei unwesentlichen Reminiscenzen an Haller anzuführen. Die hier berücksichtigten Namen dagegen sind in annähernd chronologischer Folge geordnet, die Klassiker aber für sich herausgehoben; die Nebeneinanderstellung der betreffenden Stellen wird freilich unumgänglich nothwendig und hin und wieder ein Urtheil über Haller (aus Briefen u. s. w.) nicht überflüssig sein.

Bodmer.

Der eifrige Lobredner und Bewunderer Hallers war auch dessen fleissiger Nachahmer, wenn schon mit nicht mehr Glück und Geschick, als er derjenige eines Klopstock und anderer mehr gewesen ist.

So heisst es in seiner Trauer eines Vaters:

Ich sah mich kaum noch recht in dem Genuss des Lichts,
Mein Auge deckten noch die Schuppen von dem Nichts.
Allmählig fing ich an, mich in mir selbst zu fühlen,
Des Denkens Werkzeug fing allmählig an zu spielen.
Izt, Vater, fand ich auch ein Wesen ausser mir u. s. w.

Haller 159:[1]
... Zuerst war ich ein Kraut,
Mir unbewusst, noch unreif zur Begier,
Und lange war ich noch ein Thier ...

---

[1] Es wird der Kürze wegen nach der Seitenzahl der zwölften, weil vollständigsten, Ausgabe citirt.

Frey, Haller.

Mein Ohr verschloss ein Fell, mein Aug' ein Staar,
Mein Denken stieg nur noch bis zum Empfinden.

Und Haller 47:
Darauf, wenn nach und nach sein Denken wird sein eigen,
Und Witz und Bosheit sich durch stärkres Werkzeug zeigen . . .

Diese beiden Stellen Hallers sind, beiläufig bemerkt, sehr oft nachgeahmt worden.

Bodmer, a. a. O.:
Das Wesen, das in sich, in seinem eignen Schooss,
Die Seligkeit gebiehrt, so wohl an Güte gross,
Als reich an Seligkeit, wie konnt es anders denken,
Als uns von seinem Wohl auch einen Theil zu schenken?

Haller 126:
Du warest nicht allein, dem du Vergnügen gönntest,
Du hiesest Wesen sein, die du beglücken könntest,
Und deine Seligkeit, die aus dir selber fliesst,
Schien dir noch seliger, sobald sie sich ergiesst.

Bodmer, a. a. O.:
Er lernte, wie Gott dacht, eh er die Ewigkeit
Am ersten Tag der Welt getheilet durch die Zeit.

Haller 59:
Wie Gott die Ewigkeit erst einsam durchgedacht,
Warum einst, und nicht eh', er eine Welt gemacht;

Im vierten seiner kritischen Briefe (1749) giebt Bodmer unverholen diese und andere Stellen Hallers in eigenen Versen wieder. Das „Nichts" Hallers findet sich bei seinem Nachahmer alle Augenblicke und hin und wieder kommt auch das „Meer der Ewigkeit" zum Vorschein. Es würde zu weit führen, allen Nachahmungen oder vielmehr Umschreibungen Bodmers ferner nachzugehen, die z. B. im „ehelichen Dank" und in der „Trauer eines Vaters" ganze Seiten füllen; in einer poetischen Inhaltsangabe von dem Gedichte „Ueber den Ursprung des Uebels" (Charakter der deutschen Gedichte) heisst es z. B.:

Recht wie die Menschen sind, halb Dummheit, halb Verstand,
Und gleichsam zwischen Vieh und Geist die Mittelwand,

eine Umschreibung des vielcitirten Haller'schen Verses:

Zweideutig Mittelding von Engeln und von Vieh.

Hagedorn.

Haller war sich des Gegensatzes sehr wohl bewusst, in dem er, seiner Richtung und Anlage gemäss, zu Hagedorn stand, und hat diesen Gegensatz in seinem Briefe an den Freiherrn von Gemmingen auch deutlich auseinander gesetzt, wobei er in wohlthuend neidloser Weise die Vorzüge des Hamburger Dichters anerkennt; dass bei dieser Verschiedenheit der Talente der sich übrigens gegenseitig ehrenden und achtenden Poeten Hagedorns Werke wenig Spuren einer Nachahmung Hallers bieten, ist erklärlich. Was er sonst von seinem Nebenbuhler hielt, zeigt folgende Stelle: „Würden aber nicht ein deutscher Warbuton und Brossette fast so unsterblich werden, als Haller selbst, wenn sie über diesen Dichter solche Noten schrieben, als wir über Pope, Shakespeare und Boileau mit einem so nützlichen Vergnügen besitzen?" (Vorbericht zu der Ausgabe der moral. Gedichte, pag. XX, Anmerkung.)

Anklänge an Haller finden sich ziemlich viele in Hagedorns „Glückseligkeit"; wir wagen jedoch bloss folgende herauszugreifen:

Schmeckt nicht die Ananas, noch Tunquins Vogelnest.
Haller 19:
Speist Tunkins Nest aus Gold.
Hagedorn, a. a. O.:
Wo Einfalt und Natur, die ihre Sitten lenkt.
Haller 22:
Hier herrschet die Vernunft, von der Natur geleitet.
Hagedorn, a. a. O.:
... Ist die Zufriedenheit und ein gesetzter Geist.
Haller 19:
Wenn aber seinen Sinn gesetzte Stelle wieget.

Mit mehr Sicherheit lässt sich ein Einfluss Hallers auf die Uebersetzung einer Horazeschen Stelle (in Hagedorns Horaz I) annehmen: wir meinen die Schlussstrophen der Alpen, die folgendermassen lauten:

O selig, wer, wie ihr, mit selbst gezognen Stieren
Den angestorbnen Grund von eignen Aeckern pflügt;
Den reine Wolle deckt, belaubte Kränze zieren,
Und ungewürzte Speis' aus süsser Milch vergnügt;

Der sich bei Zephyrs Hauch und kühlen Wasserfällen,
In ungesorgtem Schlaf, auf weichen Rasen streckt;
Den nie ein hoher See, das Brausen wilder Wellen,
Noch der Trompeten Schall in bangen Zelten weckt;
Der seinen Zustand liebt und niemals wünscht zu bessern!
Das Glück ist viel zu arm, sein Wohlsein zu vergrössern.

Man halte Hagedorns Uebersetzung dagegen und beachte namentlich den Reim „weckt", der sich bei beiden findet.

Glück und Genuss sind, in dem Mittelstande,
Zu klein dem Neid, und viel zu gross der Schande,
Und krönen den, der, dienstfrey und vergnügt,
Der Väter Feld mit eignen Rindern pflügt,
Nicht leiht, noch borgt; nach Art der ersten Sitten
Der Hirtenwelt, die keinen Wucher litten,
Den nicht, zur Schlacht, die Kriegstrompete weckt,
Den keine Wuth erzürnter Meere schreckt u. s. w.

Diese einzige Parallele lässt den Unterschied der Talente deutlich hervortreten: wie Haller in seiner rhetorischen Art, Horazens einfache Worte ausschmückt ist eben so charakteristisch als die Weise, in der sich Hagedorn an sein Vorbild hält.

Gleim.

Gleim bildete zu Haller womöglich einen noch schärfern Gegensatz, als es mit Hagedorn der Fall war; man wird sich daher nicht wundern bei dem Anakreontiker wenig Spuren aus Hallers philosophischen Gedichten zu finden. Wo Gleim indessen einmal nachgeahmt hat, wäre es besser unterblieben. So erscheint sein kleines Gedicht „Unglaube und Aberglaube" nur als ein nüchterner Auszug aus Hallers „Gedanken über Vernunft, Aberglauben und Unglauben".

Unglaube, du bist nicht so sehr ein Ungeheuer,
Als, Aberglaube, du!

Haller 52:
... vor schlauem Aberglauben.
Erschrecklich Ungeheuer!

Gleim, a. a. O.:
Für deinen Aftergott gehst du mit Feuer
Auf seine Feinde zu!

Haller 52:
Sein Arm, bewehrt mit Stahl, sein Mund, beschäumt mit Geifer,
Droht Tod und Untergang u. s. w. u. s. w.

Ebenso ist Gleims Gedicht „die Ewigkeit" ein schwacher Abklatsch von Hallers gleichbetiteltem Fragment:

Die Ewigkeit? — was ist sie? — Alle Zahlen,
Die Archimedes zählt und zählen kann,
Vermehrt zu Millionen Mahlen,
Die gäben uns zu ihren Zahlen
Nicht einen Rechenpfennig an.
Das Grab und die Gebärerin
Der Zeit ist sie! Sie lebt von Augenblicken
Und Jahren und Jahrtausenden und hin
In ihren Ocean — u. s. w.

Haller 158:
Ich häufe ungeheure Zahlen,
Gebürge Millionen auf; ...
Ist alle Macht der Zahl, vermehrt mit tausend Malen
Noch nicht ein Theil von dir.

Haller 157:
Furchtbares Meer der ernsten Ewigkeit!
Uralter Quell von Welten und von Zeiten!
Unendlich's Grab von Welten und von Zeit u. s. w. —

Gleim:
Das stolze Nichts der eitlen Ehre
Veracht' ich, König und Poet.
(An Herrn v. Voltaire. Nach dem Französischen des Königs.)

Haller 7:
Geschätztes Nichts der eitlen Ehre!

Neben dieser Reminiscenz findet sich das „Meer der Ewigkeit" mehr als einmal; eine Stelle aus Hallers „Doris" hat Gleim selbst als wörtlich entlehnt bezeichnet:

An Doris (nach einem Sturme):
Wie süss, o Doris, hier im Stillen,
„Wo nichts sich regt als ich und du!"*   *Vers aus Haller.

Noch möge hier ein Sinngedicht Gleims angeführt werden, das zwei viel citirte Sentenzen Hallers in sich schliesst.

An die Herrn des Raths zu Bern:
Als euer Haller einst die Frage liess ergehn:
„Was Böses ist geschehn, das nicht ein Priester that?"
Da sass er wohl noch nicht, ihr Herrn, in Eurem Rath? —

Noch seines Musengottes voll,
Stand auf den Alpen er, gelehnt auf seinen Stab
Und rief in's Thal hinab:
„Wer frei darf denken, denket wohl."

Uz.

Uz verbindet mit dem Anakreontiker den ernsthaften Lehrdichter. Verräth er nach der letztern Seite hin deutlich den Einfluss, den Haller auf ihn ausgeübt hat, so zaudert er auch nicht, seinem Vorbilde die gebührende Verehrung zu bezeugen.

Bey Popen steht ein grosser Mann,
Der auf der Alpen Lob am Schnee der Alpen sann:
Des neuen Ausdrucks Glanz umleuchtet reife Lehren,
Und stimmt sein Saitenspiel ein feurig Straflied an,
Wer wird nicht seinen Schwung, den edlen Schwung verehren,
Und harte Töne gern verhören?[1]

In seinem bekanntesten und berühmtesten Gedichte, in der Theodice, behandelt er das nämliche Thema, das Hallers „über den Ursprung des Uebels" zu Grunde liegt. Was bei Haller in streng logischem Gewande erscheint, ist hier in die Form eines religiösen Dithyrambus gegossen — der Poesie sicherlich zum Vortheil, wenn auch derart matte Stellen zum Vorschein kommen, wie sie der Philosoph nicht aufweist. Dass der Theodice jedoch Hallers Gedicht „über den Ursprung des Uebels" zum mindesten eben so sehr als Vorbild vorgelegen hat wie Leibnitzens berühmtes Werk, das möge folgende Parallele zeigen:

Die Risse liegen aufgeschlagen,
Die, als die Gottheit schuf, vor ihrem Auge lagen:
Das Reich des Möglichen steigt aus gewohnter Nacht.

Haller 128:
Verschiedner Welten Riss lag vor Gott ausgebreitet,
Und alle Möglichkeit war ihm zur Wahl bereitet.

Diese und zahlreiche andere Stellen aus seinen übrigen Werken zeigen den Einfluss Hallers, namentlich der „Versuch über die Kunst, stets fröhlich zu sein", ein Gedicht, das mit

---

[1] Brief an Herrn Hofrath Christ.

seiner ledernen Nüchternheit nicht eben vortheilhaft den Haller-schen Schöpfungen gegenübersteht.

Uz, a. a. O.:
Doch zwäng uns die Natur, das Beste stäts zu wählen,
So wären wir nicht frey, so wäre keine Pflicht,
Und einem Gott gefällt Maschinentugend nicht.
Wer freye Tugend will, muss freyes Laster dulden.

Haller 129:
Denn Gott liebt keinen Zwang . . .
Gott hält für ungethan, was man gezwungen thut.
Der Tugend Uebung selbst wird durch die Wahl erst gut . . .
Gott . . .
Sah, dass, wenn Alles nur aus Vorschrift handeln sollte,
Die Welt ein Uhrwerk wird von fremdem Trieb beseelt,
Und keine Tugend bleibt, wo Macht zum Laster fehlt.

Uz, a. a. O.:
Wie aber dieser Gott, der eine Welt zu machen
Aus Güte sich entschloss . . .

Haller 126:
. . . die Güte war der Grund,
Wesswegen eine Welt vor Nichts den Vorzug fund.

Uz, a. a. O.:
Er schuf nach einem Plan von allgemeiner Freude
Die wundervolle Welt, ein prächtiges Gebäude,
Den Spiegel seiner Macht . . .
Dass alles glücklich wär', was lebte . . .

Haller 123:
Die Welt ist selbst gemacht zu ihrer Bürger Glücke,
Ein allgemeines Wohl beseelet die Natur
Und Alles trägt des höchsten Gottes Spur.

Uz IV, a. a. O.:
ein Wesen zu vernichten,
Das edle Kräfte hat, die kaum bemerkt im Kind,
Am Jüngling noch nicht reif, erst späte nützlich sind.

Haller 159:
. . . Zuerst war ich ein Kraut,
Mir unbewusst, noch unreif zur Begier;
Und lange war ich noch ein Thier u. s. w.

Uz, der Weise auf dem Lande:
Du glänzend Nichts! o Rauch der Ehre!

Haller 7:
Geschätztes Nichts der eitlen Ehre!

Uz, die Liebesgötter:
Ein geweihter Myrthenwald,
Den geheime Schatten schwärzen.

Haller 4:
Beliebter Wald, beliebter Kranz von Büschen,
Der Hasels Höh' mit grünem Schatten schwärzt.

Uz, Gott der Weltschöpfer:
Er hiess das alte Nichts gebären.

Haller 128:
. . . Gebiert das alte Nichts.

Uz, a. a. O.:
Der Sonnen zahllos Heer, die ihrem Schöpfer sangen,
Bestieg den güldnen Thron des Lichts.

Haller 128:
Es nahmen ihren Platz die neugebornen Sonnen.

Uz, a. a. O.:
Ein wunderbar Geschöpf, das wie die niedren Thiere,
Sich Nahrung aus der Erde gräbt,
Und wie der Engel denkt; halb wie die niedren Thiere
Vergeht und halb unsterblich lebt.

Haller 131:
Halb zu der Ewigkeit, halb aber zum Verwesen,
Zweideutig Mittelding von Engeln und von Vieh.

Kleist.

Schiller rechnet Haller und Kleist zu der von ihm aufgestellten Gruppe der elegischen Dichter, sagt aber: „An Ideengehalt und an Tiefe des Geistes steht Kleist diesem Dichter (Haller) um Vieles nach; an Anmuth möchte er ihn übertreffen, wenn wir ihm anders nicht, wie zuweilen geschieht, einen Mangel auf der einen Seite für eine Stärke auf der andern anrechnen." Die ersten Gedichte Kleists und sein „Frühling" beweisen zur Genüge, wie sehr ihm der Geistesverwandte auch Vorbild war.

Kleist an Doris (Mai 1744):
Die Liebe sucht der Wälder grüne Nacht.

Haller:
Die grüne Nacht belaubter Bäume.

> Kleist, a. a. O.:
> Ich habe nichts, das Aug' und Sinn entzückt,
> Jedoch ein Herz voll edelmüth'ger Triebe.
>
> Haller 89:
> Ein Jeder wird was Andres preisen,
> Ich aber habe nur zu weisen
> Ein Herz, das mir der Himmel gab.
>
> Kleist, a. a. O.:
> O goldne Zeit, da noch des Goldes Wust
> Verachtet ward, was flohst du von der Erden!
>
> Haller 19:
> Beglückte güldne Zeit, Geschenk der ersten Güte,
> O dass der Himmel dich so zeitig weggerückt!

In dem zweitältesten der uns von Kleist überlieferten Gedichte finden sich deutliche Anklänge an Hallers „über die Ehre".

> Was hilfts, wenn künftig dein Grab vergüldete Waffen beschützen,
> Wenn man aus Marmor dein Bild im schreckenden Panzer erhöht!
>
> Haller 10:
> Doch wisst, dass, einst der Würmer Speise,
> Man unterm Stein vom höchsten Preise
> Nicht besser als im Rasen ruht!

Im nämlichen Gedichte „über die Ehre" spricht Haller auch von Hannibal und Achilles, was bei Kleist in den Worten nachklingt:

> Achill und Hannibal muss die Nacht des Todes durchschlafen.

Das ebenfalls aus dem Jahre 1744 stammende Gedicht Kleists „Sehnsucht nach Ruhe" zeigt dem Inhalte und der Anlage nach eine grosse Verwandtschaft mit Hallers „Sehnsucht nach dem Vaterlande". Hier wie dort zuerst eine reizende Schilderung der idyllischen Gegend, welcher der Dichter entrissen wurde; dann eine Beschreibung seiner gegenwärtigen, unglücklichen Lage und anschliessend der Wunsch, den geliebten Boden wieder betreten zu können. Auch das Versmass ist das nämliche, fünffüssige Jamben; nur zählt die Strophe Kleists bloss sechs Verse.

> Kleist:
> O Silberbach, der vormals mich vergnügt,
> Wann wirst du mir ein sanftes Schlaflied rauschen?
> Glückselig, wer an deinen Ufern liegt,
> Wo voller Reiz der Büsche Sänger lauschen . . .

Und du, o Hain! o duftend Veilchenthal!
O holder Kranz von fernen blauen Hügeln!

Haller 4:
Beliebter Wald, beliebter Kranz von Büschen,
Der Hasels Höh' mit grünem Schatten schwärzt:
Wann werd' ich mich in deinem Schooss erfrischen,
Wo Philomel auf schwanken Zweigen scherzt? u. s. w.

Kleist, a. a. O.:
Führt Schlösser auf, lasst eine Morgenwelt
An jeder Wand mit Gold durchwirket sehen;
Lasst Trinkgeschirr, aus Indien bestellt, . . .

Haller 19:
Umhängt die Marmorwand mit persischen Tapeten
Speist Tunkins Nest aus Gold.

Kleist:
Uns schliesst der Stolz in goldne Ketten ein.

Haller:
Die Pracht, die euch umringt, schliesst euch in güldne Ketten.

Kleist, a. a. O.:
Damit euch einst die Todtenlisten loben!

Haller 10:
Wie Manchen, der sein kühnes Leben
Mit gleichem Muthe hingegeben,
Benennt die Todtenliste kaum.

Kleists „Lob der Gottheit" scheint im Hinblick auf Hallers „Morgengedanken" geschrieben worden zu sein; neben vielen verwandten Gedanken, die der Stoff mit sich brachte, ist Folgendes durchaus bezeichnend:

Kleist, a. a. O.:
Durch dich stürzt der Wallfisch Schiffe;
Flüsse voll von Rauch und Blasen
Kochen, auf dein Winken, brausend aus den Schlünden seiner Nasen.

Haller 2:
Den Fisch, der Ströme bläst, und mit dem Schwanze stürmet,
Hast du mit Adern ausgehölt.

Kleist, a. a. O.:
Aber lass dir nur die Schwachheit eines Wurmes wohlgefallen.

Haller 3:
Und wem der Himmel selbst sein Wesen hat zu danken,
Braucht eines Wurmes Lobspruch nicht.

Auch im Frühling macht sich Haller hin und wieder noch stark fühlbar, wenn schon die Fassung des Gedankens durch die gestiegene Sprachbeherrschung, die Kleist erworben, von dem Hallerschen Vorbilde stärker abzuweichen beginnt. Wir erinnern bloss an die Schilderung der Blumen und heben die Stelle hervor:

> O drei Mal seliges Volk, dem einsam in Gründen die Tage
> Wie sanfte Weste verfliegen! u. s. w. u. s. w.

Haller 43:
> O selig, wer, wie ihr, mit u. s. w. u. s. w.

Schliesslich seien nochmals die schönen Worte bedacht, die Kleist im „Frühling" Haller gewidmet hat:

> — Tauch in die Farben Aurorens
> Mahl mir die Landschaft, o du, aus dessen ewigen Liedern
> Der Aare Ufer mir duften, und vor den Augen mir prangen,
> Der sich die Pfeiler des Himmels, die Alpen, die er besungen,
> Zu Ehrensäulen gemacht!

Gellert.

Haller und Gellert haben als Dichter nichts mit einander zu schaffen, so dass das Nachfolgende seinen Platz eben so gut bei den Auslassungen der oben erwähnten Kritiker hätte finden können. Aber es konnte nicht anders sein, Hallers Strenggläubigkeit musste das bei Gellert so mächtig vorwaltende religiöse Element stark ansprechen. Darum empfiehlt dieser Hallers Schriften in seinen moralischen Vorlesungen verschiedene Male.

Moral. Vorlesungen. I. Abtheilg., 3. Vorlesung:

Was ist der Witz eines La Mettrie, mit dem er frech über das Heiligste spottet, gegen den Geist eines Hallers, mit dem er die Religion und die Rechte der Vernunft vertheidigt?[1]

Moral. Vorlesungen. II. Abtheilg., 10. Vorlesung:

Hallers und Hagedorns Lehrgedichte gehören vorzüglich in unsre Bibliothek.

---

[1] Siehe seine vortreffliche Vorrede zu dem von ihm übersetzten Werke: Prüfung der Secte, die an Allem zweifelt. (Gellert.)

Moral. Vorlesungen. Fortsetzung der III. Abtheilung, 23. Vorlesung:

Gesetzt, ein Schüler verstünde keine als die Muttersprache: so sind unter den Poesien der Haller, Hagedorn, Schlegel, Cramer und andrer grosser Dichter Gegenstände genug für ein jugendliches Herz. —

Moral. Vorlesungen. Fortsetzung der III. Abtheilung, 25. Vorlesung. (Von der Ehe und ihren Verpflichtungen.)

... Du warst, singt Haller von seiner Elise:

> Du warst mein Rath, und niemand als wir beide
> Erfuhr, was Gott mir Glückliches beschert!
> Ich freute mich bei deiner treuen Freude,
> Sie war mir mehr, als Glück und Ehre werth.
> Hatt' ein Verdruss dann auch mein Herz geschlagen,
> Warst du mit Trost und sanfter Wehmuth nah;
> Ich fand die Ruh' bei deinen holden Klagen,
> Und schalt mein Leid, wenn ich dich trauern sah.

Ferner citirt er a. a. O.:

> Viel anders ist ein Weib, das unter allen Wesen,
> (Aus der „Antwort an Herrn Bodmer".)

u. s. w. u. s. w.

Gellert scheint Hallers Gedichte gerne und fleissig gelesen zu haben,[1] wie verschiedene Citate Hallerscher Stellen in seinen Briefen beweisen; ein Sinngedicht des frommen Mannes mag an ihrer Stelle stehen:

Hallers Lehrgedicht vom Ursprunge des Uebels.

> Des Uebels Ursprung las ich jüngst in Hallers Werken
> Und nahm mir vor mit einem Strich
> Die besten Stellen zu bemerken.
> Ich las, strich an, las fort, strich an, und freute mich,
> Und da ich fertig war, sieh, da war Alles Strich.

---

[1] In der eilften Auflage macht Haller zu dem Verse:
> Zum Werkzeug stiller Tugend macht

die Anmerkung: Eine Verbesserung vom liebenswürdigen Gellert; vorher lautete die Stelle:
> Zum Werkzeug für die Tugend macht.

Kästner.

Kästners literarische Bildung geht noch in die Tage zurück, da die Schweizer und Gottsched gegen einander im Felde lagen. Seine Ansicht über die Poesie ist mit derjenigen Hallers ungefähr von gleichem Schlage, insbesondere aber theilt er auch dessen Vorliebe für das gedankenschwere Lehrgedicht:

> Dich, Freund, reizt muntrer Witz, sowie erhabnes Wissen,
> Du denkst bei Hallers Vers, und bei Bernoullis Schlüssen.
> . . . .
> Mich reizet nur ein Lied von tiefem Denken voll,
> Gemacht, dass man es mehr als einmal lesen soll:
> Nicht, das durch Dunkelheit des Einfalls Anmuth decket,
> Nicht, das mit Fleisse nur, was man schon weiss, verstecket.
> O nein, ein solches Lied, das hohe Wahrheit singt,
> Die stärker in den Sinn durch kühnen Ausdruck dringt,
> Das man von neuem liesst, und neue Schönheit findet,
> Und den zu reichen Schatz stets gräbet, nie ergründet.[1] Haller.

Kästner hatte in Leipzig zu Gottscheds Füssen gesessen, aber gerade wegen Hallers sich mit seinem Lehrer veruneint. „Ich habe ihm (Gottsched) zuerst zu danken, dass ich Hallern habe kennen lernen. Wie er in seinen Lesestunden über die kritische Dichtkunst häufig Muster vorzulesen pflegte, so las er uns einmal die Stelle vor, worin steht: „Wahr ist's, dem Menschen ist Verstand genug geschenket".[2] Gottsched ruht nun schon so lange, dass seinen Namen zum Spott zu brauchen, es keinen Possen mehr giebt. Er war mein Lehrer und Gönner, ich verunzweite mich mit ihm, aus keiner andern Ursache, als wegen Haller (ein Name, den ein vorgesetztes von nicht grösser macht)."[3] Diese Pietät bewog ihn, auch erst 1772 folgende Verse zu veröffentlichen:

> Mein, sage mir, warum ich Hallern schelte?
> Fragt Gottsched jüngst die Adelgund.
> Die lacht' und sprach: Wenn meine Rede gälte,
> Entdeckt' ich dir gar leicht den Grund;
> Wenn Deutschland ihn verächtlich zu dir stellte,
> Du lobtest ihn mit Schrift und Mund.

---

[1] Gedanken über die Verbindlichkeit der Dichter u. s. w.
[2] Kästners gesammelte P. und P. Werke. Berlin 1841. (Biographie.)
[3] Gegenantwort an Hrn. Hofr. u. Leibmedicus Zimmermann in Hann.

Die hohe Achtung, die er Hallern entgegenträgt und der Nachdruck, mit dem er ihn vertheidigte, konnte ihn wohl zu einem Bruch mit Gottsched bringen.

Der Dichter:

Den Dichtern sieht man's eigen an,
Dass Haller denken will und kann,
Und Engbrust, wenn er könnte, dächte,
Und Reimreich, könnt' er auch, nicht möchte.

Gespräch:

A. Dass Gellert nur manch elend Lied gesungen,
Und Haller unten an bei Deutschlands Dichtern steht,
So hat ein Mauvillon, ein Unzer jüngst geschmäht.
B. Unmöglich! Mauvillon und Unzer sind bekannt,
Die, weiss ich, haben mehr Verstand.
A. Ja Mauvillon und Unzer, doch die jungen.

Ad eos, qui sola latina carmina scribenda, utpote
sola aetatem latura, iubent.

Carmina cur scribam nulli aut recitanda duobus?
Ediscet serus, dicitis, illa nepos.
At mihi non tanti est venturo vivere saeclo,
Civibus ut vellem mortuus esse meis.
Hallerus si nostra probet, legat ipsa lycoris,
Non olim pueri grammaticique legant.

Philosoph. Lehrgedicht von den Kometen:

Mich dünkt, er zeige mir des Dichters wahres Bild,
Der manches Alphabet mit leeren Reimen füllt;
Die Zeit, die nach uns kommt, weiss kaum, dass er gewesen;
Doch Hallern wird man stets mit Hagedornen lesen.

Dichterhöhe:

Aus Reimern, deren Schwung die Erde nie verlor,
Stieg Haller einst mit Adlerflug empor;
Dass nun, hoch über ihm, viel junge Dichter schweben,
Macht, weil die Bälle sich durch spreizend Gas erheben.

Kästner wusste Hallers Gedichte auswendig: „Ich borgte den Versuch schweizerischer Gedichte (die erste Ausgabe) und weil ich sie nicht sobald (nachdem er durch Gottsched darauf hingewiesen worden war) eigen zu bekommen wusste, lernte ich sie auswendig; darum bin ich mit des Herrn von Haller neuern Verbesserungen schlecht zufrieden, die mir mein Gedächtniss verwirren." So erklären sich die häufigen

Citate, die er auch aus wenig bekannten Hallerschen Gedichten bringt. Er gehört auch zu Hallers Nachahmern und zwar wählt er speciell ganz unpoetische Themata: „Der Nutzen der schönen Wissenschaften beim Vortrage philosophischer Lehren." „Gedanken über den Streit zwischen Vernunft und Glauben". „Ueber die Reime" u. s. w. Wie er in diesem letztern Gedichte zu erkennen giebt, ist ihm sogar Haller zu wenig streng wissenschaftlich:

> Komm, weise, wie der Reim des Dichters Geist umschränkt;
> Wie Haller, weil er reimt, nicht philosophisch denkt.

Deutlich ausgesprochene Nachahmungen finden sich sehr wenige:

Phil. Gedicht von den Kometen 1744:
> Du, der unendlich mehr, als Menschen sonst gelang,
> In's Innre der Natur mit kühnen Blicken drang.

Haller 78:
> In's Innre der Natur dringt kein erschaffner Geist.

Ob eine Gesellschaft, die Sprache zu verbessern u. s. w.
> Selbst, wo um Nüchtlands Haupt die Aar gebogen eilet.

Haller 121:
> Hier lieget Nüchtlands Haupt.

Dusch.

Lessing ist kaum einem Dichter schärfer auf die Fersen getreten, als diesem; wir halten uns hier nur an eine Stelle in dem 41. Literaturbriefe (24. Mai 1759), wo es heisst: „Doch welche Bedenklichkeit kann Herr Dusch haben, sich selbst auszuschreiben; er, der andere mit der allerunglaublichsten Freiheit ausschreibet? Ich wenigstens kann seine Schilderungen für nichts anders, als einen beständigen Cento, aus Pope, Thomson, Hervey, Young, Kleist, Haller und zwanzig andern halten. Und glauben Sie ja nicht, dass er diese Männer nur da ausschreibt, wo er sie in den Noten anführt. Ich kenne leicht keinen Scribenten, der listiger auszuziehen weiss." Was dieses listige

Ausziehen anbelangt, so gebraucht Dusch den Kniff, während er Hallers Gedichte aufs Unverschämteste ausplündert, hin und wieder in einer Note anzudeuten, er sei von Pope beeinflusst. Den Namen Hallers nennt er kaum:

> Wie ruhig ist Georg! nicht wahr, so denkest du?
> O singe mir den Held mit Hallerischer Stärke!
>
> („Zufriedenheit".)

Man könnte ein kleines Buch von Parallelen aus Haller und Dusch füllen. Dieser weist nicht nur moralische Gedichte auf wie „die Gottseligkeit", „die Zufriedenheit", „die Tugend", „der Weise", „die Kürze des Lebens" u. s. w., sondern auch solche, deren Titel, wenn wir an Haller denken, uns bekannt genug ansprechen: „Vernunft und Aberglauben", „Glauben und Unglauben". Aber nicht minder vertraut erscheint dem Leser der Inhalt, und zwar schon auf den ersten Blick. So z. B. ist Duschs „Glauben und Unglauben" lediglich ein vergrösserter Abklatsch von Hallers „Gedanken über Vernunft, Aberglauben und Unglauben"; nicht nur ahmt der Anfang des spätern Gedichtes denjenigen des frühern rücksichtlich der Anlage genau nach, es finden sich da auch die Ideen des Vorgängers so ziemlich alle wieder bei einander, freilich um ein Beträchtliches breitgetreten: man kann nur aufs Gerathewohl aufschlagen:

Dusch, a. a. O.:

Da war es, wo die List der Lehre Greul entdeckte,
Den ungeheuren Satz: ein Gott sei, was uns schreckte.

Haller 51:

Das rollende Geknall von schwefelreichen Dämpfen,
Die mit dem feuchten Dunst geschlossner Wolken kämpfen,
Verrückte gleich ihr Hirn, sie dachten, was uns schreckt,
Ist mächtiger als wir, so ward ein Gott entdeckt.

Dusch, a. a. O.:

Da ward zuerst die Gottheit in Tempel eingeschränkt,
Der Altar stieg aus Marmor, und ward mit Blut getränkt.

Haller 51:

Man füllte nun die Welt mit Tempeln und mit Hainen
Und die mit Göttern an.

Haller 53:
Ihm wird zum Sühn-Altar, und raucht von Königsblut
Haller 54:
Pflanzt Glauben mit dem Schwert, und dünget sie mit Blut.
Dusch, a. a. O.:
Sein Gut gehört dem Fürsten, sein Schweiss ist sein Tribut...
Mit ihm darf er die Pflicht der Menschheit übertreten,
Muss fasten, wenn er schwelgt, und plündern oder beten.
Haller 50:
Dem Denken abgesagt, sein Eigenthum verloren.
Er glaubet, was sein Fürst, und glaubt's, weil der es glaubt,
Er kniet, wann jener kniet, und raubt, wann jener raubt.
Dusch, a. a. O.:
Thoulouse raucht in Schutt von (sic!) heiligen Verwüstern,
Der Glaube trägt das Schwert, und Schrecken folgt den Priestern?
Ihr Eifer hat im Blute die heilge Fahn erhöht,
Und im Piemont die Thäler mit Leichen übersät;
Savoyen ist bewehrt, die Wahrheit auszurotten,
Und Frankreich badet sich im Blut der Hugenotten.

Haller 67:
Wer hat Tolosens Schutt in seinem Blut ersäuft?
Und Priestern einen Thron von Leichen aufgehäuft?
Den Blitz hat Dominic auf Albis Fürst erbeten,
Und selbst mit Montforts Fuss der Ketzer Haupt ertreten u. s. w.

Ganz in der nämlichen Art und Weise hat Dusch seine „Tugend" aus Hallers „die Falschheit der menschlichen Tugenden" excerpirt und verwässert; auch in andern seiner moralischen Gedichte finden sich Spuren, und zwar sehr deutliche, aus Hallers Werken; so z. B.:

Dusch, die Wissenschaften, VIII. Gesang:
An unberühmten Ufern, die nie ein Vogel fand,
Europa, tritt dein Bürger, mit trocknem Fuss an's Land.
Haller 46:
Besegelt neue Meer, umschifft der Erde Rűnde.
Ein andrer Himmel strahlt mit fremden Sternen dort,
Und Vögel fanden nie den Weg zu jenem Bord.

Die Unerschrockenheit dieses Plagiators — denn Nachahmer ist doch ein etwas zu gelinder Ausdruck — geht sogar so weit, dass er Hallers gelegentliche Uebersetzungen sich zu Nutze macht:

... als Recht und Frevel kriegte,
Das Glück für Cäsarn stand, und Cato für Besiegte [1]

Haller:
Den Sieger schützte Gott und Cato die Besiegten.

Creuz.

Creuz, namentlich von Young beeinflusst, zeigt ein überaus schwermüthiges, monotones Colorit, das indessen ohne gestaltende Kraft dasteht, weil immer das Bild durch die Empfindung, und der Gedanke durch das Gefühl getrübt wird, so dass der Dichter im Grossen und Ganzen über ein unbestimmtes — wenn auch oft stimmungsvolles — Gerede und Klagen nicht hinauskommt. Klarheit und Schärfe liegen seiner Natur zu ferne; ja er ist kaum im Stande mehr als zwei Gedanken logisch an einander zu reihen. Uebrigens verräth er in seinem Vorberichte zu den Gräbern grosse Einsicht in die poetische Nachahmung der Natur und in das Verhältniss der Kunst zu dieser; mit merkwürdiger Einsicht lässt er sich auch über Klopstock vernehmen. Ueber seine Geschmacksrichtung spricht er sich in dem erwähnten Vorberichte folgendermassen aus: Die prächtigste Beschreibung eines verlorenen Paradieses, eines Aufruhrs im Himmel, einer von Engeln und Teufeln mit einander gelieferten Schlacht, eines zum Himmel führenden ätherischen Weges; alles dieses, und noch mehr kann ich gegen eine, von einem Dichter mit nachdenklicher, das ist, Hallerischer Kürze vorgetragene Sittenlehre und andere philosophische, aber wichtige Gedanken leicht missen. Wie mühsam sammeln wir nicht, in dem Gedränge der Dinge, unsere flüchtige Gedanken! Wie schön aber hat sie Herr von Haller unter unsern Dichtern gesammelt! Ich sehe die Menschen in ihrer traurigen Wallfahrt vor meinen Augen vorüber gehen, wann ich folgendes lese:

Hier reift ein schwach Geschlecht mit immer vollem Herzen
Von eingebildter Ruh, und allzuwahren Schmerzen,
Wo nagende Begierd und falsche Hoffnung wallt,
Zur ernsten Ewigkeit u. s. w.

---

[1] victrix causa diis placuit, sed victa Catoni.

Auch sonst erwähnt er Haller hin und wieder, wie z. B.:

Schau um, dem Ursprung zu — — Stolz, dass sie Haller kennt
Stehn dort der Pflanzen Reihn, die er mit Namen nennt.

Wenn nun auch Haller diesem Dichter Vorbild gewesen ist, so lassen sich aus der lyrischen Verschwommenheit seiner Werke doch nur schwache Spuren einer Nachahmung herausheben; denn die Talente sind zu entgegengesetzt, wenn sie sich auf dem nämlichen Gebiete bewegen, als dass gerade Hallers Eigenthümlichkeit hätte nachwirken können. Es finden sich wohl Reminiscenzen, wie „Meer der Ewigkeit",[1] „ewiges Nichts",[2] „des Riesen Knochenberg"[3] u. s. w. Aber wie hätte die Präcision und Klarheit Hallerscher Gedanken bei einem Dichter nachklingen können, der doch geradezu Unsinn schreibt, wie folgende Stellen ungefähr zeigen können:

Der Eitelkeit Gedank ist aus dem Tod entsprungen;
Nur er hat ihn zuerst in unsrer Brust erweckt:
So wurde nach und nach durch Erderschütterungen,
Durch Ueberschwemmungen, das erste Gold entdeckt.
(Gräber, III. Gesang.)

Das Grosse seh ich nur, o Ewigkeit in dir.
Ich seh von deinen Höhn, wo reinre Geister denken,
Der Menschen Schicksale sich schwer heruntersenken. (a. a. O.)

Mein Bau, o Ewigkeit! ruht stolz auf deinem Grund:
Ihn soll der Untergang der Welten nicht verheeren;
Zu seiner Quelle läuft kein Strom zurück:
Und in ihr erstes Nichts wird keine Seele kehren. (a. a. O.)

Withof.

Herder bemerkt sehr richtig: „Hallers Geist ist in zween Dichter getheilt, in Withof und Creuz. Jener hat die nachdrucksvolle Kürze in Sentiments und Beobachtungen oft bis zum Neide in seiner Gewalt; dieser hat zu viel Talent zur schwermüthigen Malerei eines Weisen, als dass man ihn unter den G...anern vergessen sollte. Jener weiss abstracte Ideen in poetische Körper zu kleiden; diesen abstracten Ideen poe-

---

[1] Haller 59. [2] Haller 59. [3] Haller 3.

tische Farben zu geben; jener ist glücklich im Ausdruck der menschlichen Denkart, sofern man sie aus einer genauen Weltweisheit kennen kann; dieser in der Abbildung einiger metaphysischen Hypothesen."

Ohne Zweifel ist Withof — neben Lessing — Hallers glücklichster Nachahmer; er erreicht sein Vorbild oft an Kürze, er übertrifft es im Allgemeinen an Sprachgewandtheit und theilweise wenigstens an durchsichtiger Anlage des Ganzen; aber es fehlt ihm Hallers schöpferische Phantasie, der ideale Schwung und der mannhafte, oft rücksichtslose moralische Eifer. Darum tragen seine Schöpfungen das Gepräge des Studirten und Gemachten und lassen durchgängig kalt. Uebrigens hat Haller auf ihn gewirkt und Withof hat nicht ermangelt, ihm seine Verehrung auszudrücken.

> Wie die Natur sich treibt, ihr vielfach obzuliegen,
> So trachtet auch die Kunst, die Blicke zu vergnügen.
> Da sitzt dem Schilderer der edle Menschengeist:
> Was Ehrlichkeit, was stark in Hallers Blicken heisst,
> Was hell zu machen nie die Mikroskope taugen
> Und Hallers Seele fährt in seines Malers Augen,
> Aus diesen in das Herz; der laurende Verstand
> Ergreift und schickt es dann durch die gelehrte Hand
> In hohle Pinsel fort: so bleibt das volle Leben,
> Apollisch angehaucht, auf einem Tuche kleben:
> Die Farbe stellt, die sonst nur Chaosmasse war,
> Den Haller, was er ist, mit Leib und Seele dar.
> (Sinnliche Ergötzungen, VI. Gesang.)

Warum er gerade auf Haller geräth, geht aus dem Zusammenhange des Gedichtes durchaus nicht hervor.

Ferner sagt er in der „Redlichkeit":

> Wenn Haller englisch denkt, wie keiner je gedacht.

Spuren aus dem Versuche schweizerischer Gedichte machen sich bei folgenden Stellen geltend, von denen die erste deutlich auf die Alpen weist:

Die moralischen Ketzer, 1743:

> Zwar förderte die Stadt noch manche neue Laster,
> Nicht mehr Geschmack, als Stolz, erfand die Marmorpflaster.
> Die Sorge düngt, was Angst erbaut, das enge Haus
> Und treibt ihr Kummersalz aus allen Wänden aus . . .
> Wo Hirten aber noch in frommer Stille wohnen, . . .

Die Redlichkeit, III. Gesang:
Nach Millionen zählt! die Räume macht entschrenkt!
Die Wesen, die sich Gott in Möglichkeit erdenkt,
Verzweifelt Räum' und Zahl, wie gross auch, zu begreifen,
So sehr auch ewig sich auf ewig Jahre häufen.

Haller 128:
Ich häufe ungeheure Zahlen,
Gebürge Millionen auf,
Ich wälze Zeit auf Zeit u. s. w.

Der medicinische Patriot, 1746:
Kometen sind bereits die Strassen ausgedacht.

Haller 46:
Und durch die Sternenwelt sich einen Weg erdacht.
Dem majestät'schen Gang von tausend neuen Sonnen
Ist lange vom Hugen die Rennbahn ausgesonnen.

Sinnliche Ergötzungen, I. Gesang:
Das beste Meisterstück beschämt die Künste nur.
Als Meisterstücke schuf uns Menschen die Natur.

Haller 142:
Der Leib, das Meisterstück der körperlichen Pracht.

Withof, a. a. O.:
So kommt vom Falle gehn.

Haller 160:
Die Füsse lernten gehn durch Fallen.

Die moralischen Ketzer:
Wer band am Sturme Flügel?

Haller 2:
Du giebst den Winden Flügel zu.

Mylius.

Lessing bemerkt in seiner Vorrede zu Mylius' Schriften, dieser habe unter Gottscheds Einfluss Hallers Gedicht „über den Ursprung des Uebels" in den ersten Stücken der Hallerschen Bemühungen angegriffen; später aber hätte er es bereut, ein so schimpfliches Werkzeug des Neides zu sein. Mylius war selber Lehrdichter: Lessing führt eine Uebersetzung von Popes

Versuch über den Menschen aus seiner Feder an und äussert sich über das didactische Gedicht „von den Bewohnern der Kometen" folgendermassen: „Kästner hatte ein Gedicht über die Kometen geschrieben, in dem auch folgende Stelle vorkommt:

> Was aber würde wohl dort im Komet gebohren?
> Ein widriges Gemisch von Lappen und von Mohren,
> Ein Volk, das unverletzt vom Aeussersten der Welt,
> Wo Nacht und Kälte wohnt, in lichte Flammen fällt,
> Wer ist der dieses glaubt?

Ohne Zweifel (fährt Lessing fort) brachte diese Frage den Herrn Mylius auf. Er wollte es sein, der auch andre, es zu glauben, nöthigte. Er setzte sich also, und schrieb ein ziemlich lang Gedichte, worinnen er von der Möglichkeit der Bewohner der Kometen, die der Herr Prof. Kästner nicht geleugnet hatte, und ihrer Wahrscheinlichkeit, die aber unter seinen Händen noch ziemlich unwahrscheinlich blieb, handelte u. s. w." Dann spricht er im Weitern nicht eben günstig von diesem Gedicht, dem wir folgende Parallelen zu Haller entnehmen:

Mylius, a. a. O.:

Wer hätt' es einst gewagt, des Weltmeers grausen Wellen
Ein schwimmend hölzern Haus, und sich mit bloss zu stellen?
Wer suchte westwärts einst zur See das feste Land?
Doch macht Columb uns nur die neue Welt bekannt.

Haller 46:

Ein forschender Columb, Gebieter von dem Winde,
Besegelt neue Meer, umschifft der Erde Rünstde.

Mylius, a. a. O.:

Mit emsigem Bemühn, mit glücklichem Geschäfte
Misst Newtons Gründlichkeit bewegter Körper Kräfte,
Die ihm Hugen gezeigt und macht den dreisten Schluss, . . .

Haller 46:

Dem majestät'schen Gang von tausend neuen Sonnen
Ist lange vom Hugen die Rennbahn ausgesonnen.

Aus seinem ebenfalls didactischen kleinern Gedichte „die Ungerechtigkeit" sticht die Stelle hervor:

Mylius:

Der Vorsicht weiser Zweck war unser Glück allein.

Haller 126:
Du schufest nicht aus Zorn, die Güte war der Grund . . .
Du hiessest Wesen sein, die du beglücken konntest.

Grimm.

Unter Hallers Nachahmer gehört auch Samuel Hieronymus Grimm von Burgdorf, ein Dichter, den wir etwas eingehender betrachten dürfen, weil er unbestritten einen Dusch, ja einen Creuz und Withof an ursprünglichem poetischem Talent überragt, und weil ihn bis zur Stunde keine Literaturgeschichte nennt. Vorerst möge hier das Urtheil der geistreichen Julie von Bondeli über die Gedichte dieses Mannes einen Platz finden, und zwar um so mehr, als die einstige Geliebte Wielands, wie vielfach sonst, so auch hier das Richtige getroffen hat.

J'ai lu, schreibt sie am 21. August 1762 von Könitz aus an Zimmermann, les poésies de Mr. Grimm[1] et j'en suis contente, d'autante plus contente que ie connais les circonstances défavorables,[2] dans lesquelles le génie de l'auteur s'est developpé. En général son génie me parait plus pittoresque que poétique. Les idées sont plus liées et plus fortes, lorsqu'il peint la nature inanimée ou qu'il se livre aux images poétiques, que lorsqu'il moralise. Son ton philosophique vise à l'imitation Hallerienne et n'a rencontré que le coloris rembruni de Creutz. Il n'observe

---

[1] Bodemann giebt in seinem Buche „Julie von Bondeli und ihr Freundeskreis" (Hannover 1874) zu diesem Namen die unrichtige Notiz: F. M. Grimm, geb. zu Regensburg 1723, gest. 1807 zu Gotha. Der Grimm, von dem hier die Rede ist, heisst Samuel Hieronymus und ist ein Burgdorfer.

[2] Der Schluss der Vorrede zu den Grimm'schen Gedichten (sie könnte ihrem ganzen Gepräge nach von Haller herrühren) lautet folgendermassen: Wir gedenken also für diese Gedichte ein günstiges Vorurtheil zu erwecken, wenn wir anzeigen, dass der Verfasser derselben, bei seinem starken Triebe zu der Malerei und der Dichtkunst, nicht nur von Jugend an keine Aufmunterung, sondern wirklich vielfältige Hindernisse gefunden hat, und dass noch izt seine Glücksumstände weder die Ruhe noch die Unabhängigkeit mit sich bringen, die zur Hervorbringung schöner Werke des Geistes erforderlich scheinen, und wenigstens allezeit die Aussichten und Kräfte der Seele erweitern.

point l'élévation graduelle, trop haut dans le commencement il plane au retour dans les régions moyennes. Je frémis chaque fois que je vois la mésure de sa première pièce, il y a toujours 100 à parier contre 1, qu'on ne satisfera point à tout ce qu'elle exige. La pièce sur la nuit a exactement le coloris qui convient au sujet, cela est beau; mais ce n'est pas tout. Celle sur la nuit et le matin est encore d'un bon peintre, le clair obscure y est admirablement bien ménagé. Quelle suite rapide d'horriblement beaux tableaux que le voyage des glaciers! Le ton morale de la pièce sur la vie champêtre me plait mieux que le ton moral des autres.

Wie Julie von Bondeli andeutet, ahmt Grimm die beiden in Hallers Gedichten hervorspringenden Seiten nach, indem er das lehrhafte und das speciell landschaftlich beschreibende Gedicht anbaut, wobei er allerdings die Landschaft in der Regel als Hintergrund für die moralischen Betrachtungen benutzt. Oder vielmehr ist es nicht das Lehrgedicht, sondern die Ode; und zwar hat er in dem bloss 56 Octavseiten starken Büchlein[1] Stellen von einem Schwunge aufzuweisen, die sich neben dem besten sehen lassen dürfen, was die bisher behandelten Dichter geleistet haben. Wenn wir uns speciell nach Hallerschen Reminiscenzen umsehen, so finden wir sie in diesen didactisch-philosophischen Oden ziemlich zahlreich.

Nachtgedanken:

Welten, die vielleicht bewohnt sind, von Geschöpfen höhrer Art,
Seht wie Sand in dürren Zonen! schliesst auf unsern Punkt und starrt.

Haller 145:

Vielleicht ist unsre Welt, die wie ein Körnlein Sand
Im Meer der Himmel schwimmt, des Uebels Vaterland.
Die Sterne sind vielleicht ein Sitz verklärter Geister.

Grimm, a. a. O.:

Unser Leitstern, die Vernunft, leuchtet mit zu blassem Schimmer,
Und wir sinken, fern von Wahrheit, in den Schlamm des Zweifels ein.

Haller 57:

Vernunft, der Leitstern fehlt, und er aus Blindheit irrt, . . .
Der arme Weise sinkt im Schlamm des Zweifels ein u. s. w. u. s. w.

---

[1] Samuels Hieronymus Grimms von Burgdorf Gedichte. Bern in der neuen Buchhandlung. Gedruckt bei Abraham Wagner, Sohn. 1762.

In Grimms Gedicht „Empfindungen auf dem Lande" klingt die sociale Tendenz, die in den „Alpen" verfolgt wird, lebhaft durch:

> Die Ruhe fleucht von schimmernden Pallästen,
> Die willig sich dem Landmann zugesellt.
> Was hilfts aus Gold und Silber sich zu mästen,
> Wann Eckel herrscht, und Schmerz die Lust vergällt?
> Der Neid knirscht nicht um niedre braune Hütten,
> Den Grossen keicht er nach mit langen Schritten,
> Verläumdung steht ihm bei, ihr scharfer Zahn
> Fällt würgend oft des Glückes Liebling an.
>
> . . . .
>
> Wie selig war der Zustand jener Zeiten;
> Da noch kein Volk vor Helden sich gebeugt,
> Und unverwöhnt von den Ergötzlichkeiten,
> Kein Ueberfluss das Laster gross gesäugt;
> Da noch kein Stolz, kein kühner Trieb nach Ehren
> Das Herz verdarb und half die Ruhe stören;
> Da jedes Volk nur eine Hirtenschaar,
> Und unschuldsvoll, wie seine Lämmer, war.

Gerade die „Alpen" sind es, die durch die Schilderung der landschaftlichen Schönheiten der schweizerischen Hochgebirgswelt Grimm veranlasst haben seine „Reise in die Alpen" zu schreiben, ein Gedicht, das indessen nach Kraft, Schönheit und Mass des schildernden Elementes sich mit dem Hallerschen durchaus nicht vergleichen lässt, abgesehen auch davon, dass es weiter nichts ist, als die versificirte Beschreibung einer vom Verfasser ins Berner Oberland unternommenen Reise. Der Anfang des Gedichtes lautet folgendermassen:

> Das öde Stockhorn streckt am langen nassen Spiegel
> Sein drohend schwarzes Haupt in dünner Luft empor.
> Der spitze Niesen hebt sich über ihn hervor,
> Gemeine Berge stehn um ihn wie kleine Hügel.
>
> Die stille Tiefe zeigt die ungeheuren Spitzen,
> Darauf der Himmel ruht, im Abgrund umgewandt;
> Und helle Flut bespült den blumenreichen Strand.
> An dem hier Schlösser, dort gemeine Dörfer, sitzen.
>
> An braunen Wänden hängt ein grauer feuchter Schleyer,
> Der in die schwüle Luft sich ausgedehnt erhebt,
> Sanft steigt, sich wieder setzt, um hohe Klippen schwebt.
> Die schwarzen Gipfel mahlt der Sonne Glut mit Feuer.

In grässlich drohender und öder Berge Schatten,
Von dunkeln Felsen, wie mit einem Wall, umringt,
In deren Zwischenraum ein später Tag nur dringt,
Liegt Unterseen, schlecht erbaut, an fruchtbaren Matten.
[1]Der kalte Brienzer See bedeckt die neuen Mauren
Des Stifts. Der Glitschfluss reisst zerrissne Felsen fort,
[2]Und Hütten hangen, halb zerfallen, hier und dort
Am einsamen Gestad, wo schwarze Felsen trauren u. s. w.

Die landschaftliche Schilderung überwiegt bereits so sehr, dass nur eine einzige Strophe des Gegensatzes gedenkt, in welchem diese Alpenbewohner zu den Städtern stehn:

Fern von der Waffen Wuth und dem Geräusch der Sorgen,
Von wilder Lüste Seuch' und aller Ehrsucht weit,
Hat in der Stille sich die edle göldne Zeit,
Als sie die Städte floh, in dieses Thal verborgen.

Unverhältnissmässig höher aber steht Grimm da, wo er das landschaftliche Bild zum Stimmungsbild umzuschaffen versteht, worin er bereits auf eine spätere Richtung in der Kunst hindeutet:

Die Reise in die Alpen:

Da herrscht auf ewigem und hochgethürmtem Eise,
Voll öder Stille, Nacht und Nebel. Selten schwirrt
Ein fremder Vogel, in dem fernen Flug verirrt,
Bei schwarzen Wänden hin, und sucht vergebens Speise;

und a. a. O.:

Der Schatten braunes Heer dehnt sich, sie (die Fluth des
          Thunersees) zu verdunkeln,
Schnell wachsend aus. Es steigt in glänzend lichter Tracht
Vom Battenberge her die Königin der Nacht
Mit stiller Pracht empor, und tausend Sterne funkeln.

Ihr Silberlicht schwimmt sanft auf den bewehten Wogen,
Des Ufers dunkler Rand, der Berge Wiederschein
Mischt Schatten, die im feuchten Spiegel leben, ein.
Das Ruder knarrt und braust durch die getheilten Wogen.

Und lispelnd irrt der West durch einsam düstre Wälder,
Er führt den Schlummer her; doch seinem sanften Zwang
Entgeht das Schiffvolk, weit erschallt sein Lustgesang.
Es horchen Berge, See, Gestirn, und ferne Felder.

---

[1] Das Stift Interlachen.
[2] Das Gestad des Brienzer Sees.

In süsser Ruh erholt sich meine Muse wieder,
Die steter Sturm, Gefahr und Wildniss scheu gemacht.
Das väterliche Land der sanftern Gegend lacht
Mich an. O sei gegrüsst, du Zeugin meiner Lieder!

Trotz einzelner Unebenheiten, wie sie Julie von Bondeli überhaupt an den Grimmschen Gedichten auszusetzen findet, und die der mangelhaften Bildung des Verfassers zuzuschreiben sein dürften, wird man aus den angeführten Stellen einen Schluss auf Grimms angebornes Talent thun können. Noch mögen zur Probe folgende Lichtpunkte aus seinen wenigen Gedichten hervorgehoben werden:

Du aber, Loos der edeln Geister,
Zufriedenheit, wer kennet dich? (Die Gemüthsruhe.)

Menschen schuf er zum Bewundern, Geister schuf er einzusehn.
(Nachtgedanken.)

Die Zeit trägt uns mit brausendem Gefieder
Zur Schattenwelt. (Empfindungen auf dem Lande.)

Flur, Berg und Thal entreisst sich sacht
Der Finsterniss. Mit neuer Pracht
Stralt das benezte Grün;
Und sanfte Stille herrscht. Gesang
Erfüllt den Hain. Mit schwerem Gang
Sieht man die Herden ziehn. (Der Sommer.)

Matthisson.

Reminiscenzen und Wahl des Stoffes — man denke an „die Reise in die Alpen" — beweisen, dass Grimm sich bei seinen landschaftlichen Schilderungen an Hallers „Alpen" gehalten hat; ebenso ist der schweizerische Dichter auf Matthisson von grossem Einflusse gewesen. So schlagende Beweise, wie wir sie in Grimms Gedichten treffen, begegnen wir nun freilich in denjenigen Matthissons nicht, der fünfzig Jahre nach Haller dichtete, der diesem an Sprachgewandtheit unvergleichlich überlegen ist und der überhaupt in eine entwickeltere Kunstanschauung hineinzustehen kam. Wenn er sich aber unter den Deutschen nach Vorbildern umsah, d. h. nach Dichtern, die als Landschafter aufgetreten waren, so konnte er bloss Kleist, den er kaum erwähnt, und Haller finden, auf den er in seinen „Erinnerungen" so viel zu sprechen kommt, wie nur auf Klopstock, Goethe und Schiller. Dieser Umstand erklärt sich zwar zum Theil aus den Verhältnissen, in denen er zu Freunden Hallers, wie z. B. zu Bonnet stand, zum Theil aus der Anregung und Förderung seiner botanischen Studien, die ihm Hallers bezügliche Werke gewährten, wie ihm u. A. Haller in seinem Gedicht „der Genfersee" nur noch als Gelehrter erscheint:

> Und wär ich auch, mit Hallers Wissenschaft,
> Von Grönlands Eis bis zu Tahitis Wogen u. s. w.

Aber eben so hoch wie der Mann der Wissenschaft steht ihm der Dichter:

> Hier bliebe wonnebebend
> Selbst Hallers Muse stumm

sagt er in seinem „Alpenwanderer"; und in dem Sinngedicht auf Roche:

> Haller der Grosse hier weiht' er den Musen sechs glückliche Jahre.
> Siehst du das Laubkabinet unter den Linden am Teich?
> Dort hat, beim Schimmer des Mondes, Alpina die göttliche Nymphe
> Dankbar dem Liebling die Stirn mit Immortellen bekränzt.

Matthisson begeht mit seinem Freunde Salis „Hallers Gedächtnissfeier in einem Grottenkabinette, wo dieser Liebling der Natur und der Musen für seiner Menschenbrüder Wohl und seines Namens Unsterblichkeit las und schrieb und forschte;"[1] und auf dem Rigi „denkt er an des unsterblichen Hallers Gedicht über die Ewigkeit."[2] Nicht selten wählt er in seinen „Erinnerungen" ein Motto aus Haller, und die zahlreichen Reminiscenzen aus dessen Gedichten beweisen, wie genau er ihn studirt hat: „wir wandelten längs den malerischen Ufern des reissenden Avanson hin, der wie Haller singt, gestürzte Wälder wälzt;"[3] „die schnellen Schwingen, wogegen, wie Haller sagt, selbst die Flügel des Lichtes nur langsam sind;"[4] dann hätte man des grossen Hallers bekannten Vers

---

[1] Erinnerungen I, pag. 172.
[2] a. a. O. III, pag. 130.
[3] a. a. O. I, pag. 172.
[4] a. a. O. II, pag. 115.

In einem schönen Leib wohnt eine schöne Seele schwerlich in Stammbüchern[1] u. s. w.

Man wird sich ohne Weiteres vorstellen können, dass Matthisson — und ganz ähnlich wird es sich auch mit Salis verhalten haben — an Haller sich gebildet hat und zwar rücksichtlich der landschaftlichen Schilderung und rücksichtlich des pathetischen Vortrages, wenn wir auch nicht auf eine einzige entschiedene Reminiscenz stossen. Freilich, so hoch er ihn stellte, sah er doch ein, Hallers Verfahren mit einem Stoffe wie z. B. die Alpen waren, sei von einem höhern künstlerischen Standpunkte aus nicht das durchaus richtige, worüber er sich folgendermassen ausdrückt: „Ungeachtet meiner warmen Vorliebe für das Gedicht (die Alpen), kann ich den Wunsch nicht unterdrücken, ein Mann von entschiedenem Dichterberufe möchte noch einmal sich an diesen grossen Gegenstand wagen, weil, nach meiner Ueberzeugung, der bedeutendste Theil der Alpenwelt für die Poesie noch als terra incognita betrachtet werden muss. Ein solches Werk dürfte keineswegs in die Klasse der Iliaden geworfen werden, die nach dem Vater Homer noch zu Tage gefördert werden könnten. Der Mann aber, dessen Genius diesen Adlerflug beginnen wollte, müsste mit Hallers poetischem Talent und naturhistorischem Tiefblick auch Klopstocks nie ermangelnde Sprachgewalt und Lessings feinen kritischen Takt verbinden."[2]

Es sei uns hier noch ein kurzer Seitenblick auf den Einfluss zu werfen gewährt, den Hallers Alpen in Anbetracht der aesthetischen Würdigung des Hochgebirges geübt haben. Wir weisen bloss auf eine Schrift hin, die diese Aufgabe schon gelöst hat, auf Jacob Freys kulturhistorische Studie: „Die Alpen im Lichte verschiedener Zeitalter".[3] Frey führt in dieser Arbeit den Nachweis, dass „das von Anbeginn verrufene, das „schreck-

---

[1] Erinnerungen III, pag. 117.
[2] a. a. O. III, pag. 206.
[3] Sammlung gemeinverständlicher wissenschaftlicher Vorträge, herausgegeben von Rud. Virchow u. Fr. von Holtzendorff. XII. Serie. Heft 274. Berlin 1877.

liche, das scheussliche" Hochgebirge endlich den seiner würdigen Sänger gefunden hatte."

Wir halten hier der vielfach aufgestellten Behauptung, dass es Goethe gewesen sei, der uns die Schönheit der Alpennatur zuerst erschlossen, folgende Strophen Hallers entgegen:

> Denn hier, wo Gotthards Haupt die Wolken übersteiget,
> Und der erhabnern Welt die Sonne näher scheint,
> Hat, was die Erde sonst an Seltenheit gezeuget,
> Die spielende Natur in wenig Land's vereint:
> Wahr ist's, dass Libyen uns noch mehr Neues giebet,
> Und jeden Tag sein Sand ein frisches Unthier sieht;
> Allein der Himmel hat diess Land noch mehr geliebet,
> Wo nichts, was nöthig, fehlt, und nur was nutzet, blüht.
> Der Berge wachsend Eis, der Felsen steile Wände
> Sind selbst zum Nutzen da, und tränken das Gelände.

> Wenn Titans erster Strahl der Gipfel Schnee vergüldet,
> Und sein verklärter Blick die Nebel unterdrückt,
> So wird, was die Natur am prächtigsten gebildet,
> Mit immer neuer Lust von einem Berg erblickt;
> Durch den zerfahrnen Dunst von einer dünnen Wolke,
> Eröffnet sich zugleich der Schauplatz einer Welt;
> Ein weiter Aufenthalt von mehr als einem Volke,
> Zeigt Alles auf einmal, was sein Bezirk enthält;
> Ein sanfter Schwindel schliesst die allzuschwachen Augen,
> Die den zu breiten Kreis nicht durchzustrahlen taugen.

> Ein angenehm Gemisch von Bergen, Fels und Seen,
> Fällt nach und nach erbleicht, doch deutlich in's Gesicht,
> Die blaue Ferne schliesst ein Kranz beglänzter Höhen,
> Worauf ein schwarzer Wald die letzten Strahlen bricht:
> Bald zeigt ein nah Gebürg die sanft erhobnen Hügel,
> Wovon ein laut Geblöck im Thale wiederhallt;
> Bald scheint ein breiter See ein meilenlanger Spiegel,
> Auf dessen glatter Fluth ein zitternd Feuer wallt;
> Bald aber öffnet sich ein Strich von grünen Thälern,
> Die hin und her gekrümmt, sich im Entfernen schmälern.

> Dort senkt ein kahler Berg die glatten Wände nieder,
> Den ein verjährtes Eis dem Himmel gleich gethürmt,
> Sein frostiger Krystall schickt alle Strahlen wieder,
> Den die gestiegne Hitz' im Krebs umsonst bestürmt.

Nicht fern vom Eise streckt, voll futterreicher Weide,
Ein fruchtbares Gebürg den breiten Rücken her;
Sein sanfter Abhang glänzt von reifendem Getreide,
Und seine Hügel sind von Hundert Herden schwer.
Den nahen Gegenstand von unterschiednen Zonen
Trennt nur ein enges Thal, wo kühle Schatten wohnen.

Hier zeigt ein steiler Berg die mauergleichen Spitzen,
Ein Waldstrom eilt hindurch, und stürzet Fall auf Fall,
Der dickbeschäumte Fluss dringt durch der Felsen Ritzen,
Und schiesst mit gäher Kraft weit über ihren Wall.
Das dünne Wasser theilt des tiefen Falles Eile,
In der verdickten Luft schwebt ein bewegtes Grau,
Ein Regenbogen strahlt durch die zerstäubten Theile,
Und das entfernte Thal trinkt ein beständig Thau.
Ein Wandrer sieht erstaunt im Himmel Ströme fliessen,
Die aus den Wolken fliehn, und sich in Wolken giessen u. s. w.

Ein zweiter Punkt, welcher der erwähnten Behauptung entgegengehalten werden kann, ist folgender: Beschreibungen von Schweizerreisen aus der zweiten Hälfte des vorigen Jahrhunderts zeigen zur Genüge, dass man an Land und Leute in den Alpen den Massstab zu legen gewohnt war, den Haller in seinen „Alpen" geboten hatte. Einige dieser Bücher sind mit Citaten aus denselben förmlich gespickt und bildliche Darstellungen mit Stellen aus dem Gedichte geziert. Wir begnügen uns auf dieses Faktum hingewiesen zu haben und führen eine Stelle aus einem solchen Werke an; nämlich aus dem Buche: Briefe, die Schweiz betreffend, v. C. C. L. Hirschfeld.[1] „Tausendmal habe ich mir das göttliche Gedicht über die Alpen auf der Reise laut vorgesagt; noch kann ich mich nicht enthalten, die Stellen niederzuschreiben, die mich am meisten gerühret haben, und die das stark malen, was ich nur gar zu matt erzählen werde:

Ein angenehm Gemisch von Bergen, Fels und Seen u. s. w.

Nun füllt das Citat ein und eine halbe Seite.

---

[1] Neue vermehrte Ausgabe. Leipzig 1776.

Die deutschen Klassiker.[1]

Klopstock.

Man könnte Haller nach mehr als einer Seite hin als Klopstocks Vorgänger bezeichnen: er war der erste Dichter, der wieder zu gehaltvollen und ernsten Stoffen griff, nachdem die Poeten sich beinahe auf das Gelegenheitsgedicht, auf das Liebeslied und eine Art zahmer Satiren beschränkt hatten; Klopstock wählte den höchsten Vorwurf, den seine Zeit sich noch denken konnte. Nach seinem Zeugniss hat Haller als Sprachschöpfer sich grosse Verdienste erworben; und ist er in diesem Punkte Klopstocks Vorläufer, so erscheint er auch als solcher hinsichtlich des patriotischen Elementes, den er nach langer Zeit wieder an den Tag treten liess. Endlich verlieh, wie schon angedeutet, seine berühmte Persönlichkeit der Poesie wieder Würde, bis Klopstock ausschliesslich als Dichter dieselbe, und mit ihr sich selbst, zu höchsten Ehren gebracht hat.

Beide Dichter sind ideale, pathetische Naturen. Aber Hallers Pathos ist das des Gedankens, Klopstocks dasjenige des Gefühls. Darum ist es begreiflich, dass sich bei diesem auch nicht eine einzige ausgesprochene Hallersche Reminiscenz findet.

Es mögen hier die Stellen aus denjenigen Oden angeführt werden, in den Klopstock Hallers Namen erwähnt:

---

[1] Wie oben angegeben sind die Klassiker absichtlich herausgehoben worden; das durch diesen Schritt erzielte Gesammtbild sieht freilich in seinen einzelnen Theilen sehr ungleich aus, da wir nicht einmal bei allen der sechs Dichter auf Hallersche Reminiscenzen treffen.

Petrarca und Laura (1748):
O, so sammle sie ein, sammle die heiligen
Thränen in goldnen Schaalen ein,
Bring sie, Himmlischer, dann zu den Unsterblichen,
Denen zärtlich ihr Herz auch schlug:
Zu der göttlichen Rowe oder zur Radikin,
Die im Frühlinge sanft entschlief,
Oder zur Doris hinauf, die noch ihr Haller weint,
Wenn er die jüngere Doris sieht.

Der Zürchersee (1750):
„Hallers Doris", die sang, selber des Liedes werth,
Hirzels Daphne, den Kleist innig wie Gleimen liebt.

Klopstocks Urtheil über Hallers sprachschöpferische Bedeutung (d. h. insofern er eine poetische Diction geschaffen hat) haben wir oben erwähnt und beigebracht;[1] passend stehen hier noch folgende Worte aus seiner Abhandlung: „vom deutschen Hexameter": Auch folgendes führe ich nicht, weil es entscheidet, sondern des Mannes wegen an, der es gesagt hat. Denn sein verdientes Ansehen könnte die Laien irre machen. 10. Mir kam es immer vor, wenn man Hexameter machen wollte, wie sie gemeiniglich sind, so wäre die Arbeit zu leicht; und leichte Arbeit ist auch in der Poesie schlecht. Sollte man aber die Harmonie beibehalten, und richtige Füsse von langen und wirklich kurzen Silben abwechseln lassen, wie Herr Uz und von Kleist gethan haben, so wäre die mechanische Arbeit sehr schwer.[2]

Auf das persönliche Verhältniss der Beiden werfen folgende Briefstellen einiges Licht.

Klopstock an Bodmer. Langensalza, 2. Dec. 1748.

Ich schicke Ihnen hiemit eine Abschrift von Hallers Brief. Das Original habe ich zu meinem Gebrauche, den Sie leicht errathen werden, zurückbehalten. Den Brief desto besser zu verstehn, müssen Sie wissen, dass ich mit Hallern vorher schon im Briefwechsel gestanden, und dass er sich meines Glückes wegen schon vorher, auf eine Weise, wie es einem so edeln

---

[1] Siehe oben, pag. 76.
[2] Diese Worte stehen in Hallers Brief an den Freih. v. Gemmingen.

Frey, Haller.

Manne anständig ist, Mühe in Hannover gegeben. Die Sache betraf ein Amt für mich. Weil ich mich erklärt hatte, lieber einer Schule, als einer Gemeine vorzustehen (denn die Natur hat mir die Stelle eines Redners versagt), so war die letzte Nachricht, dass ich mich desswegen an Gessnern wenden müsste, der mich bei dem Werlhof unterstützen wollte. Allein ich will einem Manne nicht das geringste schuldig sein, der nicht erröthet ist, Hallern zu beleidigen.

An ebend. 26. Jan. 1749.

Haller (weil er weiss, dass ich einmal in den Umständen bin) hat sich durch Werlhof von ferne her erkundigen lassen, ob ich wohl den Unterricht seines Sohnes in den schönen Wissenschaften übernehmen wollte? Und gleich itzt giebt man mir einen Brief zu lesen, den er desswegen an einen hiesigen Freund selbst geschrieben.[1]

An ebend. Langensalza, 12. April 1749.

Haller hat mir einen Brief von einem Engländer, Wetstein, zugeschickt, worin steht, dass dem Prinzen der Messias übergeben worden; dass er ihn, besonders in Betrachtung Hallers, wohl aufgenommen, und dass er sich ohne Zweifel nach dem Verfasser erkundigen werde.

An ebend. Langensalza, 7. Junius 1749.

Ich wünschte auch von Ihnen zu erfahren, ob die Juden keine Bildsäulen haben durften? Haller hat mir in diesem Gesichtspunkte eine Kritik wider die Bildsäule Hesekiels gemacht. Den Engländern bekannt zu werden, kann mir vielleicht einen Weg bahnen. Der H. v. Hagedorn hat gemeint, ich müsste durch van den Hoek in Göttingen ein Exemplar an den Verfasser der Uebersetzungen aus dem Haller in Gentlemans Magazin besorgen lassen. Wollten Sie wohl desswegen an Hallern schreiben, doch so, dass Sie Ihren Brief nicht an mich einschlügen? —

Leider sind die an Haller gerichteten Briefe Klopstocks auf der Berner Stadtbibliothek nicht mehr vorhanden.

---

[1] Vergl. den Brief an Gemmingen: Nicht dass wir beide Klopstocks Verdienste nicht gefühlt hätten: ich suchte ihn von Langensalze und aus dem Weissischen Hause in das meinige zu ziehen; das Glück sorgte aber besser für ihn, und seine Gaben wurden belohnt.

Wieland.

Wie viel der junge Wieland auf Hallern hielt, zeigt eine Stelle aus einem den 12. Januar 1755 an Gleim gerichteten Briefe: „Ist es möglich, dass die Gedichte des Herrn Hallers, das verlohrne Paradies, der Messias so kaltsinnige Liebhaber haben können!" (Wie nämlich Gottsched und Consorten sind.)[1] Vier und ein halb Jahr später beruft er sich Zimmermann gegenüber auf eine Stelle in Hallers Alpen:

Stürzt Nüchtlands Aare sich . . .
Der Berge reicher Schacht vergoldet ihre Hörner;

er hatte nämlich, was Zimmermann rügte, das Wort Hörner in der Bedeutung gebraucht, wie Haller im angeführten Verse. An Zimmermann auch richtet er folgende Zeilen: „. . . oder wollen Sie ein Lehrgedicht machen? Wählen Sie eine interessante Materie, z. B. die Schönheiten der Natur, oder eine Théorie des sentimens agréables oder etwas dergleichen, und tractiren Sie selbe so stark wie Haller, so leicht wie Voltaire, und so anmuthig wie Virgil." (Zürich, 14. Febr. 1758.) Zimmermann scheint denn dieser Vorschrift in ausgiebiger Weise nachgelebt zu haben, denn in einem Briefe vom nämlichen Jahre schreibt ihm der junge Freund: „Aber mich dünkt, Sie hallerisiren zu viel:[2] Vous vivez au grand, et vous lui sacrifiez les graces."

Wieland freilich hatte sich bei seinem Lehrgedichte „von der Natur der Dinge", in seinen „moralischen Briefen" und in den „Briefen von Verstorbenen" Haller auch in ausgiebigster Weise zum Muster genommen. Diese Nachahmung der Hallerschen Gedichte ist ein für die Geistesentwicklung Wielands bis jetzt noch unbeachtet gebliebenes Moment. Von welcher Wichtigkeit es namentlich für die Erlangung einer freiern und feinern Sprachbeherrschung des jungen Dichters war, darüber mag nun das Einzelne Aufschluss geben.

---

[1] Ausgew. Briefe von C. M. Wieland an verschiedene Freunde, 1751 bis 1810. Zürich 1815.
[2] In seiner Ode an Friedrich d. Grossen.

Die Natur der Dinge, 1752.

I. Buch.

Wieland:
Ins Innre der Natur weiss er noch nicht zu dringen.

Haller 78:
Ins Innre der Natur dringt kein erschaffner Geist.

Wieland, a. a. O.:
Die Welt, die meinem Blick kaum ihre Schaale weist.

Haller 78:
Zu glücklich, wann sie noch die äussre Schale weist.

Wieland, a. a. O.:
So richtet die Vernunft, wenn kein gefärbtes Glas
Den Vorwurf anders zeigt, als ihn das Auge mass.

Haller 69:
Wie ein gefärbtes Glas, wodurch die Sonne strahlt.

Und Haller 58:
So wie, wann das Gesicht gefärbtem Glase traut.
Ein jeder, was er sieht, mit fremden Farben schaut.

Wieland, a. a. O.:
Er lernt die Kette sehn, die alle Dinge bindet.

Haller 123:
Hielt der Begriffe Reich in schliessender Verbindung.

Wieland, a. a. O.:
Der dumme Samojed, der wilde Hottentot
Fühlt diesen Zug in sich und ehret seinen Gott.

Haller 137:
Und unter braunem Süd fühlt auch der Hottentot
Die allgemeine Pflicht und der Natur Gebot.

II. Buch.

Wieland:
Betrogne Sterbliche! Vom unbegrenzten All
Seht ihr den äussern Rand, die Schale nicht einmal.

Haller 78:
Zu glücklich, wann sie noch die äussre Schaale u. s. w.

Wieland:

Dem Newton zeigte sie im weissen Sonnenstrahl
Durch ein dreieckigt Glas der Farben heil'ge Zahl;
Von ihr gelehrt, hiess er in abgemessnen Kreisen,
Bestrahlte Welten stets um ihren Brennpunkt reisen.

Haller 77:

Warum die Sterne sich an eigne Gleise halten;
Wie bunte Farben sich aus lichten Strahlen spalten;
Was für ein inn'rer Trieb der Welten Wirbel dreht.

Und Haller 47:

Ein Newton übersteigt u. s. w.

Wieland, a. a. O.:

Er reitzt die Herrn des Nils den Himmel nah zu seh'n,
Und von gebranntem Leim Gebürge zu erhöh'n,
Wo unter theurer Last, mit Menschenblut geflüget,
Ihr moderndes Gebein in öden Winkeln lieget.

Haller 10:

Baut, eitle Herrscher unter'm Süden,
Die unzerstörbarn Pyramiden,
Gepflastert mit des Volkes Blut;
Doch wisst, dass einst der Würmer Speise . . .

Wieland 501:

Er führt' einst Philipps Sohn durch manch entvölkert Land,
Im blutigen Triumph bis an den Indus-Strand.

Haller 14:

Er fand an Ganges letztem Strande,
Das Ziel der Thaten und der Lande,
Doch Philipps Sohn war noch nicht satt.

III. Buch.

Wieland:

. . . wo findst du ihn im uferlosen Schlund
Der steten Ewigkeit? . . .

Haller 159:

Ein einzig Jetzt in dir ist Ewigkeit!
. . . mit aufgesperrtem Schlund.

Wieland:

Wer misst die Ewigkeit?

Haller:

Unendlichkeit, wer misset dich?

Wieland:
Welch eine Marche trennt die Schöpfung und das Nichts?

Haller 158:
Und wenn ich auf der March des Endlichen nun bin.

IV. Buch.

Wieland:
... Augen,
Was Menschenblicke einst nicht durchzustrahlen taugen.

Haller:
... Augen,
Die den zu breiten Kreis nicht durchzustrahlen taugen.

Wieland:
Doch er ermisst dich nicht, häuft er gleich Gröss' auf Grössen.

Haller:
Ich häufe ungeheure Zahlen,
Gebürge Millionen auf u. s. w.

Wieland:
O still! Der Dinge Kern enthüllt kein ird'scher Geist.

Haller 78:
Ins Innre der Natur dringt kein erschaffner Geist.

V. Buch.

Wieland:
Vergleiche deine Dau'r mit der Gestirne Leben,
Bestimmt die Himmelsluft Aeonen durchzuschweben;
Sie scheint ein Augenblick, der ungebraucht verschwindt,
Doch wenn Orion selbst sein wartend Grab einst findt,
Wird, gegen jene Sfär, die, Gott! dich in sich siehet,
Er eine Rose sein, die im Mittag verblühet.

Haller 157:
Der Sterne stille Majestät,
Die uns zum Ziel befestigt steht,
Eilt vor dir weg, wie Gras an schwülen Sommertagen;
Wie Rosen, die am Mittag jung,
Und welk sind vor der Dämmerung,
Ist gegen dich der Angelstern und Wagen.

Wieland:
So wie der Iris Pracht den Pöbel falscher Pflanzen ...

Haller 37:
Dort ragt das hohe Haupt am edeln Enziane
Weit über'n niedern Chor der Pöbelkräuter hin.

Wieland:
Wie gross ist denn von euch zum Vieh der Zwischenstand?

Haller 45:
Unselig Mittelding von Engeln und von Vieh.

VI. Buch.

Wieland:
Diess All ist Gottes Werk, ein Schauplatz solcher Wesen,
Die seine Güte sich zum Gegenstand erlesen.

Haller 126:
Du schufest nicht aus Zorn, die Güte war der Grund,
Wesswegen eine Welt vor Nichts den Vorzug fund.

Wieland:
... Denn nur ein kleines Heer
Gottgleicher Cherubim lebt in der ersten Sfär
Mit Gott, und fühlte nie die Schranken, die uns zwingen,
Die andern, welche noch mit Macht und Schwäche ringen u. s. w.

Haller 128:
... Verschiedne Macht und Ehre
Vertheilt, nach Stufen Art, die unzahlbaren Heere,
Die, ungleich satt vom Glanz des mitgetheilten Lichts,
In banger Ordnung steh'n von Gott zum öden Nichts.

Moralische Briefe.

I.

Wieland:
Du, Sternenspäher, steig aus' ferner Welten Bahn,
Herab ins eigne Herz! Lass die Kometen irren!
Bestrebe dich dafür, dich selbst dir zu entwirren! ...
. . . .
Im Himmel wohl bekannt und nur dir selbst verborgen.

Haller 22:
O Witz, des Weisen Tand, wann hast du ihn vergnüget?
Er kennt den Bau der Welt und stirbt sich unbekannt.

Und Haller 47:
Wohl angebrachte Müh, Gelehrte Sterbliche!
Euch selbst misskennet ihr, sonst Alles wisst ihr eh'.

Und Haller 77:
... und einst wird in den Sternen
Ein Kenner der Natur des Weisen Namen lernen.

Wieland:
Von Engeln und von Vieh in gleichem Abstand weit.

Haller 45:
Unselig Mittelding von Engeln und von Vieh.

Wieland:
Umsonst schmückt Seid und Gold sein königliches Haus,
Die Sorge treibt ihn aus den Schwanen selbst heraus.

Haller 19:
Umhängt die Marmorwand mit persischen Tapeten ...
Entschläft der minder sanft, der nicht auf Eidern lieget?

Wieland:
... leidt auch der Städte Rauch.

Haller 26:
... und flieht der Städte Rauch.

Und Haller 41:
... rühmt nur den Rauch in grossen Städten.

II.
Motto:
Zufriedenheit war stets die Mutter unsers Glückes.   Haller.

III.
Wieland:
Bei Eulen möchtest du vielleicht ein Weiser sein.

Haller 64:
Ein frommer Simeon wurd' alt auf einer Säule,
Sah auf die Welt herab, und that was kaum die Eule.

V.
Wieland:
Es donnert, Luft und Erd hüllt sich in falbe Schatten ...
Die Wolken stürzen sich, der ganze Himmel glüht ...
Er staunt, er sinnt, und findt dass nichts gewisser ist,
Als dass ein Donnergott den Blitz aus Wolken schiesst.

Haller 151:
Das rollende Geknall von schwefelreichen Dämpfen,
Die mit dem feuchten Dunst geschlossner Wolken kämpfen,

Verrückte gleich ihr Hirn, sie dachten, was uns schreckt,
Ist mächtiger als wir, so ward ein Gott entdeckt.

Wieland:
Dem Pöbel, der sich nie zu denken unterwindt.

Haller 45:
Der Pöbel hat sich nie zu denken unterwunden.

VI.

Wieland:
Den rauhen Menschenfeind, der selber nie gefühlet (Kato),
Wie sich mit Billigkeit der Themis Strenge kühlet.

Haller 79:
Ein Sinn, dem nichts gefällt, den keine Sanftmuth kühlt,
Der sich selbst alles ist, und niemals noch gefühlt.

Wieland:
Kein kenntnissloser Zwang, dem wir vergebens wehren,
Kein Mechanismus soll die Tugend uns gebären.

Haller 129:
Denn Gott liebt keinen Zwang, die Welt mit ihren Engeln ...
Gott hält für ungethan, was man gezwungen thut.

VII.

Wieland:
Und Tunquin sendet ihm sein aromatisch Nest.

Haller 19:
Speis't Tunkins Nest aus Gold.

Wieland:
Sein Haus zeigt zwar kein Gold noch persische Tapeten.

Haller 19:
Umhängt die Marmorwand mit persischen Tapeten.

VIII.

Ist Mentor nicht ein Sklav ...
Er schweigt von Hallers Lob, und Neukirch wird er loben.

Briefe von Verstorbenen.

IV.

Wieland:
Von dem ersten der Engel, dem göttlichsten aus den Erschaffnen,
Bis zu dem, der am Rande des Nichts sein Dasein verträumet.

Haller 128:
... Verschiedne Macht und Ehre
Vertheilt ...
In langer Ordnung steh'n von Gott zum öden Nichts.

VII.

Wieland:
Der Unmuth,
Der die Vernunft dir bewölkt, schwärzt alles was dich umgiebet.

Haller 199:
Kurzsichtiger! Dein Gram hat dein Gesicht vergället;
Du siehst die Dinge schwarz, gebrochen und verstellet.

Die Zahl dieser Parallelen könnte leicht verdoppelt werden, wenn man auch solche Stellen ins Auge fassen würde, bei denen im Nachahmer und Vorbilde weniger die Dichter als die Moralphilosophen sich begegnen.

Lessing.

Unter Lessings „Fragmenten" finden sich zwei Bruchstücke religiös-metaphysischer Lehrgedichte: „Aus einem Gedichte über die menschliche Glückseligkeit" und „Die Religion". Die Fassung der einzelnen Gedanken ist oft von meisterhafter Klarheit und Rundung und das Wenige, was wir haben, weist eine streng logische und durchsichtige Verbindung derselben auf. Aber diese „Fragmente" scheinen mehr ein Tribut, den der jugendliche Dichter einer von den Zeitgenossen bevorzugten Dichtungsart darbrachte, als der Ausfluss innerer und tiefer Ueberzeugung zu sein. Zudem sind sie in noch höherm Grade als Wielands verwandte Jugendversuche von Hallers Lehrgedichten beeinflusst.

Aus einem Gedichte über die menschliche Glückseligkeit.

Lessing:[1]
Wie kömmt es, dass ein Geist, der nichts als Glauben hasst,
Und nichts als Gründe liebt, den Schatten oft umfasst,

---

[1] Hempelsche Ausgabe I, pag. 163.

Wenn er die Wahrheit denkt in sichern Arm zu schliessen,
Dass ihm zum Anstoss wird, was alle Kinder wissen?
Wer lehrt mich, obs an ihm, obs an der Wahrheit liegt?
Verführet er sich selbst? Ist sie's, die ihn betriegt?
Vielleicht hat beides Grund, und wir sind nur erschaffen,
Anstatt sie einzusehn, bewundernd zu begaffen.

Haller 44, Anfang des Gedichtes über Vernunft, Abergl. u. Ungl.:

Woher, o Stähelin, kömmt doch die Zuversicht,
Womit der schwächste Geist von hohen Dingen spricht?
Du weisst's, Betrug und Tand umringt die reine Wahrheit,
Verfälscht ihr ewig Licht, und dämpfet ihre Klarheit.
Der Weise braucht umsonst, geführt von der Natur,
Das Bleimaass in der Hand, und die Vernunft zur Schnur;
Im Geister-Labyrinth, in scheinbaren Begriffen,
Kann auch der Klügste sich in fremde Bahn vertiefen,
Und wenn sein sichrer Schritt sich nie vom Pfad vergisst,
Am Ende sieht er doch, dass er im Anfang ist.

Und Haller 58:

Der eine wird verführt und der verführt sich selber.

Nun folgt bei Lessing ein Gleichniss; dann:

Ein Geist, der auf dem Pfad, dem man ihm vorgegangen,
Nicht weiter kommen kann, als tausend mitgelangen,
Verliert sich in der Meng, die kein Verdienst besitzt,
Als dass sie redlich glaubt, und was sie weiss, beschützt.

Und Lessing I, pag. 164:

Doch der, der sich nicht selbst zu denken will erkühnen.

Haller 45, fährt fort:

Der Pöbel hat sich nie zu denken unterwunden,
Er sucht die Wahrheit nicht, und hat sie doch gefunden;
Sein eigner Beifall ist sein bündigster Beweis,
Er glaubet kräftiger, je weniger er weiss.
Ihm wird der Weiseste zu schwache Stricke legen,
Er spricht ein trotzig Ja, und löst sich mit dem Degen.

Lessing:

Diess ist es, was ihn quält. Er will, dass man ihn merke.
Zum Folgen allzu stolz, fehlt ihm der Führer Stärke,
Drum springt er plötzlich ab, sucht kühn doch ohn Verstand,
Ein neues Wahrheitsreich, ein unentdecktes Land.

Haller 49:

Doch weil der Stolz sich schämt, wenn wir nicht Alles wissen,
Hat der verwegne Mensch auch hier urtheilen müssen.

Er hat, weil die Vernunft ihn nur zu zweifeln lehrt,
Sich selbst geoffenbart, und seinen Traum verehrt.

Und Haller 55:
Ein Freigeist, der sich schämt, wenn er wie Andre denket.

Lessing:
Dem Gut und Bösen setzt ein blöder Weise Schranken
Und ihr beglaubtes Nichts wohnt nun in den Gedanken.

Haller 54:
Von dem bethörten Sinn lässt sich das Herz betrügen,
Liebt ein beglaubtes Nichts.

Lessing:
Gnug, wer Gott leugnen kann, muss sich auch leugnen können.
Bin ich, so ist auch Gott.

Haller 58:
Wer zweifelt, ob er ist, kann keinen Schöpfer glauben.

Die Religion.[1]

Vorerinnerung:

„Mein Plan ist gross ... Der erste Gesang ist besonders den Zweifeln bestimmt, welche wieder alles Göttliche aus dem innern und äussern Elende des Menschen gemacht werden können. Der Dichter hat sie in ein Selbstgespräch zusammengenommen, welches er, an einem einsamen Tage des Verdrusses, in der Stille geführt u. s. w."

Haller 123 (über den Ursprung des Uebels):
Ich sann in sanfter Ruh dem holden Vorwurf nach,
Bis dass die Dämmerung des Himmels Farben brach ...
Und dieses ist die Welt, worüber Weise klagen,
Die man zum Kerker macht, worin sich Thoren plagen? ...
Der Schauplatz unsrer Noth beginnt sich aufzudecken.

Lessing, a. a. O.:

Man gehe auf den ersten Tag seines Lebens zurück. Was entdeckt man? Eine mit dem Viehe gemeinschaftliche Geburth; ja, unser Stolz sage, was er wolle, eine noch elendere. Ganze Jahre ohne Geist, ohne Empfindung, folgen darauf, und den ersten Beweis, dass wir Menschen sind, geben wir durch Laster,

---

[1] Hempelsche Ausgabe I, pag. 177.

die wir in uns gelegt fanden, und mächtiger in uns gelegt fanden, als die Tugenden u. s. w. (Im Gedichte aber heisst es:)

... Fühlt ich, mir unbewusst, für sie schon Lieb und Scheu?
Ach! Neigung, Sinn und Witz lag noch in finstern Banden,
Und was den Menschen macht, war ohne Spur vorhanden.
Die Bildung nach der Form zum menschlichen Geschlecht,
Gab auf den edlern Theil mir kein untrüglich Recht ...

Wie elend kümmerlich wuchs ich die ersten Jahre!
Zum Menschen noch nicht reif, doch immer reif zur Bahre ...
Eh auf die Leitung kühn, mein Fuss, vom Tragen matt,
Mehr Schritte durch die Luft, als auf dem Boden that? ...

Ich hörte, sah und ging, ich zürnte, weinte, lachte,
Bis Zeit und Ruthe mich zum schlimmern Knaben machte.
Das Blut, das jugendlich in frischern Adern rann,
Trieb nun das Herz zu leichten Lüsten an.
Mein Wunsch war Zeitvertreib; mein Amt war Müssiggehen u. s. w.

(Diese Schilderung der Jugend füllt 70 Verse.)

Haller 47:

Ein Kind ist noch ein Kraut, das an der Stange klebt,
Nicht von sich selbst besteht, und nur durch Andre lebt.
Darauf, wann nach und nach sein Denken wird sein eigen,
Und Witz und Bosheit sich durch stärkres Werkzeug zeigen,
Wächst Geiz und Ehrfurcht schon, noch weil ein Kinderspiel,
Ein Ball und schneller Reif ist seiner Wünsche Ziel.
Die blumenvolle Zeit der immer muntern Jugend
Lebt, und ist drüber stolz, in Feindschaft mit der Tugend.
Der Wollust sanfte Gluth wärmt ihr die Adern auf,
Kein Einfall von Vernunft hemmt ihrer Lüste Lauf.

Und Haller 159:

Ich ward, nicht aus mir selbst, nicht weil ich werden wollte;
... zuerst war ich ein Kraut,
Mir unbewusst, noch unreif zur Begier;
Und lange war ich noch ein Thier,
Da ich ein Mensch schon heissen sollte.
Mein Ohr verschloss ein Fell, mein Aug ein Staar,
Mein Denken stieg nur noch bis zum Empfinden,
Mein ganzes Kenntniss war Schmerz, Hunger und die Binden.

Zu diesem Wurme kam noch mehr von Erdenschollen ...
Die Füsse lernten geh'n durch fallen,
Die Zunge beugte sich zum Lallen
Und mit dem Leibe wuchs der Geist ...

Ich starrte jedes Ding als fremde Wunder an,
Ward reicher jeden Tag, sah vor und hinter Heute,
Mass, rechnete, verglich, erwählte, liebte, scheute,
Ich irrte, fehlte, schlief, und ward ein Mann.

Lessing:

Vergebens Alterthum! Die Zeit vergöttert nicht!
Und kein Verjähren gilt vor der Vernunft Gericht!
Die schöne Schaale täuscht mich nicht an deinen Helden,
Und selbst vom Sokrates ist Thorheit gnug zu melden.
Grossmuth ist Ruhmbegier; Keuschheit ist kaltes Blut;
Treu sein ist Eigennutz; und Tapferkeit ist Wuth;
Andacht ist Heuchelei; Freigebigkeit Verschwenden;
Und Fertigkeit zum Tod, Lust seine Pein zu enden.

(Diese Stellen sind ein Auszug aus Hallers „die Falschheit menschl. Tugenden"):

Haller 64:

Ihr füllt, o Sterbliche! den Himmel fast mit Helden;
Doch lasst die Wahrheit nur von ihren Thaten melden . . .
Was war ein Sokrates? ein weiser Wollüstling;
Sein Sinn war wundergross, die Tugend sehr gering u. s. w.[1]

Haller 78:

Und seine Grossmuth ist ein stolzer Eigensinn.

Haller 74:

Fort, die Trompete schallt! der Feind bedeckt das Feld.

Haller 72:

Wenn dort ein Büssender . . .
Wie heissen wir den Mann? Betrüger oder Narren?

Lessing:

Doch wie, was stösst den finstern Blick,
Den redlichsten Spion, vom Grund der Brust zurück?
Ich werde mir zu schwarz, mich länger anzuschauen,
Und Neugier kehret sich in melancholisch Grauen.

Haller 49:

Thut jemand in sich selbst aus Vorwitz einen Blick,
So schielt er nur dahin und zieht sich gleich zurück;
Und wer aus steifem Sinn, mit Schwermuth wohl bewehret,
Sein forschend Denken ganz in diese Tiefen kehret,
Find't oft für wahres Licht, und immer helle Lust
Nur Zweifel in den Kopf und Messer in die Brust.

---

[1] Dieser Passus stand nur in der ersten Auflage.

Lessing:
Was dem zum Irrlicht wird, und dem ein Leitstern ist;
Was Völker knüpft und trennt, und Wellen liess verwüsten,
Weil nur die Schwarzen Gott, kein hölzern Kreuze grüssten.

Haller 54:
Hat nicht die alte Welt, nur weil sie anders glaubte,
Die neue Wüst gemacht?

Und Haller 57:
Vernunft der Leitstern fehlt ...

Aus einem Gedichte an den Herrn M.[1]

Lessing:
Bleibst du den Sinnen treu und machst aus Geistern Schalen.
Ins Innre der Natur dringt nie dein kurzer Blick.

Haller 78:
Ins Innre der Natur dringt kein erschaffner Geist,
Zu glücklich, wann sie noch die äussre Schale weist!

Lessing:
Allein mit kühnem Aug ins Heiligthum zu blicken,
Wo die Natur im Werk, bemüht mit Meisterstücken,
Bei dunkler Heimlichkeit, der ew'gen Richtschnur treu
Zu unserm Räthsel wird.

Haller 47:
Was die Natur verdeckt, kann Menschenwitz entblössen, ...
Ein Newton übersteigt das Ziel erschaffner Geister,
Find't die Natur im Werk ...

An den Herrn Marpurg, über die Regeln u. s. w.[2]

Lessing:
Wo neues Ungeheu'r ein jeder Tag erlebt.

Haller 33:
Und jeden Tag sein Sand ein frisches Unthier siehet.

Wie bei Wieland wagen wir auch hier nicht Stellen zusammenzuhalten, die bloss, wenn oft auch auffallend, inhaltlich sich ähnlich sehen. Erwähnt sei nur noch, dass Lessing jedenfalls das in den „Fragmenten" verschiedene Male[3] gebrauchte Wort March von Haller hat.

---

[1] Hempelsche Ausg. I, pag. 168.   [2] I, pag. 175.   [3] I, pag. 169, 173, 179.

Herder.

Leider fehlen uns die Jugendversuche Herders im Lehrgedichte und wir wissen nicht, in welchem Maasse Hallers Einfluss in denselben zu Tage getreten ist. So müssen wir uns auf die Anführung der hieher gehörigen und zum Theil schon oben citirten Stelle beschränken:

„Herr Kriegsrath Bok in Königsberg schreibt: Einst in einer heitern Frühstunde, wo Kant mit vorzüglicher Geisteserhebung, und wenn die Materie die Hand bot, wohl gar mit poetischer Begeisterung zu sprechen und aus seinen Lieblingsdichtern Pope und Haller Stellen anzuführen pflegte, war es, wo der geistvolle Mann sich über Zeit und Ewigkeit mit seinen kühnen Hypothesen ergoss. Herder wurde sichtbarlich und so mächtig davon betroffen, dass, als er nach Hause kam, er die Ideen seines Lehrers in Verse kleidete, die Hallern Ehre gemacht hätten."[1]

Goethe.

Haller, der in all jenen Banden geistiger Unfreiheit und Philistrosität lag, von denen Goethe die Geister zu lösen trachtete, war begreiflicherweise diesem wenig sympathisch. Man spürt in den bekannten folgenden Worten den ganzen Ingrimm wider den Philister:

Allerdings.

Dem Physiker.

„Ins Innre der Natur —"
O du Philister! —
„Dringt kein erschaffner Geist."
Mich und Geschwister
Mögt ihr an solches Wort
Nur nicht erinnern:
Wir denken: Ort für Ort
Sind wir im Innern.

---

[1] Herders Werke. Tübingen 1827. Bd. 20, pag. 67.

„Glückselig! wem sie nur
Die äussre Schale weisst!"
Das hör' ich sechzig Jahre wiederholen,
Ich fluche drauf, aber verstohlen;
Sage mir tausend tausendmale:
Alles giebt sie reichlich und gern;
Natur hat weder Kern
Noch Schale,
Alles ist sie mit einemmale;
Dich prüfe du nur allermeist
Ob du Kern oder Schale seist.

Ultimatum.

Und so sag' ich zum letztenmale:
Natur hat weder Kern
Noch Schale;
Du prüfe dich nur allermeist
Ob du Kern oder Schale seist.

Früh auch hat sich Goethe gegen Hallers unduldsame Orthodoxie gewandt; er schliesst seine Recension über dessen „Briefe über die wichtigsten Wahrheiten der Offenbarung" (1772) mit folgenden Bemerkungen: „Wir übergehen die Ausfälle gegen die Feinde der Offenbarung, die öfters Luftstreiche sind, die Raisonnements über die Geschichte der Menschheit zu den Zeiten des Erlösers und die vielen auf einen Haufen geworfenen Beweise für das Christenthum, von denen man so wenig wie von einem Bündel Ruthen fordern darf, dass sie alle gleich stark sein sollen. Auch gegen Ordnung und Composition darf man nichts sagen, wenn man nicht in die Ketzerliste eingetragen sein will. Allein wir geben allen Fanatikern von beiden entgegengesetzten Parteien zu bedenken, ob es dem höchsten Wesen anständig sei, jede Vorstellungsart von ihm, dem Menschen und dessen Verhältniss zu ihm zur Sache Gottes zu machen und darum mit Verfolgungsgeiste zu behaupten, dass das was Gott von uns als gut und böse angesehen haben wolle, auch vor ihm gut und böse sei, oder ob das, was in zwei Farben für unser Auge gebrochen wird, nicht in einem Lichtstrahl vor ihn zurückfliessen könne. Zürnen und Vergeben sind bei einem unveränderlichen Wesen doch wahrlich nichts als Vorstellungsart. Darin kommen wir alle überein, dass der Mensch das thun solle, was wir Alle gut nennen, seine Seele mag nun eine Kothlache oder ein Spiegel der schönen Natur sein, er mag Kräfte haben, seinen Weg fortzusetzen, wandern oder siech sein und eine Krücke nöthig haben. Die Krücke und die Kräfte kommen aus einer Hand. Darin sind wir einig, und das ist genug!"

Trotzdem hat Goethe Hallers dichterische Verdienste wohl zu schätzen gewusst. „Bei diesem Umgange," sagt er im siebenten Buche von Dichtung und Wahrheit, „wurde ich durch Gespräche, durch Beispiele und durch eigenes Nachdenken gewahr, dass der erste Schritt, um aus der wässrigen, weitschweifigen, nullen Epoche sich herauszuretten, nur durch Bestimmtheit, Präzision und Kürze gethan werden könne. Bei dem bisherigen Stil konnte man das Gemeine nicht vom Bessern unterscheiden, weil Alles unter einander ins Flache gezogen wird. Schon hatten Schriftsteller diesem breiten Unheil zu entgehen gesucht, und es gelang ihnen mehr oder weniger. Haller und Ramler waren von Natur zum Gedrängten geneigt; Lessing und Wieland sind durch Reflexion dazu geführt worden . . . Ramler ist eigentlich mehr Kritiker als Poet." In Wilhelm Meisters Wanderjahren heisst es: „Das grosse und ernste Gedicht, Hallers Alpen, unter den Poesien vaterländischer Dichter, welche zuerst das Gefühl erregten und nährten. Es war der Anfang einer nationalen Poesie."

Hallers Usong entnahm Goethe die folgende Stelle als Motto für den Götz von Berlichingen: „Das Unglück ist geschehn, das Herz des Volkes ist in den Koth getreten und keiner edlen Begierde mehr fähig." (I. Buch, pag. 53, ed. 1772, Bern.)

Noch mögen einige Stellen aus Dichtung und Wahrheit herausgehoben werden, die namentlich die Schätzung zeigen, welche Goethe dem Gelehrten in Haller entgegentrug.

II. Buch:

In meines Vaters Bibliothek hatte ich bisher nur die früheren, besonders die zu seiner Zeit nach und nach heraufgekommenen und gerühmten Dichter gefunden. Alle diese hatten gereimt, und mein Vater hielt den Reim für poetische Werke unerlässlich. Canitz, Hagedorn, Drollinger, Gellert, Creuz, Haller standen in schönen Franzbänden in einer Reihe. An diese schlossen sich Neukirchs „Telemach", Koppens „Befreites Jerusalem" und andre Uebersetzungen. Ich hatte diese sämmtlichen Bände von Kindheit auf fleissig durchgelesen und theilweise memorirt, weshalb ich denn zur Unterhaltung der Gesellschaft öfter aufgerufen wurde."

VI. Buch.

Die Namen Haller, Linné, Büffon hörte ich mit grosser Verehrung nennen, und wenn auch manchmal wegen Irrthümern, in die sie gefallen sein sollten, ein Streit entstand, so kam doch zuletzt dem anerkannten Uebermass ihrer Verdienste zu Ehren Alles wieder ins Gleiche.

VII. Buch.

Nach dem Vorgange eines Ausländers, Tissot, fingen nunmehr auch die Aerzte mit Eifer an, auf die allgemeine Bildung zu wirken. Sehr grossen Einfluss hatten Haller, Unzer, Zimmermann, und was man im Einzelnen gegen sie, besonders gegen den Letztern auch sagen mag, sie waren zu ihrer Zeit sehr wirksam. Und davon sollte in der Geschichte, vorzüglich aber in der Biographie die Rede sein; denn nicht insofern der Mensch etwas zurücklässt, sondern insofern er wirkt und geniesst und Andere zu wirken und zu geniessen anregt, bleibt er von Bedeutung.

XV. Buch.

Weil nun wirklich einige ausserordentliche Menschen wie Boerhave und Haller das Unglaubliche geleistet, so schien man sich berechtigt, von ihren Schülern und Nachkömmlingen noch mehr zu fordern.

X. Buch.

Gesellte sich hingegen die Muse zu Männern von Ansehen, so erhielten diese dadurch einen Glanz, der auf die Geberin zurückfiel. Lebensgewandte Edelleute, wie Hagedorn, stattliche Bürger, wie Brockes, entschiedene Gelehrte, wie Haller, erschienen unter den ersten der Nation, den Vornehmsten und Geschätztesten gleich. —

Einen Einfluss Hallers auf Goethe wage ich nicht anzunehmen. J. Imelmann[1] glaubt z. B. im Faust ein Nachklingen

---

[1] Die Künstler von Schiller, mit Anmerkungen von J. Imelmann. Berlin 1875.

Hallerscher Reminiscenzen annehmen zu können, indem er folgende Stellen zusammenhält:

> Dass ich erkenne, was die Welt
> Im Innersten zusammenhält.

mit Hallers:

> Er kennet von der Welt, was aussen sich bewegt,
> Und nicht die innre Kraft, die heimlich Alles regt.
> (Falschheit der menschl. Tugenden.)

Ebenso:

> Und im Genuss verschmacht' ich nach Begierde

mit Hallers (Urspr. des Uebels, pag. 138):

> Ihr Stand der Gottheit naht, und keinen Eckel zeugend
> In der Begierd' geniesst, und im Genuss begehrt.

Ich wage nicht, die Fäden hier zu verknüpfen.

Schiller.

Verhältnissmässig schon früh und mehrfach ist auf die Hallerschen Reminiscenzen bei Schiller hingewiesen worden. Nach dem Grunde aber dieser Erscheinung hat man kaum gefragt. Die Sache möchte ungefähr so liegen: Schillers didactisch-philosophisch-pathetischer Zug trifft bei keinem deutschen Dichter, ja vielleicht bei keinem Dichter überhaupt, auf ein so eng verwandtes Wesen wie gerade bei Haller. Bei beiden tritt die nämliche sittliche Hoheit hervor, bei beiden namentlich das philosophische Element und das Bestreben, das kalte Erzeugniss des Verstandes mit höchstem Pathos des Gefühls zu erwärmen.

Aber bei dieser verwandten Anlage, die freilich bei Haller von geringerer Stärke erscheint, wie verschieden sind die Bedingungen, unter denen diese Keime sich entwickelt haben! Haller wuchs in einer christlich-orthodox befangenen Zeit auf, in der die Forderung nach grösserer Freiheit in jeder Beziehung noch kaum laut geworden war; Schillers Jugend dagegen fällt in die Tage, da der glühende Hauch einer freien Aera schon mächtig durch die Welt strich und die französische Revolution ihre Schatten bereits drohend nach allen Richtungen hin warf.

Haller wagte, wie seine Zeitgenossen, nicht, in der Poesie mehr zu erblicken als ein Ausfüllsel der Musestunden; in Schillers Jugendtagen war sie in den Augen der Gebildeten schon die hohe Kunst. Haller musste die Alten mit den Augen seiner christlichen Mitlebenden messen; vor Schiller waren ein Winkelmann, ein Lessing u. a. m. aufgetreten.

Schiller hat die zwischen ihm und Haller waltende Geistesverwandtschaft wohl eingesehen. In seiner Abhandlung über naive und sentimentalische Dichtung sucht er für seine von der Goetheschen so verschiedene Natur Stellung und braucht dazu auch das Mittel, die ihm geistesverwandten deutschen Dichter zu beleuchten. Darum aber verfährt er mit Haller gegenüber Kleist und Klopstock so gelinde, weil er für seine eigene Richtung in ihm den nächsten grössten Verwandten findet. Bei der Strenge, mit der Schiller gegen andere Dichter „effleurirt", wie er sich ausdrückt, hätte Haller kaum derart wegkommen können, würde die Anerkennung nicht mehr seiner — und somit zugleich der Schillerschen — Richtung gegolten haben, als seinen Werken, wenigstens der Mehrzahl seiner Werke.

Aus dieser innern Verwandtschaft wird sich die ziemlich beträchtliche Zahl von Hallerschen Reminiscenzen erklären, die bei Schiller zu Tage treten. Ueber die Art der Nachahmung oder des Nachklingens werden die Beispiele den besten Aufschluss geben; es mögen zuerst diejenigen folgen, die Boxberger[1] und Maltzahn[2] bieten: sie lassen sich um ein bedeutendes vermehren. Stellen, bei denen nicht der poetische Einfluss Hallers hervortritt, bleiben unberücksichtigt.

Richtig bemerkt Boxberger, Schiller habe sich in seinen medicinischen Abhandlungen an Hallers Dichtungen gehalten. Man vergleiche Schiller (über den Zusammenhang der thierischen Natur des Menschen mit seiner geistigen):

Schon mehrere Philosophen haben behauptet, dass der Körper gleichsam der Kerker des Geistes sei, dass er solchen

---

[1] Herrn Director Dr. Koch ... zu seinem 25jährigen Amtsjubilaeum ... Beilage Schiller und Haller. Eine Abhandlung vom ordentlichen Lehrer Dr. Boxberger. Erfurt 1869.

[2] In der Hempelschen Ausgabe von Schillers Werken.

allzusehr an das Irdische hefte und seinen sogenannten Flug zur Vollkommenheit hemme.

> Haller 65 (von Maltzahn citirt):
> Der Mensch entflieht sich nicht; umsonst erhebt er sich,
> Des Körpers schwere Last zieht an ihm innerlich:
> So wenn der rege Trieb, in halb-bestrahlten Sternen,
> Von ihrem Mittelpunkt sie zwingt, sich zu entfernen,
> Ruft sie von ihrer Flucht ein ewig starker Zug
> Ins enge Gleis zurück, und hemmt den frechen Flug.

Dazu führt Maltzahn noch an:

> Zwingt doch der irdische Gefährte
> Den gottgebornen Geist in Kerkermauern ein.
> (Sch. an einen Moralisten.)

Schiller, a. a. O.:

Wer bewundert nicht den Starksinn eines Cato, die hohe Tugend eines Brutus und Aurels, den Gleichmuth eines Epiktets und Seneca?

Dazu merkt Maltzahn an: „Diese Charaktere waren Schiller aus Haller und Klopstock bekannt. Vergl. Klopstocks Ode „Delphi", und Hallers Gedichte „die Alpen" und „die Falschheit menschlicher Tugenden". (Abgesehen davon, dass diese Stelle ohne Bedeutung ist, glaube ich nicht, dass Schiller, der mit acht Jahren Latein zu lernen anfing, diese Charactere nicht auch anders woher hätte kennen können.)

Schiller, a. a. O.:

Der hartnäckigste Stoiker, der am Steinschmerzen darniederliegt, wird sich niemals rühmen können, keinen Schmerz empfunden zu haben; aber er wird, in Betrachtungen über seine Endursachen verloren, die Empfindungskraft theilen, und das überwiegende Vergnügen der grossen Vollkommenheit, die auch den Schmerz der allgemeinen Glückseligkeit unterordnet, wird über die Unlust siegen.

Maltzahn citirt aus Hallers Gedicht „An Herrn A. Gessner" folgende Stelle:

> Wie thöricht kommt mir jener vor,
> Der bei des Zeno buntem Thor
> Verschwur die Menschheit und die Thränen!

Wie sehr er litt, so schrie er noch:
„Die Schmerzen sind kein Uebel doch!"
Und knirschte heimlich mit den Zähnen.

Es wird von dieser Parallele zu halten sein, was von der vorhergehenden. Bedeutsamer sind die folgenden von Boxberger angeführten.

Schiller, a. a. O.:

Den Philosophen, der die Natur der Gottheit entfaltet und wähnet, die Schranken der Sterblichkeit durchbrochen zu haben, kehrt ein kalter Nordwind, der durch seine baufällige Hütte streicht, zu sich selbst zurück und lehrt ihn, dass er das unselige Mittelding von Vieh und Engel ist.

Haller:
Unselig Mittelding von Engeln und von Vieh![1]
Schiller, a. a. O.:

Noch ganz Thier, oder besser: mehr oder auch weniger als Thier; menschliches Thier. (Denn dasjenige Wesen, das einmal Mensch heissen sollte, darf niemalen nur Thier gewesen sein.) Elender als ein Thier, weil es auch nicht einmal Instinkt hat. Die Thiermutter darf ihr Junges eh verlassen, als die Mutter ihr Kind. Der Schmerz mag ihm wohl Geschrey auspressen, aber er wird es niemals auf die Quelle desselben aufmerksam machen. Die Milch mag ihm wohl Vergnügen gewähren, aber sie wird niemals von ihm gesucht werden. Es ist ganz leidend —

Sein Denken steigt nur noch bis zum Empfinden,
Sein ganzes Kenntniss ist Schmerz, Hunger und die Binden.

Haller 159:

Ich ward, nicht aus mir selbst, nicht weil ich werden wollte;
Ein Etwas, das mir fremd, das nicht ich selber war,
Ward auf dein Wort mein Ich. Zuerst war ich ein Kraut,
Mir unbewusst, noch unreif zur Begier;
Und lange war ich noch ein Thier,
Da ich ein Mensch schon heissen sollte.

---

[1] Man vergl. zu diesen Worten die Stelle aus dem Gedichte: Das Eleusische Fest:
Freiheit liebt das Thier der Wüste,
Frei im Aether herrscht der Gott,
Ihrer Brust gewaltige Lüste
Zähmet das Naturgebot;
Doch der Mensch in ihrer Mitte . . .

Die schöne Welt war nicht für mich gebaut,
Mein Ohr verschloss ein Fell, mein Aug ein Staar,
Mein Denken stieg nur noch bis zum Empfinden,
Mein ganzes Kenntniss war Schmerz, Hunger und die Binden. —

Wie in Schillers jugendlichen medicinischen Arbeiten, so lassen sich auch in seinen philosopischen Schriften, die ihrer Anlage nach noch von der Militairakademie herstammen, einzelne Hallersche Reminiscenzen nachweisen:

Schiller, Philosophische Briefe:

„Dieser Gott (der Mensch) ist in eine Welt von Würmern verwiesen. Der ungeheure Raum der Natur ist seiner Thätigkeit aufgethan, aber er darf nur nicht zwo Ideen zugleich denken."

Haller 131:
Vielleicht, wie unser Geist, gesperrt in enge Schranken,
Nicht Platz genug enthält zugleich für zwei Gedanken, . . .

Schiller, a. a. O.:

„Ich weiss z. B., dass unser bewunderter Haller, der das geschätzte Nichts der eitlen Ehre so männlich entlarvte, dessen philosophischer Grösse ich so viel Bewunderung zollte, dass eben dieser das noch eitlere Nichts eines Rittersternes, der seine Grösse beleidigte, nicht zu verachten im Stande war."

Haller 7:
Geschätztes Nichts der eitlen Ehre,
Dir baut das Alterthum Altäre.

Schiller, Theosophie des Julius:

Auf die Unfehlbarkeit seines Calculs geht der Weltentdecker Columbus die bedenkliche Wette mit einem unbefahrenen Meere ein, die fehlende zweite Hälfte zu der bekannten Hemisphäre, die grosse Insel Atlantis zu suchen, welche die Lücke auf seiner geographischen Charte ausfüllen soll. Er fand sie, diese Insel seines Papiers, und seine Rechnung war richtig.

Haller 46:
Ein forschender Kolumb, Gebieter von dem Winde,
Besegelt neue Meer', umschifft der Erde Ründe.
Ein andrer Himmel strahlt mit fremden Sternen dort,
Und Vögel fanden nie den Weg zu jenem Bord.

Die fernen Grenzen sind vom Ocean umflossen,
Was die Natur verbarg, hat Kühnheit aufgeschlossen;
Das Meer ist seine Bahn, sein Führer ist ein Stein,
Er sucht noch eine Welt, und was er will, muss sein.

Treffend citirt Boxberger zu diesen Stellen Schillers Gedicht „Columbus":

Immer, immer nach West! dort muss die Küste sich zeigen,
Liegt sie doch deutlich und liegt schimmernd vor deinem Verstand.
Traue dem leitenden Gott und folge dem schweigenden Weltmeer!
Wär' sie noch nicht, sie stieg' jetzt aus den Fluten empor.
Mit dem Genius steht die Natur im ewigen Bunde;
Was der eine verspricht, leistet die andre gewiss.

Eine beträchliche Reihe von Nachklängen aus Hallers Gedichten lassen sich auch in Schillers poetischen Werken aufzeigen. Was zwar gerade dessen erstes Gedicht: „Der Abend" (1776) anbelangt, so halte ich die Annahme, es sei dasselbe ein Seitenstück zu Hallers „Morgengedanken" (Goedeke I, pg. 27) für zu weit gehend; der Gedankengang, den der bei diesem Gedichte in Frage kommende Stoff fast unumgänglich erfordert, lag in einer Unmenge von Psalmen und religiösen Oden schon lange vorgebildet, was namentlich für Schiller, der Theologe zu werden gedachte, nicht ausser Acht zu setzen ist. Auch der junge Haller hat sich rücksichtlich des Aufbaues seiner „Morgengedanken" an irgend ein, oder vielmehr an viele, religiöse Gedichte gehalten. Auffallend sind übrigens die folgenden zwei Stellen in Schillers Versuch immerhin, wobei freilich nicht vergessen werden soll, dass auch er in jenen Jahren die zweite schlesische Schule gekannt hat.

Haller:
Die falben Wolken glühn von blitzendem Rubine
Und brennend Gold bedeckt das Feld.

Schiller:
Gold, wie das Gelb gereifter Saaten,
Gold liegt um alle Hügel her,
Vergöldet sind der Eichen Wipfel,
Vergöldet sind der Berge Gipfel,
Das Thal beschwimmt ein Feuermeer,
Der hohe Stern des Abends stralet
Aus Wolken, welche um ihn glühn,
Wie der Rubin am falben Haar, das wallet
Um's Angesicht der Königin.

Mit Recht scheint Boxberger folgende Stellen zusammenzuhalten:

Schiller:
Auf den Bergen ist Freiheit! Der Hauch der Grüfte
Steigt nicht hinauf in die reinen Lüfte;
Die Welt ist vollkommen überall,
Wo der Mensch nicht hinkommt mit seiner Qual.

Haller 21 (in den Alpen):
Sie warf die Alpen auf, dich von der Welt zu zäunen,
Weil sich die Menschen selbst die grössten Plagen sind.

Folgendes entnehme ich ohne weitere Bemerkung aus Boxbergers verdienstlicher Arbeit:

„Ueberhaupt hat das Gedicht (über die Ewigkeit) Schillern, der gern über Unendlichkeit, des Raumes sowohl wie der Zeit, in seinen Jugendgedichten phantasirte, besonders zugesagt. Dem Trauerliede auf den frühzeitigen Tod Weckherlins (Goedeke I, pag. 178) setzte er als Motto die Worte aus demselben vor:

„Ihn aber hält am ernsten Orte,
Der nichts zurücke lässt,
Die Ewigkeit mit starken Armen fest."

An seine Braut schreibt er im Jahre 1789 (Schiller und Lotte, pag. 514): „Es geht mir damit, wie mit Hallers Ewigkeit — ich ziehe einen Tag, eine Woche nach der andern von dieser traurigen Zeitsumme ab, und sie bleibt immer ganz vor mir liegen." Er meint damit folgende Stelle aus obigem Gedichte:

Ich häuffe ungeheure Zahlen,
Gebürge Millionen auf;
Ich welze Zeit auf Zeit, und Welt auf Welt zu Hauf,
Und wann ich, von der fürchterlichen Höhe,
Mit Schwindeln wieder nach dir sehe,
Ist alle Macht der Zahl, vermehrt mit tausend Malen,
Noch nicht ein Theil von dir;
Ich zieh sie ab, und du liegst ganz vor mir.

Noch im Demetrius (1805) wollte er dasselbe Bild anwenden (Hoffmeister, Nachlese III, pag. 341):

Wie die Zukunft
Unendlich immer vor der Seele liegt, und um
Nichts kleiner wird — — —

Was auch die Jahre davon abgezogen,
So liegt mein Schmerz noch immer ganz vor mir,
Und keine Thränen haben ihn vermindert.

Später aber ersetzte er es durch das poetische Bild vom Himmelsgewölbe (Ausgabe von 1847, VII, pag. 271). Reminiscenzen aus Hallers „Morgengedanken" finden sich nicht nur in Schillers allerersten Versuchen, wie im „Abend"; wir folgen den Angaben von Boxberger, der folgendes über diesen Punkt sagt:

„In Hallers „Morgengedanken" finden sich die Verse:

> Durchs rothe Morgen-Thor der heitern Sternen-Bühne
> Naht das verklärte Licht der Welt.

Düntzer (Schillers Gedichte III, pag. 76) weist nach, dass diese Stelle Schillern in den „Künstlern" vorschwebte:

> Nur durch das Morgenthor des Schönen
> Drangst du in der Erkenntniss Land.

Auch der Ausdruck „Sternenbühne" ist Schillern in seinen Jugenddichtungen geläufig. Vergl. Triumph der Liebe:

> Forschend an der Sternenbühne
> Suchte die geheime Thräne
> Keine Götter noch,

und „die Künstler":

> Eh vor des Denkers Geist der kühne
> Begriff des ew'gen Raumes stand,
> Wer sah hinauf zur Sternenbühne,
> Der ihn nicht ahnend schon empfand?"

Auch in den nachfolgenden Zusammenstellungen halten wir uns an Boxberger:

„Schiller zeigt in seinen Jugenddichtungen eine besondere Begeisterung für Newtons Gravitationsgesetz; vergl. die „Freundschaft":

> Geisterreich und Körperweltgewühle
> Wälzet Eines Rades Schwung zum Ziele,
> Hier sah es mein Newton gehn.

Und „Phantasie an Laura":

> In das Chaos donnern eure Welten;
> Weint, Newtone, ihren Riesenfall.

Auch diese Bewunderung scheint ihm zunächst durch Haller eingeflösst worden zu sein, der in dem Gedichte: „Gedanken über Vernunft, Aberglauben und Unglauben" (47) sagt:

> Ein Newton übersteigt das Ziel erschaffner Geister,
> Find't die Natur im Werk, und scheint des Weltbau's Meister;
> Er wiegt die inn're Kraft, die sich im Körper regt,
> Den einen sinken macht, und den im Kreis bewegt,
> Und schlägt die Tafeln auf der ewigen Gesetze,
> Die Gott einmal gemacht, dass er sie nie verletze.

Vgl. Düntzer, Schillers Gedichte III, pag. 19. Hallers Ode „die Tugend" fängt mit den Worten an:

> Freund! die Tugend ist kein leerer Nahme.

Vgl. Schillers Worte des Glaubens:

> Und die Tugend sie ist doch kein leerer Schall.

Eine Strophe in dem Gedichte Doris fängt an:

> Zudem, was hast du zu befahren?

Vgl. Der Gang nach dem Eisenhammer:

> Denn, Herr, was habt ihr zu befahren?

Düntzer, Schillers Gedichte VI, VII, pag. 190. Auch die Schilderung des Geisterreiches in dem oben erwähnten Schillerschen Gedichte „die Freundschaft":

> Arm in Arme, höher stets und höher,
> Vom Mongolen bis zum griech'schen Seher,
> Der sich an den letzten Seraph reiht,
> Wollen wir, einmüth'ges Ringeltanzes,
> Bis sich in dem Meer des ew'gen Glanzes
> Untertauchen Mass und Zeit,

entstand wohl nicht ohne Hallers Anregung. Vgl. das Gedicht über den Ursprung des Uebels, 2. Buch (128):

> So ward die Geisterwelt. Verschiedne Macht und Ehre,
> Vertheilt, nach Stufen Art, die unzählbaren Heere,
> Die, ungleich satt vom Glanz des mitgetheilten Lichts,
> In langer Ordnung stehn von Gott zum öden Nichts.[1]

---

[1] Man vergleiche noch:
Schiller (die Freundschaft):
> Aufwärts durch die tausendfachen Stufen
> Zahlenloser Geister, die nicht schufen.

Haller 128:
> Vertheilt, nach Stufen Art, die unzählbaren Heere. (A. F.)

Zu letzterm Ausdruck vgl. Goedeke II, pag. 185:
> Meynt ihr, dem Arm des Vergelters im öden Reich
> Des Nichts zu entlaufen?[1]

In dem Schillerschen Gedichte „An einen Moralisten" findet sich in der ursprünglichen Fassung (Goedeke I, pag. 248) die Strophe:
> Erkennt Natur auch Schreibepultgeseze?
> Für eine warme Welt — taugt ein erfrorner Sinn?
> Die Armuth ist, nach dem Aesop, der Schätze
> Verdächtige Verächterin.

Meiner Ansicht nach kann dieses nur auf Aesops Fabel vom „Fuchs und den Trauben" gehen, und ich habe die Vermuthung ausgesprochen, dass sie Schillern aus Haller im Gedächtniss geblieben sein möge, wo sie so lautet:
> Ein Fuchs, der auf die Beute ging,
> Traf einen Weinstock an, der, schwer von falben Trauben,
> Um einen grossen Ulmbaum hieng,
> Sie schienen gut genug, die Kunst war abzuklauben.
> Er schlich sich hin und her, den Zugang auszuspähn;
> Umsonst, es war zu hoch, kein Sprung war abzusehn.
> Der Schalk dacht in sich selbst: ich muss mich nicht beschämen,
> Er sprach, und macht dabey ein hämisches Gesicht:
> Was soll ich mir viel Mühe nehmen,
> Sie sind ja saur und taugen nicht.
> So gehts der Wissenschaft: Verachtung geht für Müh,
> **Wer sie nicht hat, der tadelt sie.**"

So weit Boxberger; noch erwähnen wir einer Stelle aus Schillers Gedichte „die Künstler", die Imelmann in der oben angeführten Schrift wohl richtig mit einer Hallerschen zusammenhält:
> Die seine Gier nicht in sein Wesen reisst,
> Die im Genusse nicht verscheiden.

Vergleiche Haller 138:
> In der Begierd geniesst, und im Genuss begehrt.

Auch die folgenden Stellen hält er vielleicht nicht mit Unrecht zusammen:
> Da schürte heil'ge Mordsucht keine Flamme.

---

[1] Und Schiller (die Grösse der Welt):
Anzufeuern den Flug weiter zum Reich des Nichts. (A. F.)

Haller 153:
> Die Mordsucht grub ein Erzt... —

Doch ich habe noch eine Reihe von Stellen in Vergleichung zu ziehen, die in ihrer Mehrzahl vielleicht müheloser einen Zusammenhang erkennen lassen, als die zuletzt angeführten. Schiller sagt in seinem Jugendgedichte „auf die Ankunft des Grafen von Falkenstein in Stuttgart":

> Dir Carl und deinem Teck-Athen,

Haller 276:
> Schau edles Teck-Athen mit freudevollem Busen.

Nicht ohne den Einfluss der Hallerschen Worte:

> Lasst freudige Trompeten schallen,
> Jauchzt, Völker, jauchzt, Georg ist hier ...
> Und Luft und Erde soll ertönen,

sind die folgenden Schillers entstanden:

> Ein grosses Fest! — Lasst, Freunde, lasst erschallen!
> Lasst himmelan den stolzen Jubel hallen!
>> (Empfindungen d. Dankbarkeit b. Namensf.)

und:

> Dein Fürst ist da — Lass rund herum erschallen ...
> ... — Sagt Thäler es den Hügeln,
> Ruf's Erde, ruf's zu dem Olymp empor.
>> (Ode auf die glückliche Wiederkunft unsers gnädigsten Fürsten.)

Streicher berichtet in seinem Büchlein: „Schillers Flucht von Stuttgart und Aufenthalt in Mannhein von 1782—1785" folgendes:

> „Du hast den Elephant aus Erden aufgethürmet,
> Und seinen Knochenberg beseelt,

war ein Ausdruck, den Schiller, nebst so vielen andern dieses Dichters, nicht nur damals, sondern auch dann noch mit Bewunderung anführte, als seine erste Jugendzeit längst verflogen war." Es findet sich offenbar eine Reminiscenz an diese Worte in Schillers Gedicht „an Gott", das überhaupt mit den „Morgengedanken" Hallers viel Verwandtes zeigt:

> Wenn gros und vest gleich Gottes Berg
> Der Leviathan steht.

Nicht minder deutliche Spuren haben Hallers Gedichte auch in andern Schöpfungen Schillers aus der ersten Periode hinterlassen.

Vergl. Schiller in der „Phantasie an Laura":
> Tilg die Göttin aus der Geister Orden.

Haller 137:
> Verschieden war der Fall verschiedner Geisterorden.

Schiller (Laura am Klavier):
> Wie des Chaos Riesenarm entronnen,
> Aufgejagt vom Schöpfungssturm die Sonnen
> Funkelnd fuhren aus der Nacht ...

Haller 128:
> Das Dichte zog sich an, das Licht und Feuer ronnen,
> Es nahmen ihren Platz die neugebornen Sonnen.

Aus dem schon citirten Gedichte „die Freundschaft" heben wir noch heraus:

Schiller (die Freundschaft):
> Freundlos war der grosse Weltenmeister,
> Fühlte Mangel — darum schuf er Geister,
> Sel'ge Spiegel seiner Seligkeit! —
> Fand das höchste Wesen schon kein gleiches,
> Aus dem Kelch des ganzen Seelenreiches
> Schäumt ihm — die Unendlichkeit.

Haller 126:
> Du schufest nicht aus Zorn, die Güte war der Grund,
> Wesswegen eine Welt vor Nichts den Vorzug fund.
> Du warest nicht allein, dem du Vergnügen gönntest,
> Du hiessest Wesen sein, die du beglücken könntest,
> Und deine Seligkeit, die aus dir selber fliesst,
> Schien dir noch seliger, so bald sie sich ergiesst.

Das Gedicht „die Grösse der Welt" erinnert an verschiedenen Stellen an Hallers Ode über die Ewigkeit; man vergleiche:

> Sterne sah ich bereits jugendlich auferstehn,
> Tausendjährigen Gangs durchs Firmament zu gehn.
>   Sah sie spielen
>   Nach den lockenden Zielen;
> Irrend suchte mein Blick umher,
> Sah die Räume schon — sternenleer.

Haller 157:
> Vielleicht die tausendste der Sonnen wälzt jetzt sich,
> Und tausend bleiben noch zurücke.

Wie eine Uhr, beseelt durch ein Gewicht,
Eilt eine Sonn', aus Gottes Kraft bewegt;
Ihr Trieb läuft ab, und eine zweite schlägt:
Du aber bleibst und zählst sie nicht.

Der Sterne stille Majestät,
Die uns zum Ziel befestigt steht,
Eilt vor dir weg, wie Gras an schwülen Sommertagen.

Und Schiller:
Senke nieder
Adlergedank' dein Gefieder!

Haller 158:
Die schnellen Schwingen der Gedanken . . .
Ermüden über dir, und hoffen keine Schranken.

Und Schiller:
Und der Markstein der Schöpfung steht,

Haller 158:
Und wenn ich auf der March des Endlichen nun bin.

Und schliesslich Schiller:
Irrend suchte mein Blick umher.

Haller 158:
Und von der fürchterlichen Höhe
Mit Schwindeln wieder nach dir sehe.

Ferner Schiller in der Elegie auf den Tod eines Jünglings:
Wer dort oben hofft noch und hienieden
Auszudauern —

Haller 159:
Wie hofft er denn, den deinen auszuwähren.

Auch einige Hallersche Reminiscenzen in Gedichten, die über die erste Periode Schillerscher Lyrik hinausliegen, lassen sich den bereits angeführten noch beifügen.

In der „Resignation" heisst es:
Ein Götterkind, das sie mir Wahrheit nannten.

Haller sagt 176:
O Himmelskind, du bist die Wahrheit,

Und Haller 127:
O dass die Wahrheit selbst von ihrem Licht mir schenkte!
Dass dieses Himmelskind den Kiel mir selber lenkte!

Schiller, in den „Idealen":
> Kann nichts dich, Fliehende, verweilen,
> O, meines Lebens goldne Zeit?
> Vergebens, deine Wellen eilen
> Hinab ins Meer der Ewigkeit.

und in dem Gedichte „die Führer des Lebens":
> ... wo an der Ewigkeit Meer.

Damit vergleiche man

Haller 59:
> Und ewig ward zur Zeit, und wie ihr seichter Fluss
> Im Meer der Ewigkeit sich einst verlieren muss.

Und Haller 157:
> Furchtbares Meer der ernsten Ewigkeit.

Interessant dürften auch folgende Parallelen sein, die erstere aus dem „Lied von der Glocke", die andere aus dem Gedichte „Macht des Gesanges". Es heisst am zuerst genannten Orte:

> Heil'ge Ordnung, segensreiche
> Himmelstochter, die das Gleiche
> Frei und leicht und freudig bindet,
> Die der Städte Bau begründet.

Haller sagt 183:
> Die Ordnung zieht die Stadt aus ihrem Graus.

Und in der Macht des Gesanges lautet ein Passus:

> Ihm darf nichts Irdisches sich nahn,
> Und jede andre Macht muss schweigen,
> Und kein Verhängniss fällt ihn an;
> Es schwinden jedes Kummers Falten,
> So lang des Liedes Zauber walten.

Haller 177:
> Sie stehn; die Eine sucht die Stille,
> Und ihrer Saiten holde Kraft;
> Sie spielt und der bezwungne Wille
> Verlernt die Wuth der Leidenschaft.

Noch mögen hier die Anfänge von Schillers „Spaziergang" und Hallers „über den Ursprung des Uebels" zusammen betrachtet werden. Beide Gedichte haben das Gemeinsame, — was sie freilich mit vielen andern gemeinsam haben — dass an ein Landschaftsbild eine Reihe philosophischer Gedanken geknüpft werden. Gerade aber dieser landschaftliche Ausgangspunkt weist einige verwandte Züge auf.

Schiller:
Unabsehbar ergiesst sich vor meinen Blicken die Ferne,
Und ein blaues Gebirg' endigt im Dufte die Welt.

Haller 121:
Zu meinen Füssen lag ein ausgedehntes Land,
Durch seine Gröss' umgränzet,
Worauf das Aug kein Ende fand,
Als wo Jurassus es mit blauen Schatten kränzet.

Und Haller 34:
Die blaue Ferne schliesst ein Kranz beglänzter Höhen.

Schiller:
Tief an des Berges Fuss, der jählings unter mir abstürzt,
Wallet des grünlichen Stroms fliessender Spiegel vorbei.

Haller 121:
Dort schlängelt sich durch's Land . . .
Der reinen Aare wallend Licht.

Es sei zum Uebrigen noch gestattet, einem berühmten Worte Schillers ein verwandt klingendes zur Seite zu stellen:

Schiller Wallensteins Tod (2. Aufz., 2. Auft.):
Eng ist die Welt und das Gehirn ist weit.
Leicht bei einander wohnen die Gedanken.

Haller 131:
Vielleicht, wie unser Geist, gesperrt in enge Schranken,
Nicht Platz genug enthält zugleich für zwei Gedanken.

Boxberger sagt, er habe Hallers „Alpen" mit „ganz besonderem Interesse durchgelesen, um etwaige Anspielungen darauf im Wilhelm Tell aufzufinden, habe aber Nichts dergleichen finden können." Das darf man wohl annehmen, dass Schiller den Stoff des Tell zuerst aus den „Alpen" kennen gelernt hat oder doch kennen lernen konnte. Aber, um einen oben erfassten Faden wieder aufzunehmen, vielleicht hat gerade das landschaftliche Moment in dem Hallerschen Gedichte auf dasjenige in Tell gewirkt, wohl auch die Schilderung des patriarchalischen Hirtenlebens. Ich wage den Finger bloss auf eine Stelle bei Schiller zu legen; es ist folgende:

Schiller (Lied des Alpenjägers):
Und unter den Füssen ein neblichtes Meer,
Erkennt er die Städte der Menschen nicht mehr;
Durch den Riss nur der Wolken
Erblickt er die Welt,
Tief unter den Wassern
Das grünende Feld.

Haller, Alpen, pag. 34:
So wird, was die Natur am prächtigsten gebildet,
Mit immer neuer Lust von einem Berg erblickt;
Durch den zerfahrnen Dunst von einer dünnen Wolke
Eröffnet sich zugleich der Schauplatz einer Welt u. s. w.

Sonst glänzt wohl in Schillers „Berglied", obgleich hier eine bestimmte Localität ins Auge gefasst ist, die Schönheit der schweizerischen Gebirgswelt wieder, die Haller zuerst geschildert. Folgende Stelle möchte ich gerne hervorheben:

Die Stirn umkränzt sie sich wunderbar
Mit diamantener Krone;
Drauf schiesst die Sonne die Pfeile von Licht,
Sie vergolden sie nur und erwärmen sie nicht.

Haller 34:
Dort senkt ein kahler Berg die glatten Wände nieder,
Den ein verjährtes Eis dem Himmel gleich gethürmt,
Sein frostiger Krystall schickt alle Strahlen wieder,
Den die gestiegne Hitz' im Krebs umsonst bestürmt.[1] —

Mag nun auch unter diesen Reminiscenzen, die sich vielleicht noch vermehren liessen, manche unbewusst sein, sie beweisen immerhin den weitgehenden Einfluss Hallers auf Schiller.

---

[1] Richtig hebt Julius Sturm in der „Deutschen Dichterhalle" vom 15. Febr. 1879 folgende deutliche Reminiscenz aus den Alpen hervor:

Schiller (Lied von der Glocke):
Blöckend ziehen heim die Schafe,
Und der Rinder
Breitgestirnte, glatte Schaaren
Kommen brüllend
Die gewohnten Ställe füllend.

Haller:
Wann der entfernte Strahl die Schatten dann verlängert,
Und nun das müde Licht sich senkt in kühle Ruh;
So eilt die satte Schaar, vom Ueberfluss geschwängert,
Mit schwärmendem Geblöck gewohnten Ställen zu.

Von den vielen interessanten Fragen, die sich im Hinblick auf dieses geistige Verwandtschaftsverhältniss aufwerfen liessen, sei nur eine einzige ins Auge gefasst. Man war und ist im Grunde heute noch in Verlegenheit, welche Stellung man der Schillerschen Lyrik innerhalb der gäng und gäbe gewordenen Poetik anweisen soll und hat sogar von einer eigentlichen Schillerlyrik gesprochen. So treffend oder wenigstens so bequem diese Bezeichnung nun auch sein mag, so wird wohl eine vom geschichtlichen resp. literargeschichtlichen Standpunkte ausgehende Platzanweisung dieser didactisch rhetorischen Gedichte versuchsweise gestattet sein: Schillers philosophische Gedichte sind der künstlerisch vollendete und verklärte Ausfluss und zugleich der Schlussstein des eigentlichen Lehrgedichtes; auch nach dieser Seite hin ist Schiller Hallers fortgeschrittener Nachfolger und Nachahmer.

Seine philosophischen Gedichte werden uns das Lehrgedicht mit Erfüllung aller Kunstanforderungen vertreten müssen; auch wir haben, wie er, „dasjenige didactische Gedicht, worin der Gedanke selbst poetisch wäre und es auch bliebe,"[1] noch zu erwarten.

Wie schon angegeben, hätte der Kreis Hallerscher Nachahmer leicht noch weiter gezogen werden können, ohne desshalb etwas wesentlich Neues zu bringen; und nun, da wir ihn schliessen, wird, auch mit Hinsicht auf das, was er geboten hat, ein kurzer Rückblick auf Hallers Bedeutung für die Geschichte der deutschen Dichtkunst am Orte sein.

Als die deutsche Poesie im Beginne des vorigen Jahrhunderts zu einer leeren Reimerei herabgesunken war, brachte ihr Albrecht von Haller wieder einen Gehalt, indem er die in der Theodicee niedergelegten und verwandte Ideen und Probleme zum Gegenstande seiner dichterischen Arbeiten machte und mit Würde behandelte. Diese Stoffe sagten der Zeit vor Allem zu, sind aber an und für sich unkünstlerisch und führen, sobald sie in weiterm Umfange behandelt werden, nothwendigerweise zu der poetisch immerhin zweifelhaft berechtigten Didactik, wohin Haller in der That durch die Art seines Talentes

---

[1] Ueber naive und sentimentalische Dichtung.

und dann auch durch seine, den Zeitgenossen entsprechende Ansicht vom Werth und Zweck der Poesie getrieben wurde. Weit entfernt, an die Selbstherrlichkeit derselben zu denken, betrachtete er sie als moralisches Besserungsmittel und griff aus diesem Grunde mit Vorliebe zum Lehrgedicht; überhaupt offenbart er seine didactische Natur in allen sechs Gebieten, die er betrat: im Gebiete des Lehrgedichtes, der Satire, der schildernden Poesie, der Lyrik, des historischen Tendenzromanes und der Fabel.

Unter seinen drei Lehrgedichten ist dasjenige „über den Ursprung des Uebels" das beste und in Ansehung des tiefen Gehaltes, der concisen Sentenzen, des Reichthums an überraschenden Bildern und der Wärme des Gefühls das vortrefflichste, das die deutsche Literatur besitzt. Aber der zu stark in den Vordergrund gerückte und allzuscharf betonte moralische Grundgedanke verleiht diesem Werke, was auch von den andern gilt, etwas Hartes und das herbe Satzungsgemässe eines starren Wortglaubens beeinträchtigt den poetischen Genuss aufs Entschiedenste. Weniger fühlbar macht sich dieser Mangel in den „Alpen", dieser Germania des achtzehnten Jahrhunderts, wo durch die Schilderung landschaftlicher Schönheiten das Didactische etwas gemildert und zurückgedrängt wird; die „Alpen" sind der Ausgangspunkt aller landschaftlich schildernden Poesie in der deutschen Literatur und das erste jener poetischen Werke vor der französischen Revolution, die Befreiung forderten von der Unnatur der gesellschaftlichen Verhältnisse des vorigen Jahrhunderts. Ebenfalls sociale Motive behandeln Hallers Satiren, die in ihrer juvenalischen Bitterkeit kaum ihres Gleichen finden; der historische Hintergrund, auf dem der Dichter steht, ist aber im Gegensatz zu demjenigen Juvenals zu wenig bedeutend, als dass diese Werke ein weiteres Interesse erwecken könnten. In noch höherem Grade gilt dies von den historischen Romanen und den wenigen Fabeln. Als Lyriker dagegen hat Haller, namentlich in den Gedichten über den Tod seiner ersten Gemahlin, so warme und tiefe Töne angeschlagen, wie sie von Günther weg bis auf Klopstock nicht wieder erklungen sind; und die Ode über die Ewigkeit weist einen Schwung auf, den wenige deutsche Dichter überhaupt erreicht haben.

Aber das poetische Pathos muss bei Haller doch fast allenthalben vor dem moralischen zurücktreten und macht nicht zum Wenigsten das Gebundene und Unfreie in seinem Geiste klar, der das rein menschliche Fühlen wohl tief anklingen, aber vor den Satzungen eines starren Bibelglaubens nicht gelten und zur Wirkung kommen lässt; denn den ästhetischen Genuss verhindert gerade sein religiöses Gefühl, das lediglich als ein Zurückscheuen vor dem zürnenden Gotte erscheint. Er ist eher ein feuriger Eiferer als begeisterter Dichter, seine Poesie wirkt mächtig, aber mehr bindend als befreiend. Diesen Eindruck verstärken noch der schwere Stil und die Härten der Sprache und schliesslich der dürre Ton des Alexandriners, dem sich Haller in allen grössern Dichtungen zuwandte.

Und doch ist er, der Genosse eines geistig unfreien Geschlechtes, der Bahnbrecher besserer Tage. Er stellte seine scharfausgeprägte und tüchtige Subjectivität, die bei allen Beschränktheiten und Mängeln einen gewaltigen Fortschritt zum Ziele jener Poesie bedeutete, die aus dem Innern strömt, neben die farblosen Gestalten eines Besser, Hancke u. s. w.: der Werth seiner befreienden, man möchte sagen ethischen, That liegt in der Wahrheit und Stärke, womit er seine Ueberzeugung und sein Fühlen an den Tag legt und an den schablonenhaften Bildern und Empfindungen der vor und neben ihm lebenden Dichter vorbeischreitet. Und er hat ein noch grösseres Verdienst: aus dem wässerigen und platten Stile seiner Zeitgenossen heraus schuf er wieder eine wirklich poetische Diction. Durch seinen bilderreichen, schwunghaften, oft erhabenen Stil und durch die Prägnanz und Bestimmtheit seiner Gedanken deckte er mit einem Schlage den Unterschied zwischen Prosa und Poesie wieder auf und erwies sich in diesem Sinne als eigentlicher Sprachschöpfer.

Wie stark und wie lange diese Vorzüge Hallers in der deutschen Literatur nachgewirkt haben, ist oben nachzuweisen versucht worden. Hoffentlich wird auch ihm einmal in den Literaturgeschichten der Platz gegönnt, der ihm gehört.

Bisher im SEVERUS Verlag erschienen:

Achelis, Th. Die Entwicklung der Ehe * Die Religionen der Naturvölker im Umriß, Reihe ReligioSus Band V * **Andreas-Salomé, Lou** Rainer Maria Rilke * **Arenz, Karl** Die Entdeckungsreisen in Nord- und Mittelafrika von Richardson, Overweg, Barth und Vogel * **Aretz, Gertrude (Hrsg)** Napoleon I - Briefe an Frauen * **Ashburn, P.M** The ranks of death. A Medical History of the Conquest of America * **Avenarius, Richard** Kritik der reinen Erfahrung * Kritik der reinen Erfahrung, Zweiter Teil * **Beneke, Otto** Von unehrlichen Leuten: Kulturhistorische Studien und Geschichten aus vergangenen Tagen deutscher Gewerbe und Dienste * **Berneker, Erich** Graf Leo Tolstoi * **Bernstorff, Graf Johann Heinrich** Erinnerungen und Briefe * **Bie, Oscar** Franz Schubert - Sein Leben und sein Werk * **Binder, Julius** Grundlegung zur Rechtsphilosophie. Mit einem Extratext zur Rechtsphilosophie Hegels * **Bliedner, Arno** Schiller. Eine pädagogische Studie * **Blümner, Hugo** Fahrendes Volk im Altertum * **Brahm, Otto** Das deutsche Ritterdrama des achtzehnten Jahrhunderts: Studien über Joseph August von Törring, seine Vorgänger und Nachfolger * **Braun, Lily** Lebenssucher * **Braun, Ferdinand** Drahtlose Telegraphie durch Wasser und Luft * **Brunnemann, Karl** Maximilian Robespierre - Ein Lebensbild nach zum Teil noch unbenutzten Quellen * **Büdinger, Max** Don Carlos Haft und Tod insbesondere nach den Auffassungen seiner Familie * **Burkamp, Wilhelm** Wirklichkeit und Sinn. Die objektive Gewordenheit des Sinns in der sinnfreien Wirklichkeit * **Caemmerer, Rudolf Karl Fritz** Die Entwicklung der strategischen Wissenschaft im 19. Jahrhundert * **Casper, Johann Ludwig** Handbuch der gerichtlich-medizinischen Leichen-Diagnostik: Thanatologischer Teil, Bd. 1 * **Cronau, Rudolf** Drei Jahrhunderte deutschen Lebens in Amerika. Eine Geschichte der Deutschen in den Vereinigten Staaten * **Cushing, Harvey** The life of Sir William Osler, Volume 1 * The life of Sir William Osler, Volume 2 * **Dahlke, Paul** Buddhismus als Religion und Moral, Reihe ReligioSus Band IV * **Eckstein, Friedrich** Alte, unnennbare Tage. Erinnerungen aus siebzig Lehr- und Wanderjahren * Erinnerungen an Anton Bruckner * **Eiselsberg, Anton Freiherr von** Lebensweg eines Chirurgen * **Eloesser, Arthur** Thomas Mann - sein Leben und Werk * **Elsenhans, Theodor** Fries und Kant. Ein Beitrag zur Geschichte und zur systematischen Grundlegung der Erkenntnistheorie. * **Engel, Eduard** Shakespeare * Lord Byron. Eine Autobiographie nach Tagebüchern und Briefen. * **Ewald, Oscar** Nietzsches Lehre in ihren Grundbegriffen * Die französische Aufklärungsphilosophie * **Ferenczi, Sandor** Hysterie und Pathoneurosen * **Fichte, Immanuel Hermann** Die Idee der Persönlichkeit und der individuellen Fortdauer * **Fourier, Jean Baptiste Joseph Baron** Die Auflösung der bestimmten Gleichungen * **Frimmel, Theodor von** Beethoven Studien I. Beethovens äußere Erscheinung * Beethoven Studien II. Bausteine zu einer Lebensgeschichte des Meisters * **Fülleborn, Friedrich** Über eine medizinische Studienreise nach Panama, Westindien und den Vereinigten Staaten * **Goette, Alexander** Holbeins Totentanz und seine Vorbilder * **Goldstein, Eugen** Canalstrahlen * **Graebner, Fritz** Das Weltbild der Primitiven: Eine Untersuchung der Urformen weltanschaulichen Denkens bei Naturvölkern * **Griesinger, Wilhelm** Handbuch der speciellen Pathologie und Therapie: Infectionskrankheiten * **Griesser, Luitpold** Nietzsche und Wagner - neue Beiträge zur Geschichte und Psychologie ihrer Freundschaft * **Hartmann, Franz** Die Medizin des Theophrastus Paracelsus von Hohenheim * **Heller, August** Geschichte der Physik von Aristoteles bis auf die neueste Zeit. Bd. 1: Von Aristoteles bis Galilei * **Helmholtz, Hermann von** Reden und Vorträge, Bd. 1 * Reden und Vorträge, Bd. 2 * **Henker, Otto** Einführung in die Brillenlehre * **Kalkoff, Paul** Ulrich von Hutten und die Reformation. Eine kritische Geschichte seiner wichtigsten Lebenszeit und der Entscheidungsjahre der Reformation (1517 - 1523), Reihe ReligioSus Band I * **Kautsky, Karl** Terrorismus und Kommunismus: Ein Beitrag zur Naturgeschichte der Revolution * **Kerschensteiner, Georg** Theorie der Bildung * **Klein, Wilhelm** Geschichte der Griechischen Kunst - Erster Band: Die Griechische Kunst bis Myron * **Krömeke, Franz** Friedrich Wilhelm Sertürner - Entdecker des Morphiums * **Külz, Ludwig** Tropenarzt im afrikanischen Busch * **Leimbach, Karl Alexander** Untersuchungen über die verschiedenen Moralsysteme * **Liliencron, Rochus von / Müllenhoff, Karl** Zur

www.severus-verlag.de

Runenlehre. Zwei Abhandlungen * **Mach, Ernst** Die Principien der Wärmelehre * **Mausbach, Joseph** Die Ethik des heiligen Augustinus. Erster Band: Die sittliche Ordnung und ihre Grundlagen * **Mauthner, Fritz** Die drei Bilder der Welt - ein sprachkritischer Versuch * **Meissner, Franz Hermann** Arnold Böcklin * **Müller, Conrad** Alexander von Humboldt und das Preußische Königshaus. Briefe aus den Jahren 1835-1857 * **Oettingen, Arthur von** Die Schule der Physik * **Ostwald, Wilhelm** Erfinder und Entdecker * **Peters, Carl** Die deutsche Emin-Pascha-Expedition * **Poetter, Friedrich Christoph** Logik * **Popken, Minna** Im Kampf um die Welt des Lichts. Lebenserinnerungen und Bekenntnisse einer Ärztin * **Prutz, Hans** Neue Studien zur Geschichte der Jungfrau von Orléans * **Rank, Otto** Psychoanalytische Beiträge zur Mythenforschung. Gesammelte Studien aus den Jahren 1912 bis 1914. * **Ree, Paul Johannes** Peter Candid * **Rohr, Moritz von** Joseph Fraunhofers Leben, Leistungen und Wirksamkeit * **Rubinstein, Susanna** Ein individualistischer Pessimist: Beitrag zur Würdigung Philipp Mainländers * Eine Trias von Willensmetaphysikern: Populär-philosophische Essays * **Sachs, Eva** Die fünf platonischen Körper: Zur Geschichte der Mathematik und der Elementenlehre Platons und der Pythagoreer * **Scheidemann, Philipp** Memoiren eines Sozialdemokraten, Erster Band * Memoiren eines Sozialdemokraten, Zweiter Band * **Schlösser, Rudolf** Rameaus Neffe - Studien und Untersuchungen zur Einführung in Goethes Übersetzung des Diderotschen Dialogs * **Schweitzer, Christoph** Reise nach Java und Ceylon (1675-1682). Reisebeschreibungen von deutschen Beamten und Kriegsleuten im Dienst der niederländischen West- und Ostindischen Kompagnien 1602 - 1797. * **Sommerlad, Theo** Die soziale Wirksamkeit der Hohenzollern * **Stein, Heinrich von** Giordano Bruno. Gedanken über seine Lehre und sein Leben * **Strache, Hans** Der Eklektizismus des Antiochus von Askalon * **Thiersch, Hermann** Ludwig I von Bayern und die Georgia Augusta * Pro Samothrake * **Tyndall, John** Die Wärme betrachtet als eine Art der Bewegung, Bd. 1 * Die Wärme betrachtet als eine Art der Bewegung, Bd. 2 * **Virchow, Rudolf** Vier Reden über Leben und Krankseit * **Vollmann, Franz** Über das Verhältnis der späteren Stoa zur Sklaverei im römischen Reiche * **Wachsmuth, Curt** Das alte Griechenland im neuen * **Weber, Paul** Beiträge zu Dürers Weltanschauung * **Wecklein, Nikolaus** Textkritische Studien zu den griechischen Tragikern * **Weinhold, Karl** Die heidnische Totenbestattung in Deutschland * **Wellmann, Max** Die pneumatische Schule bis auf Archigenes - in ihrer Entwickelung dargestellt * **Wernher, Adolf** Die Bestattung der Toten in Bezug auf Hygiene, geschichtliche Entwicklung und gesetzliche Bestimmungen * **Weygandt, Wilhelm** Abnorme Charaktere in der dramatischen Literatur. Shakespeare - Goethe - Ibsen - Gerhart Hauptmann * **Wlassak, Moriz** Zum römischen Provinzialprozeß * **Wulffen, Erich** Kriminalpädagogik: Ein Erziehungsbuch * **Wundt, Wilhelm** Reden und Aufsätze * **Zallinger, Otto** Die Ringgaben bei der Heirat und das Zusammengeben im mittelalterlich-deutschem Recht * **Zoozmann, Richard** Hans Sachs und die Reformation - In Gedichten und Prosastücken, Reihe ReligioSus Band III

www.severus-verlag.de